빈곤이
오고
있다

빈곤을 보는 눈

빈곤이 오고 있다
−풍요시대 빈곤지대

2020년 10월 16일 초판 1쇄
2021년 5월 11일 초판 2쇄

지은이 신명호

편 집 김희중
디자인 씨디자인
제 작 영신사

펴낸이 장의덕
펴낸곳 도서출판 개마고원
등 록 1989년 9월 4일 제2-877호
주 소 경기도 고양시 일산동구 호수로 662 삼성라끄빌 1018호
전 화 031-907-1012, 1018
팩 스 031-907-1044
이메일 webmaster@kaema.co.kr

ISBN 978-89-5769-475-6 03300
ⓒ 신명호, 2020. Printed in Korea.

•책값은 뒤표지에 표기되어 있습니다.
•파본은 구입하신 서점에서 교환해 드립니다.

빈곤이
오고
있다

빈 곤 을 보 는 눈 풍요시대 빈곤지대

신명호 지음

개마고원

머리말

　가난과 가난한 사람들을 공부 주제로 삼은 지도 30년이 넘었다. 그렇다고 세월의 두께만큼 공부의 깊이가 깊어졌거나 학문적 업적이 높이 쌓였냐 하면 그런 건 아니다. 다른 이들과 함께 쓴 책과 논문이라는 형식의 글들이 조금 있을 뿐이다. 돌아보면 뭐라 분류하기도 애매한 쪽글의 생산과 강의 혹은 교육이라는 미명 아래 '말하기'에 꽤 시간을 들인 것 같다. 대개는 실천운동 영역의 활동가나 주민 지도자를 만나는 일이었다.

　이처럼 어정쩡한 포지션의 연구자, 그게 내가 걸어온 길이다. 그러나 이 같은 행보가 크게 잘못되지 않았다고 생각해온 것은 아마도 처음 나를 이끈 사람들 때문일 것이다. 빈곤 연구의 세계로 나를 안내한 것은 철거민들이 세운 공동체마을에서 만난 가난한 주민들과 그들과 함께 살기를 고집했던 선배 그룹이었다. 그들에게서 나는 가난한 이들과 함께 세상을 바라보는 일이 왜 중요한지를 배웠다.

　그렇게 이론과 실천의 결합은 나와 (25년쯤 몸담았던) 한국도
시연구소의 지향이 되었다. 빈민을 위한 정책을 만들되, 빈민
당사자들의 관점과 처지가 반영된 정책을 제시하는 게 우리의
목표였다. 늘 '불가피한 것만을 최소한으로!'가 원칙인 듯한 정
부의 빈곤 정책은 그 내용의 협애함도 문제거니와 가난한 사람
의 입장이 간과되는 경우가 빈번하다. 그리고 언제나 그런 과정
에는 빈민을 바라보는 왜곡된 시선이 작용하고 있다.

　가난한 사람에 대한 오해와 편견은 비단 정부 사람들만의 문
제가 아니다. 객관적 진실을 다룬다는 학자에서부터 세간의 장
삼이사에 이르기까지 사람들은 가난한 이에 대한 근거 없는 주
장을 별생각 없이 퍼나른다. 빈곤의 원인과 책임, 가난한 사람
들의 특징, 빈곤과 실업 퇴치를 위한 경제 살리기 방안 등등
에 관해 세상에는 셀 수 없이 많은 논리와 이론, 평가와 서사들
이 있다. 그것들은 때로 과학의 이름으로, 혹은 상식이나 종교
적 신념의 형태로 세인들을 설득하고 동의를 종용한다. 그러나
좀 거칠게 말하자면, 나는 적어도 그 수많은 상식과 담론들의
절반은 거짓이거나 미신이라고 생각한다. '부유하게 살게 된 것
은 하나님의 축복을 받아서'라는 목사의 설교나 '부자에게서 세
금을 적게 걷고 자본에게 무한한 자유를 주어야 경제가 성장한
다'는 정책이론은 비록 차원과 대상이 전혀 다른 주장이지만 모
두가 허무맹랑한 허언이기는 마찬가지다.

연구자가 아닌 일반 시민 대상의 빈곤 개론서를 쓰기로 작정한 것도 이런 미신들과의 싸움이 중요하다는 생각에서였다. 빈곤의 실태와 규모, 빈민들 삶의 실상, 가난 극복을 위한 정책 대안 등의 정보와 함께 가난을, 그리고 가난한 이웃을 어떻게 바라보아야 하는가에 관한 이야기를 사람들과 나누고 싶었다.

독자 가운데 어떤 이는 내가 미신이라고 비판한 것과 정반대 방향의 편견과 편애가 이 책 도처에 깔려 있다고 나무랄지 모른다. 계급 중립성을 지키지 못하고 무조건 가난한 사람 역성을 드는 푼수데기 연구자라고 평가할 수도 있다. 그러나 그 점에 관한 한, 나는 그다지 부끄럽지 않다. 나는 계급적 당파성이 깃들 수 없는 완전 진공 상태의 과학적 글쓰기를 할 줄 모르며, 도대체 막스 베버가 추구했던 가치중립적 연구란 게 세상에 존재할 수 있는 것인지 늘 의심하는 자이기 때문이다.

사실 빈곤의 의미는 참으로 다중적일진대 그중 하나는 '내 편이 돼줄 사람이 없다'는 것이다. 편들어줄 이가 부족한 그들 진영에 내 목소리 하나가 보태진다고 한들 연구의 공정성이 뭐 그리 대단하게 훼손되겠는가.

우리 사회는 여전히 빈곤의 규모도, 빈곤을 낳는 불평등 구조도 조금씩 나아지고 있다는 조짐을 보이지 않는다. 고용시장의 환경은 자꾸 나빠지고 청년 실업은 한계에 도달한 느낌이다. 특수고용직이니 플랫폼 노동자니 하는 비정규직 노동자에 대한 착취구조는 더욱 정교해져서 보호받지 못하는 사회보험의 사각지대가 점점 넓어지고 있다.

이런 점에서 보더라도 빈곤은 정부에서 생계비 지원을 받는 수급자 집단의 문제, 즉 고정적이고 정태적인 현상이 아니라, 노동시장의 취약계층을 끊임없이 빈곤으로 내모는(=빈곤화) 힘과 같은 동태적 현상으로 이해해야 한다. 달리 말하면, 이제 빈곤이라는 이슈는 우리 전체 인구의 15%에 해당하는 저소득가구만의 문제가 아니라 평균적 삶으로부터 끌어내리려는 힘의 사정권 안에 놓인 서민 대중 모두의 문제가 되어가고 있다. 그런 이유로 빈곤 극복 대책을 다룬 이 책의 마지막 장에서도 기초생활보장 차원의 정책을 넘어서서 서민을 위한 다각도의 제도 개혁을 주문하고 있다.

이 책이 나오기까지 감사를 표해야 할 이들은 참으로 많다. 하지만 그것의 가장 큰 몫은 나를 빈곤 문제에 눈뜨게 해준 이들을 향해야 할 것 같다. 그동안 내가 만났던, 그리고 오늘을 살고 있는 이 땅의 가난한 이들에게 이 책을 바친다. 물론 그들은 자신의 이야기가 담긴 이 책의 존재를 영원히 모르겠지만.

2020년 10월,

수유리 연구실에서

신 명 호

차례

1장

빈곤이란

무엇일까

이 세상에 가난해지기를 원하는

사람이 있을까?

간혹 있다. 종교적 진리를 찾아 나선 수사나 수녀들은 일체의 자기 소유를 포기하고 청빈하게 살 것을 서약한다. 이들은 일찍이 '가난한 자에게 복이 있으며 하늘나라가 그들의 것'이라고 설파한 예수의 후예들이다. 비단 기독교만이 아니다. 초기 불교는 승려의 소유물로 옷 세 벌과 밥그릇 한 개[三衣一鉢]면 족하다고 가르쳤고, 오늘날까지도 무소유 정신은 불교의 중요한 가르침이다.

그러고 보면 이들 종교는 되도록 적게 소유하며 질박하게 사는 것이 인간답게 사는 길임을 강조하고 있는 셈이다. 하지만 종교인이라고 해도 실제로 이를 실천하는 이들은 철저히 구도의 삶을 살기로 작정한 소수의 수도자들뿐이다. 물론 속세에 살면서도 적게 가지는 행복을 깨닫고 자기 것을 나누는 이들이 있기는 하다. 그러나 이런 '유사類似 수도자'들을 합하더라도 지구촌의 전체 인류를 놓고 보면 스스로 가난을 택하는 사람들은 역시 작은 비율에 지나지 않는다.

대부분의 사람들은 가난하게 살기를 바라지 않을 뿐 아니라, 당연히 부유해지기를 소원한다. 온갖 예화를 들며 부자 천국 가기가 얼마나 힘든가를 역설했던 예수의 애달픈 노력에도 불구하고, 우리나라 교회의 신자들은 오늘도 돈 많이 벌기를 간구하고 있다. 게다가 목사님들조차 "예수 믿고 부자 되세요"를 외치는 데 주저함이 없다.

같은 가난이되, 자발적으로 선택해서 사는 소박하고 검소한 삶이 있는가 하면, 자신이 원하지 않았으나 상황에 의해서 어쩔 수 없이 처하게 된 궁핍한 삶도 있다. 부와 권력의 무상함을 깨닫고 동가숙서가식東家宿西家食했던 방랑시인 김삿갓이 전자에 해당한다면, 사업이 망하고 가정이 쪼개져서 길거리로 나오게 된 노숙인은 후자에 속한다. 이 두 가지 부류의 가난은 비록 같은 단어를 사용하고 있지만 그 의미와 내용은 천양지차다.

흔히 청빈이라 부르는 자발적 가난은 무소유와 나눔이라는 정신적 가치가 가져다주는 기쁨과 맞닿아 있는 반면, 불가피하게 직면한 궁핍은 슬픔과 괴로움을 수반하기 마련이다. 자발적 가난에는 설사 부족함과 불편함이 따르더라도 자기가 추구하는 가치를 실현한다는 자기만족이 있을 수 있고, 혹 그런 상황이 지겨워지면 얼마든지 그 결핍의 상태를 벗어날 수도 있다는 안도감 같은 것이 있다.

이에 반해, 비자발적 가난에는 내가 원하지 않지만 이 상황을 벗어날 수 없다는 절망감이 깃들어 있다. 똑같이 밥을 굶더라도 건강을 위해서 단식하는 사람에게는 배고픔을 상쇄하는 만족감이 있지만, 속수무책으로 끼니를 걸러야 하는 사람한테는 고통과 서러움만이 있을 뿐이다. 그래서 마하트마 간디도 "빈곤은 폭력 가운데 가장 고약한 폭력"이라고 했던가 보다.

빈곤 문제의 입문서인 이 책은 후자에 해당하는 비자발적 가난에 관해서 다루고 있다. 사회현상으로서의 가난을 어떻게 볼 것인가가 이 책의 주제다. 이 책에서 말하는 '가난' 혹은 '빈곤'이란 본인의 의사에 반해서 처하게 된 궁핍의 상태를 가리키며, 그야말로 '살림살이가 넉넉하지 못하여 몸과 마음이 괴로운 상태'를 말한다.

무엇이 빈곤일까?

빈곤 현상을 이해하려면 우선 빈곤이 무엇인지에 관해 개념 정의가 필요하다. 가난의 기준은 무엇이며, 가난한 사람과 가난하지 않은 사람의 경계가 어디서 나뉘는지를 먼저 가늠해야 하는 것이다. 빈곤(가난)의 사전적 의미는 '살림살이가 넉넉하지 못해서 몸과 마음이 괴로운 상태'이다. 그리고 '몸과 마음이 괴로운' 까닭은 '생활에 필요한 최소한의 재화조차 갖지 못해서', '기본적인 욕구조차 충족이 안 되기 때문'이다.

그러니까 사람이 목숨을 부지하려면 최소한의 것이 필요한데, 이 최소한을 갖지 못한 상태가 바로 빈곤함이다. 따라서 사람으로서 살아가는 데 필요한 최소한이 무엇인지를 밝히는 것이 곧 빈곤에 대한 정의의 열쇠라고 할 수 있다.

이런 빈곤의 기준선을 과학적인 연구 방법을 사용해서 최초

로 밝힌 사람이 영국의 사회연구가이자 개혁가인 시봄 라운트리B. Seebohm Rowntree, 1871-1954이다. 퀘이커교도 사업가의 셋째 아들로 태어나 유복하게 자란 그는 가업인 초콜릿 공장까지 물려받았지만, 아버지의 영향을 받아서 현실을 개혁하는 데 관심이 많았다. 그는 20여 년간 노동자들을 가르치는 자원봉사를 계속하면서 그들의 비참한 삶을 목격하게 된다.

1901년에 출간한 『빈곤: 도시생활에 관한 연구』라는 책은 1만 1560가구에 달하는 요크시市 노동자들의 빈곤 실태를 분석한 라운트리의 역작이다. 그는 전체 요크시 주민들 가운데 빈곤층에 속하는 사람들의 비율이 얼마나 되는지, 그중에서 소득이 부족해서 생기는 빈곤의 규모는 얼마인지 등등이 몹시 궁금했던 모양이다. 그래서 이런 의문들을 풀려면 천상 요크시의 노동자 가구를 전수全數 조사하다시피 해야겠다고 결심하고, 방대한 방문조사를 감행한다. 조사가 이루어진 1899년 당시 요크시의 전체 가구 수가 약 1만5000가구였다니까, 실제로 77% 이상의 가구를 조사한 셈이다. 만약 오늘날 한 지역에서 이렇게 많은 비율의 표본을 조사했다면 영락없이 '어리석다'거나 '무식하다'는 핀잔을 들었을 법하다. 좋게 해석하면 그만큼 라운트리의 열정이 뜨거웠다고 할 수 있는데, 실은 아직 표본조사의 기법이 발달하지 않았던 시절의 불가피한 사정이 빚어낸 결과이기도 했다.

아무튼 이 책에서 그는 1주일간 사람이 생존하는 데 필요한 것들―음식·의복·주거·연료 등―각각에 대해서 그 필요한 양과 가격을 계산했다. 예를 들면, "성인 남성은 최소한 하루에 3500칼로리의 음식을 섭취해야 하고 그만큼을 먹기 위해서 소정의 밀가루·우유·치즈 등을 살 경우 1주일에 3실링의 식비가 소요되며, 여성은 남성의 80%, 어린이는 성인 남성의 75%의 칼로리만을 필요로 하는데 이를 가격으로 환산하면 2실링 3펜스이고, 의복은 성인 남녀가 1년에 각각 26실링어치씩을 구입해야 하니 1주일에는 6펜스씩 소요되며, 임대료는…" 하는 식이다. 이렇게 계산했을 때 성인 남녀와 자녀 2명으로 구성된 가구는 1주일에 식비로 10실링 6펜스, 주택 임대료로 4실링, 기타 신발 및 의복비, 광열비 등으로 4실링 4펜스를 필요로 하는데, 모두 합해서 18실링 10펜스가 이 가구의 1주일간 최저생계비가 된다. 그러니까 4인 가구가 건강한 상태로 생존하려면―라운트리의 표현을 그대로 옮기면 "신체적 효율성을 유지하기" 위해서는― 1주일에 최소한 18실링 10펜스가 있어야 하고, 만약 그 가구의

주간 소득이 이에 못 미치면 '빈곤하다'고 정의하는 것이다.

이상과 같이 계산된 소득의 기준선이 바로 빈곤선poverty line이
라는 개념이다. 이 기준선을 적용한 결과, 당시 요크시 전체 주
민 가운데 9.9%의 사람들이 빈곤선 이하의 삶을 살고 있었다고
한다.

어떤가? 빈곤을 정의하는 기준으로 라운트리가 제시한 빈곤
선이 상당히 과학적이고 설득력 있지 않은가? 만약 이 빈곤선
을 당시의 우리나라, 그러니까 1900년 무렵의 조선으로 가지고

와서 조선 백성들의 생활실태를 분석하는 잣대로 삼았다면 어떤 결과가 나왔을까?

인간은 밥만으로 사는 게 아니다

라운트리의 빈곤선이 처음에는 꽤 그럴 듯하게 여겨졌지만 점차 시간이 흐르면서 사람들은 고개를 갸웃거리기 시작했다. 세월이 가고 생활방식이 변하면서 최저한의 생활수준을 정하는 데 빠진 품목들이 있다는 사실을 깨닫게 된 것이다. 라운트리의 빈곤선 계산 항목에는 예컨대 교통비라는 것이 포함되어 있지 않았다. 모든 노동자들이 걸어서 출퇴근한다고 가정했던 것이다. 도시의 크기가 비교적 작고 대중교통이 발달하지 않았던 20세기 초입에서는 전혀 이상할 것이 없는 가정이었다. 누구나 터덜터덜 걸어서 집에서 과히 멀지 않은 공장이나 농장을 오갔을 테니까 말이다. 그러나 오늘날은 교통비도 기본적인 지출 항목이다. 이렇듯 기술문명이 발달하고 도시의 공간과 그 안에서의 인간 삶이 복잡하게 분화된 현대사회에서 빈곤선을 설정한다면, 그 계산 항목에는 100여 년 전의 영국과는 비교할 수 없을 만큼 많은 것들이 새로 추가되어야 할 것이다.

특히 요즘 정보통신 기술의 발달은 가히 빛의 속도라 할 만큼 빠르다. 새로운 테크놀로지와 상품은 사람들의 생활패턴과 관계 맺는 방식을 바꾸고 그것에 대한 의존도를 높인다. 무선

호출기가 신분의 상징처럼 여겨지던 1980년대를 거쳐 요즈음 휴대전화는 청소년에게도 생활필수품이다. 그러니 오늘날 우리나라 국민의 최저 생계비용에는 휴대전화의 사용료가 포함되어야 마땅하다. 지금은 건설현장에서 날품 파는 일용노동자도 이른바 '오야지'한테서 제때 일감을 받으려면 휴대전화가 필요한 시대다.

빈곤선이 인간으로서 최저한의 삶의 수준이라고 해서, 그것이 간신히 목숨을 부지하는 수준의 한계상황을 가리키는 것은 아니다. 인간은 그야말로 빵으로만 사는 것이 아니기 때문이다. 어린 시절 보릿고개를 겪으면서 초근목피로 끼니를 때우고 가족의 생계를 위해 학교 대신 공장을 향해야 했던 노년층도 이제는 '휴대전화가 무슨 최소한의 생필품이냐?'고 이의를 제기하지 않는다. 그들이 굶기를 밥 먹듯 하던 1960년대 이전을 기준으로 보면, 생물학적 욕구를 해결하는 것과는 무관해 보이는 휴대전화가 생계에 꼭 필요한 물건이 아닐 수도 있지만, 문제는 무엇을 기준으로 삼는가에 달려 있다.

사람은 아무리 가난하더라도 동물처럼 먹고 자는 일만 할 수는 없다. 일터에 나가 노동을 하고, 사람들 속에서 교류하고 관계를 맺으며, 자신이 속한 사회의 구성원으로서 책임과 도리를 하면서 살아간다. 따라서 현재 어떤 사회에서의 최저생계비가 얼마인가를 산정하려면, 과거가 아니라 바로 지금, 이 사회의 시민으로서 살아가는 데 필요한 최소한의 물품과 서비스가 무엇인지를 따져봐야 한다.

'일제강점기에는 풀떼죽도 먹기 힘들었는데 오늘날에는 아무리 가난해도 굶어죽지는 않으니 문제될 것이 없다'는 식의 논리는 가난의 본질을 모르는 철없는 소리다. 여기 학교에서 가는 수학여행 경비를 낼 수 없어서 혼자 남겨진 중학생이 있다고 치자. 그는 친구들과 함께 가지 못하는 자신의 처지를 슬퍼하면서 부모의 가난을 원망할 것이다. 만약 그에게 어떤 노인이, "내가 너만 했을 때는 수제비 한 그릇을 사 먹기 위해서 구두닦이며 신문팔이며 안 해본 일이 없었다. 그때 비하면 삼시세끼 걱정 없이 학교에 다닐 수 있는 지금의 너는 얼마나 호강하는 것이냐"고 위로를 건넸다면, 그 소년이 느끼는 가난의 무게는 줄어들까?

만일 그렇게 말한 노인 자신이 단칸방의 다음 달 월세를 걱정해야 할 만큼 곤궁한 처지라면, 아마 그 노인도 과거에 비해 현재 자기 삶이 행복하다고 결코 느끼지 못할 것이다. 더구나 자기가 살아보지 않은 시대의 생활상과 견주어서 지금 자기가 겪고 있는 궁핍을 아무렇지 않다고 여길 사람은 세상에 없다. 앞에서 가난이란 살림살이가 넉넉하지 못해 몸과 마음이 괴로운 상태라고 말했거니와, 나의 살림살이가 넉넉한지 그렇지 못한지를 판별하는 잣대는 까마득한 옛날이 아니라 바로 현재 나와 함께 살고 있는 이 사회 구성원들의 평균적인 삶의 수준이다. 수학여행을 가지 못한 소년이 박탈감을 느끼는 이유는, 수학여행이 상위 10% 부잣집 아이들만 가는 특별한 여행이 아니라 대부분의 보통 집안 친구들이 가는 일반적인 행사이기 때문이다.

사회와 시대에 따라 변하는 빈곤 기준

이렇듯 빈곤선을 정하는 기준은 시간이 흐르면서 변할 수밖에 없다. 앞에서도 보았듯이, 과거에는 존재하지 않았던 물건이나 서비스가 이후 시대에서는 없어서는 안 될 필수품이 되기도 한다. 또 어떤 물건은 특정한 시대, 특정한 사회에서는 필요불가결한 상품으로 간주되지만 다른 시대와 사회에서는 그렇지 않은 경우도 있다.

빈곤선을 정할 때 쓴 라운트리의 항목표는 그야말로 먹고 사는 데 직결된 품목만을 엄격하게 추려낸 것처럼 보이지만, 사실은 여기에도 당시 영국 사회의 독특한 문화적 취향이 반영돼 있다. 차tea가 그 대표적인 예다. 라운트리는 차를 빈곤선 계산에 포함시켰는데, 과연 차가 생계 유지에 꼭 필요한 음식이냐고 묻는다면 많은 이들이 고개를 갸우뚱할 것이다. 차를 마시지 않는다고 생명에 지장이 있거나 건강이 상하지는 않기 때문이다. 영국인의 식생활 문화를 깊이 들여다보지 않으면 어째서 차가 그들에게는 생필품이 될 수밖에 없는지를 이해할 수 없다.

17세기 중국에서 전래한 차는 처음에는 영국 상류층의 전유

함께 차를 마시며 휴식시간을 보내는 영국 여성 노동자들. 차는 영국인들의 사교 생활에 없어서는 안 될 음료이기에, 차를 구입할 수 없다면 제대로 사는 게 아니고 가난한 것이었다. 이처럼 빈곤을 판별하는 기준은 문화마다 차이가 나게 된다.

물이었지만, 19세기를 거치면서 일반 서민들까지 애용하는 국민음료가 되었다. 마땅한 전통음료가 없었던 영국은 커피 확보 경쟁에서 프랑스 등에 밀렸는데, 식민지 인도에서 대량으로 차가 수입되면서 노동자 가정에까지 차가 보급되기에 이르렀다. 하루 중 과자와 함께 차를 마시는 티타임에 시간대마다 각기 다른 이름을 부여할 만큼 영국인들에게 차는 참으로 각별한 음식이다. 이런 티타임에 사람들은 가볍게 휴식을 취하면서 찻잔을 들고 동료들과 친교를 나눈다. 그러니 그들에게 차는 단순한 기호식품을 넘어선 사교와 소통의 수단이기도 하다. 따라서 만약 차가 없다면 다른 사람들에게 예의를 갖춰 다가가거나 서로 친교를 맺는 일이 원활하지 않을 수 있다. 영국 사회에서는 아무리 가난한 노동자라도 자기 집에 찾아온 사람에게 차 한 잔을 대접하지 않는 건 그를 손님으로 맞이하지 않는다는 뜻이 된다.

이렇게 보면, 적어도 영국에서는 빈곤함과 빈곤하지 않음을 구분하는 기준을 마련할 때, 차의 구입 능력 여부가 하나의 요소로 포함되어야 함을 알 수 있다. 그러니 설사 1900년 당시의 라운트리의 빈곤선을 같은 시대의 조선으로 가져와 대입했다 손 치더라도, 실제 빈곤 상태를 알아내지는 못했을 것이다. 그 당시 조선과 영국의 생활상은 너무도 달랐을 테니 말이다.

여기서 우리는 빈곤선의 산정 요소가 반드시 생명 유지와 직결된 품목에만 국한되는 것이 아님을 다시 한 번 확인할 수 있다. 다시 말해 어떤 사회에서 최저한의 삶이란, 그저 간신히 목숨만 부지하는 삶이 아니라 그 사회의 한 구성원으로서 최소한의 도리를 하면서 살아가는 삶이다. 그러려면 그 사회에서 일반적으로 받아들여지는 생활양식을 누릴 수 있어야 하고, 그렇게 하는 데 필요한 요소들을 갖추고 있어야 한다. 이른바 사회적 역할을 적절히 수행하고, 공동체 생활에 참여할 수 있어야 하는 것이다. 피터 타운센드Peter Townsend, 1928-2009라는 사회학자는 특히 이 점을 강조하면서 나름대로 빈곤을 정의하고 있다.

타운센드는 '어떤 사람이 자신이 속한 사회의 통상적인 생활양식 가운데 어떤 요소가 부족해 박탈감을 느끼며, 소득이 낮으면서 동시에 그 박탈의 정도가 아주 심한 경우에 그는 빈곤 상태에 있는 것'이라고 규정했다. 예를 들면, 어떤 사람이 '지난 한 달 사이에 친구나 친척과 한 번도 외식을 하지 못했다'거나 '위급한 상황에 처했을 때 도움을 청할 사람이 없다'면, 그는 사회관계라는 측면에서 보통 사람들과는 다른 결핍된 삶을 살고 있는 것이므로 이러한 측면들을 빈곤을 정의할 때 고려해야 한다는 것이다. 그러니까 빈곤의 기준은 영양학적 관점에서 최소 생필품의 절대량을 계산하는 방식으로 설정할 것이 아니라, 그 사회의 중간층이 누리고 있는 표준적인 생활수준으로부터 상대적 거리가 얼마만큼 떨어져 있느냐로 정해야 한다는 게 타운센드의 입장이다.

타운센드는 이 표준적인 생활수준에 사회적 관계나 감정 같은 보이지 않는 요소들도 포함시켰다. 그래서 상대적 박탈의 정도를 판별하기 위해 그가 만든 지표 가운데는 "지난 2주 사이에 조리된 식사를 하지 못한 날이 하루 이상 있었는가"와 같은 의식주 항목도 있지만, "학교에 다닌 기간이 10년 이하인가?" 혹은 "1년 사이에 집을 떠나 휴가를 가본 적이 있는가?"와 같은 문화적 항목도 들어 있다. 빈곤을 규정할 때 인간 삶의 총체적 관점에서 사회·문화적 요소까지를 포괄한 훨씬 관대한 정의라고 할 수 있다.

빈곤 기준의 상대성

한때 사회주의 혁명가이자 시인이었던 박노해 씨는 2000년대 들어서부터 아프리카·아시아·중남미 등지의 가난한 주민들 모습을 사진에 담아 전시회를 열곤 한다. 언젠가 사진전을 열면서 그는 이런 말을 한 적이 있다.

"이제 우리 사회에 가난한 사람은 없다. 부자가 되지 못한 사람만 있을 뿐이다. 여느 시골집 옷장에도 안 입는 옷이 쌓여 있다. 소비 문명, 석유경제의 정점에 서 있는 거다. 중국, 인도 등의 모든 사람이 우리의 최하위 10%처럼 산다면 지구가 열 개라도 모자랄 것이다. '이만하면 넉넉하다'고 생각한다."(『중앙일보』, 2014년 2월 5일자, 「나쁜의 뿌리는 나뿐…좋은의 어원은 주는」)

생사의 경계에서 밤낮으로 의식주를 걱정해야 하는 사람들을 보고 있으면 자연히 가난의 기준이 그들 삶에 맞춰질 법도 하다. 개발도상국의 경제개발을 지원하는 세계은행World Bank의 빈곤은 하루 생계비 1.9달러다. 하루에 1.9달러 이하로 살아가는 경우를 '빈곤'하다고 보는 것이다. 최근의 환율로 환산해보면 우리 돈 2200원, 한 달에 6만6000원 이하로 살아가는 사람이 빈민이다. 이 기준대로라면 박노해 씨 말대로 한국에는 결단코 가난한 사람이 없다. 한국에서 그 돈으로 살아가는 것은 불가능하기 때문에, 목숨이 붙어 있는 모든 한국인들의 소득은 그보다는 높기 마련이다.(미국의 브루킹스 연구소는 2018년에 1.9달러라는 빈곤선이 세계의 빈곤 상황을 드러내기에는 너무 낮고 단편적이라며 세계은행에 빈곤의 기준선을 하루 3.2달러, 혹은 하루 5.5달러로 높일 것을 제안했다.)

그래서 개발도상국 서민들에게 우리나라의 가난한 동네를 보여주면 깜짝 놀란다. 88서울올림픽이 개최된 이듬해에 서울에서

'아시아도시빈민대회'란 것이 열렸다. 올림픽을 치른다며 전두환 정권이 공항에서 서울시내로 통하는 대로변의 판잣집들을 철거하고 장사를 못 하도록 노점상을 거리에서 내몰았던 터라, 이에 항의하고 가난한 이들의 인권을 주장하자는 뜻에서 아시아의 빈민단체들이 모여 자신들의 축제를 벌이기로 한 것이다. 이 대회에 참가한 사람들은 한국 외에 인도·파키스탄·스리랑카·필리핀·태국 등지의 가난한 주민이었다.

6박7일의 행사를 하는 동안 외국 참가자들이 유독 한국의 빈민촌을 보고 싶어 해서 주최 측이 그들을 서울시 관악구 봉천동의 한 산동네로 안내했다. 그런데 집의 안팎을 둘러보고 세간살이며 화장실까지 꼼꼼히 살펴본 그들은 두 손을 내저으며 이구동성으로 외치는 거였다. "여기가 무슨 가난한 동네냐?"고. 그들 나라의 빈민촌은 보통 상하수도 시설조차 없어서 맑은 날에도 골목길이 집집이 내버린 생활오수로 질퍽거리기 일쑤이니, 텔레비전에 냉장고며 전기밥솥까지 갖춘 한국의 산동네 주민들이 그들 눈에는 자기 나라의 중산층처럼 보였던 것이다.

그렇다면 오늘날 한국에는 정말 '빈곤'이란 게 존재하지 않는 걸까? 만약 빈곤이 존재하지 않는다면 어째서 생활고를 견디지 못해 세상을 하직하는 이들이 줄을 잇는 것일까?

2019년 11월, 서울 성북구의 한 다세대주택에서 70대 어머니와 40대의 세 딸이 숨진 채 발견됐다. 매달 100만 원인 14평짜리 집 월세와 건강보험료, 도시가스 요금 등 공과금이 몇 달째

"수급자 떨어뜨리는 게 그들 임무 같아"… 가난 외면한 복지행정

2019년 2월, 한 일간지는 서울 중랑구 월세방에서의 또 다른 죽음을 전하면서, '송파 세 모녀 사건이 있은 지 5년이 지났지만 아직도 빈곤의 숙제를 풀지 못했다'며 가난을 인정받지 못하는 빈민들의 절박한 현실을 특집기사로 다루었다. 생활고로 일가족이 동반 자살을 하는 비극적인 일들이 발생할 때마다 사람들은 놀라고 안타까워하지만, 그런 일들은 사라지지 않고 있다.(『경향신문』, 2019년 2월 19일자)

밀려 있었고, 우편함에는 은행과 신용카드 회사에서 보낸 채무이행통지서들이 쌓여 있는 것으로 미루어 경제적 위기에 몰려 극단적 선택을 한 것으로 추정되었다.

이와 비슷한 죽음은 그로부터 5년 전에도 있었다. 서울 송파구의 지하 셋방에서 60대의 어머니와 30대의 두 딸이 스스로 목숨을 끊었다. 큰딸은 지병으로 일을 못 하고, 어머니가 식당에서 받는 월급 120여만 원과 신용불량자인 둘째딸의 아르바이트 수입을 합쳐 겨우겨우 버티던 세 모녀였다. 그러던 중 어머니의 무릎 관절염이 심해져 식당일마저 못 하게 되자 이들은 극도의 절망 상태에서 삶의 끈을 놓아버렸다.

당시 송파구 세 모녀 사건은 우리 사회에 큰 파장을 일으켰고 정부는 긴급복지지원제도를 확대하느니, 사각지대를 발굴하느니 하며 분주하게 움직이는 듯했다. 그러나 그 이후에도 생활고로 인해 자살하는 사건들은 한 해가 멀다 하고 계속돼왔다.

2019년 한 해에만도 언론에 보도된 가족동반 자살사건이 25

건이었다. 가족동반 자살의 대부분은 생활고가 원인이다. 정부의 지원을 아예 못 받거나 받더라도 액수가 너무 적어 도저히 생계를 이어갈 수 없었던 사람들이다.

이들이 세상을 하직한 이유는 박노해 씨 말처럼 아프리카의 비참한 삶에 비해서 자신들의 처지가 얼마나 풍족한지를 깨닫지 못해서가 아니다. 이들이 끝내 삶을 포기한 까닭은 한국 사회에서 살아가는 데 필요한 최소한의 것을 스스로 확보할 수 없었기 때문이다. 한뎃잠을 자도 되는 더운 나라라면 몰라도, 한국에서는 적어도 비바람을 가릴 공간, 즉 주거 공간이 필요하고 이것을 마련하는 데는 한 달에 최소한 몇십만 원이 들어간다. 그 밖에 전기·가스 요금 등이 몇만 원 할 터이고 여기에 식비 등등을 더하면 한 달에 100만 원이 훌쩍 넘어간다. 게다가 식구 수가 많아지고 그중의 누가 아프기라도 하면 생존에 필요한 비용은 이보다 훨씬 더 커진다.

그러니 오늘날 한국의 빈곤을 논하면서 세계은행의 빈곤기준선인 한 달 6만6000원을 잣대로 들이대는 것은 참으로 가당찮은 얘기다. 세계은행의 빈곤선은 굶주림(기아飢餓) 및 굶주림으로 인한 사망(아사餓死)으로부터의 해방을 목표로 하는 저개발국들에게 적용할 수 있는 기준이다. 2019년 한국에서 4인으로 이루어진 도시가구의 월 평균소득(처분가능소득 기준)은 약 469만 원이다. 따라서 식구가 4명인 어떤 가구의 월 평균소득이 469만 원의 절반도 안 되는 234만 원 미만이라면 그들의 생활이 얼마나 곤궁할지 어렵지 않게 짐작할 수 있다. 이렇듯 한국 사람의 빈곤한 정도를 따질 때는 먼 나라, 딴 나라 사람들의 생활상태가 아니라 바로 한국 사람의 일반적 생활 수준을 근거 삼아야 한다.

가난에 관해 섣불리 말하는 사람들이 가장 흔히 범하는 잘못이 이처럼 '비교할 수 없는 것을 비교하는 오류'이다. 1인당 국민소득이 3만 달러인 나라와 그것의 채 10분의 1도 안 되는 나라의 생활상을 비교하면서 후자를 기준 삼아서 전자의 사회에는 빈곤이 없다고 말하는 것은 어불성설이다. 우리나라에 가난한 사람이 없다는 주장은 하루하루를 가난의 고통 속에 살아가는 사람들의 비명소리 앞에서 '나는 모르쇠'하며 도리질을 치는 것과 같다. 그런 주장은 우리 사회의 빈곤층에게 '굶어 죽어가는 아프리카 난민들을 생각하면서 지금 당신의 처지를 행복해하라'고 충고하는 것처럼 들린다.

앞서도 말했듯이, 한국이라는 한 공간에서 시간적으로 과거와 현재를 비교하는 것도 마찬가지의 오류를 낳는다. 옛날에는 굶기를 밥 먹듯이 했는데 지금은 굶는 사람이 없으니 빈곤이 없다는 주장도 빈곤 개념의 현재적 속성을 모르는 무지의 소치다. 과거의 궁핍했던 시절을 떠올리며 느끼는 안도감이 찰나의 행복감을 가져다줄지는 몰라도 그것이 바로 지금 내 눈앞의 현실을 바꾸어내지는 못한다. 단 한 뼘, 단 한 치도.

오늘날 한국의 가난한 이들은 안분자족安分自足의 자세를 뼛속

깊이 새기고 다짐하더라도 여전히 해결하지 않으면 안 되는 주거비·의료비·자녀교육비의 짐을 지고 있다. 마음속의 욕심을 덜어내서 이런 생계의 짐이 가벼워질 수 있다면 오죽 좋으련만 그런 신기한 해법을 우리는 알지 못한다. 그러니 우리 사회의 가난을 부정하는 이들이여, 바라건대 마음의 풍요로움으로 육체의 허기를 달랠 수 있는 그대들의 비책을 부디 우리에게 알려 달라!

2장

한국에서

가난한 삶이란

가난 구제는 나라님도 못한다

이 속담은 빈곤 문제를 논할 때마다 마치 오래전부터 전해져오는 진리인 양 누군가의 입에서 자동반사적으로 튀어나오기 일쑤다. 극단의 보수주의자들은 '옛말 틀린 것 하나 없다'는 투로 이 속담을 장황하게 인용하며 사회정책의 필요성을 깎아내린다. 그런데 '정부 정책만으로 빈곤 문제를 해결하기란 생각만큼 쉽지 않다'고 하면 지당한 말이겠지만, 이 속담이 시사하듯이 어차피 빈곤의 해결은 불가능하니 포기하는 게 좋다는 의미라면 매우 잘못된 주장이 아닐 수 없다. 따라서 이 속담은 빈곤 등 불평등 문제의 해결에 무관심하고 방관적이었던 봉건시대의, 전적으로 틀린 옛말의 하나라고 할 수 있다.

빈곤의 기준선을 정하고 그에 따라 가난한 이들을 가려내는 것은 그들을 위해서 어떤 조치를 취하기 위함이다. 사회정책이란 것이 존재하지 않았던 시절에는 '가난 구제는 나라님도 못 한다'고 그냥 외면하면 그만이었다. 하지만 빈곤이 더 이상 방치할 수 없는, 국가와 사회가 해결해야 할 심각한 문제라는 사회적 합의가 이뤄지면 빈곤 문제를 해소하기 위해 기준을 정하고 그 현상의 피해자들을 구분해내야 한다. 물론 사회현상 자체를 설명하고 이해하는 것만으로 만족하는 학자라면 굳이 정책 대안을 만들 필요를 못 느낄 테지만, '빈곤'과 같이 많은 사람의 행·불행이 달려 있는 문제에 아무런 조치를 취하지 않는다면, 그것은 국가가 자기 역할을 방기하는 것이고 우리 사회가 공동체임을 포기하는 무책임한 태도라고 할 수 있다.

그렇다면 한국에서는 빈곤을 어떻게 정의하고 어떤 조치를 취하고 있는가? 한국 정부는 빈곤한 사람들을 가려내어 지원하기 위한 기준선, 즉, 정책적 빈곤선으로 '최저생계비'라는 것을 정해놓았다. 국민기초생활보장법은 최저생계비를 "국민이 건강하고 문화적인 생활을 유지하기 위하여 필요한 최소한의 비용"이라고 정의하고, 정부로부터 급여를 받을 대상(수급 대상)과 급여 수준을 결정하는 기준으로 삼고 있다.

그런데 이 최저생계비의 산정방식이 2015년을 기점으로 변화를 겪었다. 2015년 이전에는 전물량全物量 방식(혹은 장바구니market basket 방식)이라고 해서, 20세기 초에 시봄 라운트리가 했듯이, 기본 생활필수품이라 여겨지는 모든 품목의 목록을 만들고 각 품목별로 필요한 최소한의 구입 비용을 산출하여 합산하는 방식으로 최저생계비를 계산했다. 그러니까 식료품비·주거비·교육비 등 모두 11개 항목의 361개 품목에 대해 최저 소요 비용들을 총 합산한 결과, 2015년의 최저생계비는 '1인가구의 경우는 61만7281원, 4인가구의 경우는 166만8329원…' 하는 식으로 산출됐다.

그러나 이렇게 품목을 정해서 합산하는 방식에는 두 가지 문제점이 나타났다. 산출 목록에 어떤 품목을, 얼마만큼 포함시킬 것인가를 놓고 항상 시비가 일곤 했다. 사람들의 생활양식은 변하게 되어 있고, 따라서 예전에는 사치품처럼 여겨졌던 물건들이 세월이 지나면 어느새 필수불가결한 생활재로 인식되기 마련이다. 그런데도 2004년 이전에는 컴퓨터나 전자레인지가, 그리고 2010년이 되기 전에는 휴대전화가 '국민정서상 생필품으로 간주될 수 없다'는 주장에 막혀 번번이 목록에서 제외되곤 했다. 하지만 사실 휴대전화는 공식적으로 최저생계비 목록에 오르기 훨씬 전부터 생존의 필수품이었다. 예컨대 건설노동판에서는 십장이 일감에 대한 통지를 하루이틀 전에 하는 경우도 잦아서 휴대전화가 없으면 일용건설노동자들이 일감을 놓치는 일이 생겼다.

그런데 이 장바구니 방식에는 이런 품목 선정의 자의성에 대한 시비보다 조금 더 심각한 문제가 깔려 있었다. 전문가들이 주기적으로 최저생계비를 계측·산정하는 방식은 아무리 현실을 반영하고자 노력해도 보수적으로 결정되는 경향이 있다는 것이었다. 그래서 최저생계비 수준의 인상 속도는 아주 느린 데 반해 보통 시민들의 평균소득 수준은 이보다 훨씬 빠르게 증가하기 마련이어서, 시간이 지나면서 시민들의 평균소득과 최저생계비의 격차는 자꾸 벌어지게 된다.

다음의 [도표 1]은 도시근로자의 평균소득과 최저생계비 수준의 격차가 점점 커지는 경향을 보여준다. 1999년의 최저생계비는 도시근로자 평균소득의 38% 수준이었는데, 7년 후에는 31% 수준으로 떨어졌다. 기초생활보장 정책의 목적이 가난한 국민에게도 최저한의 건강하고 문화적인 생활을 보장하려는 것이라면, 그 최저한의 수준은 일반 시민들의 평균 수준과 비교했을 때 적어도 일정한 비율을 유지하거나 평균에 근접하는 방향으로 올라가야 마땅할 것이다. 그런데 이와 반대로, 최저한의 수준이란 것이 일반 시민들의 평균 수준으로부터 점점 멀어지고 있다면, 정책의 효과가 점점 퇴보하고 있다고 하지 않을 수 없다.

그래서 우리 정부는 이런 문제를 개선하고자 2015년부터 최저생계비의 산출방식을 변경한다. 최저한의 생활에 절대적으로

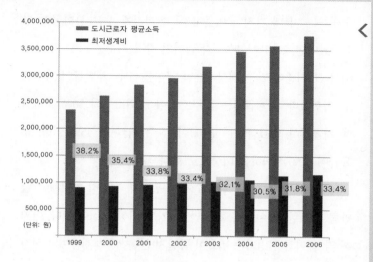

[도표 1] 도시근로자 평균소득과 최저생계비 간의 격차 추이

필요한 품목을 하나하나 계산하는 대신, 일반 시민들 소득의 대푯값에 대한 상대적 비율의 금액을 정해 기준선을 잡기 시작했다. 다시 말해서, 어떤 계측 시점의 일반 시민들 소득의 대푯값이 100이라면 이것의 30%인 30을 최저생계비로 정하는 것이다. 이때 일반 시민들 소득의 대푯값을 흔히 기준 '중위소득°'이라고 한다.

우리 정부가 빈곤한 가정에 주는 급여는 크게 네 종류로, 가구의 소득이 선정기준 이하일 때 그 차액만큼을 메꿔주는 생계급여, 병원 갔을 때 의료비를 내주는 의료급여, 남의 집에 세를 사는 경우 전·월세 비용의 일부를 내주는 주거급여, 자녀의 부교재비·학용품비·수업료 등을 내주는 교육급여 등이다. 그런데 2015년 이전에는 가구 소득이 최저생계비 기준선 이하인 가

중위소득
어느 집단 구성원들의 소득의 대푯값이라고 하면 흔히 '평균소득'을 연상하기 쉽지만, 소득의 평균값은 대푯값이 되기에는 큰 결함을 갖고 있다. 예를 들어, 3명의 국민으로 구성된 두 나라가 있다고 하자. 그런데 A나라의 국민들의 연소득은 각각 3000만 원, 7000만 원, 1억4000만 원이고, B나라의 경우는 7000만 원, 8000만 원, 9000만 원이다. 이 두 나라 국민들의 '평균' 연소득은 8000만 원으로 동일하다. 그런데 B나라라면 몰라도 빈부격차가 매우 큰 A나라의 경우는 8000만 원이라는 평균값이 집단의 실제 속성을 정확히 반영하고 있다고 보기 어렵다. 그래서 소득의 경우는 가운데 있는 개인의 소득(=중위소득)을 대푯값이라고 보는 것이 훨씬 합리적이다. 이처럼 개체의 값을 낮은 것부터 높은 순서대로 배열했을 때 한가운데에 있는 개체의 값을 '중위값'이라 한다.

구에게는 이 네 가지 급여를 모두 한꺼번에 주는 통합급여 방식이었다면, 2015년부터는 각 급여의 자격 기준을 각각 따로 정해서 그 기준에 맞는 대상에게만 급여를 주는 개별급여 방식으로 바뀌었다. 생계급여는 가구소득이 중위소득의 30% 이하일 때 지급되며, 의료급여는 40% 이하, 주거급여는 45% 이하, 교육급여는 50% 이하를 대상으로 한다.

사실 30%니 45%니 하는 숫자는 우리가 특별히 기억해야 할 만큼 중요한 건 아니다. 하지만 한 가지 이상한 점이 있다. 어째서 각 급여의 선정기준 비율이 똑같지 않을까? 생계급여의 선정기준인 중위소득의 30%라는 숫자는 어떤 근거에서 나온 것일까? 주거급여의 기준은 왜 55%나 60%가 아니고 하필 45%이어야 할까? 바로 여기에 고무줄처럼 줄었다 늘었다 하는 정부 정책의 자의성에 대한 비밀이 있다.

결론부터 말하면 위의 수치에는 필연적 이유란 게 없다. 생계급여를 받을 수 있는 기준선이 중위소득의 30%라고 할 때, 30이라는 숫자에는 어떠한 과학적 근거도 없다. 대충 정부가 지출할 수 있는 생계급여의 총예산 안에서 대상자를 추리는 것을 전제로, 그 정도의 커트라인이면 적당하겠다 싶어 그어놓은 선이다. 다른 숫자들도 마찬가지다.

몸에 옷을 맞추는 것이 아니라 옷에 몸을 맞추는 것이다. 먼저 어떤 필요를 가진 사람들을 전부 찾아내서 그들의 필요를 해결하는 데 드는 전체 예산을 확보한 다음, 그것을 모두에게 나누어주는 게 아니라, 정부가 쓰고자 하는 예산을 처음부터 정해놓고 대상자의 수를 대략 계산한 후에 그만큼의 대상 인원이 뽑혀 나올 수 있는 커트라인을 정하는 것이다. 그러니 위의 숫자들은 절대불변의 기준이 아니라 시간이 지나면서 해해연년 정부의 예산 사정에 따라 조금씩 변할 수 있다. 자기 침대에 눕혀서 키가 모자란 이는 늘이고 침대보다 큰 이는 그만큼을 잘라냈다는 그리스 신화 속의 프로크루스테스가 연상된다면 너무 심한 비유일까.

정치적 판단으로 결정되는 빈곤

이렇듯 말로는 최저한의 생계를 보장하는 제도라고 하지만, 국가의 도움을 필요로 하는 모든 국민을 정부가 전부 지원하는 것은 아니다. 가난한 사람에게 최저 생활을 보장하고자 한 법의 취지를 생각한다면 기준선 이하의 소득을 버는 모든 국민들에게 생계급여를 주어야 마땅할 것이다. 그러나 현실은 그렇지 않다. 사실상 최저생계비 이하의 소득으로 살아가는 가구는 전체 인구의 7~8% 정도인 데 비해, 실제로 기초생활보장의 혜택을 받는 가구는 전체의 3% 정도에 지나지 않는다. 나머지 4~5%는 이런저런 이유로 대상에서 배제된다.

정부로부터 생계급여를 받는 사람을 '수급자受給者'라고 하는데, 수급자가 되기 위해서는 소득이 기준선 이하여야 한다는 조건만으로는 충분하지 않다. 통과해야 할 관문들이 몇 가지 더 있다. 예를 들면, 가족 중에 자신의 생계를 도와줄 사람(행정용어로는 '부양의무자'라고 한다)이 없어야 한다는 조건이 붙는다. 그러니까 본인의 소득이 낮아야 하는 동시에, 본인을 부양해줄 부모나 자녀 등이 없어야 생계급여를 받을 수 있다. 이 말은 빈곤에 처한 사람을 구제해줄 책임은 일차적으로 직계가족이나 배우자에게 있다는 뜻이다.

수급자가 되기 위해 통과해야 할 또 하나의 관문은 본인에게 근로능력이 없어야 한다는 것이다. 근로능력이 있지만 일자리를 못 구해 생계를 위협 받고 있다면, 지역자활센터라는 곳에 가서 의무적으로 노동을 하는 조건으로 생계급여를 받게 돼 있다. 어쨌든 온전히 생계급여를 받으려면 자신에게 일을 할 능력이 없음을 입증해야 한다.

이 같은 자격 조건이 의미하는 바는 '아무리 가난해도 본인이 일을 할 수 있으면 직접 벌어서, 부양해줄 가족이 있으면 그들의 도움을 받아서 살라'는 것이다. 빈곤의 문제를 일차적으로는 개인 차원에서, 혹은 가족 차원에서 해결하도록 하고 굳이 국가에 손을 벌리지 말라는 취지이다. 일견 일리가 있어 보인다. 일 안 하고 놀고 먹으려는 사람들을 솎아내고 국가 예산을 알뜰하게 사용하려면 꼭 필요한 조치인 듯도 싶다. 그런데 실제로는 스스로 생계를 해결할 수 없는 상황임에도 불구하고 해결할 수 있다고 간주해버리는 공권력의 판단 오류가 문제다.

종종 가난한 사람들의 가족은 신산스러운 삶의 여파로 '해체'되어 서로 왕래가 끊기고 연락이 두절되곤 한다. 그런 이들은 호적상의 부모·자식이 있더라도 행방도 모른 채 남남처럼 살기 일쑤다. 설사 소식을 알더라도 자식의 벌이가 시원치 않아 자기네 살기도 빠듯한 처지라면 연로한 부모에게 생활비를 안(못) 주고 모른 척하는 경우가 허다하다. 실제 사정이 이러함에도 부양의무가 있는 자녀가 존재한다는 이유만으로 가난한 독거노인이 생계비 지원 대상에서 탈락하는 일이 심심찮게 일어난다.

2010년부터 이명박 정부가 통합전산망을 도입해 기초생활수급자에 대한 전수조사를 실시하면서 '연락이 닿지 않는다던 당신 아들이 잘 살고 있더라'며 느닷없이 수급 탈락을 통보해오는 일들이 벌어졌다. 지자체에서 월 30만 원의 보조금을 받아오다가 부양의무자인 사위의 소득이 증가한 것으로 드러난 78세의 할머니가 탈락 통지를 받고는 농약을 마시고 세상을 하직했다. 장애인인 아들이 자기 때문에 수급자가 될 수 없음을 한탄하던 50대의 일용노동자 아버지 역시 스스로 목숨을 끊었다.

이런 안타까운 죽음들이 줄을 잇고 시민사회단체들이 부양의무자 기준의 폐지를 줄기차게 요구하자 마침내 2020년 문재인 정부도 여기에 동의했다. 다만, 예산상의 문제 때문에 당장은 중증장애인에 대해서만 기준을 없애고 2023년까지 점진적으로 폐지하겠다고 공언하고 있다. 약속이 지켜지는지 두고 볼 일

오랫동안 많은 이들의 생계급여 수급을 가로막아 온 부양의무제 기준은 폐지될 예정이지만, 여전히 국가에게 자신의 '가난'을 증명하기란 쉬운 일이 아니다. 부정 수급자를 찾아내려는 것도 중요하겠지만, 복지 대상자를 적극적으로 찾아내 도우려는 태도가 복지 당국에 더 필요하지 않을까.(「국민일보」, 2020년 8월 11일자)

저소득 노인, 내년부터 부양의무자 있어도 생계급여 받는다

제2차 기초생활보장종합계획 발표

종합소득 기준 높여 수급자 늘리고
1·2인 가구 가중치도 높이기로
박능후 장관 "의료급여 정책 완화"

보건복지부 제공

장애연금 2천원으로 근근이 사는 지적 장애인 A씨(35)는 부양의무자인 부모 예의 소득과 재산이 많다는 이유로 생계급여를 받을 수 없었다. A씨 부모는 월 100만원이 채 되지 않는 소득에 빚이 3000만원의 부채까지 있어 A씨를 온전히 부양할 수 없었지만 부양의무자 소득 기준액(690만원)을 초과한다는 이유로 부양능력이 있다고 평가됐다. 그러나 정부가 자녀 1명부터 최종 강도가 심한 장애인이 있는 가구에 대해서는 부양의무자 기준을 적용하지 않기로 해 A씨는 매달 약 50만원의 생계급여를 새로 받을 수 있게 됐다.

국민의 최저생활 보장을 목적으로 제정된 기초생활보장법에 따라 정부는 2000년대부터 일정 수준 이하의 소득으로 가구를 선정해 생계급여, 의료급여, 주거급여, 교육급여 등을 지원하고 있다. 이 급여를 받으려면 ①신청가구의 소득과 재산이 일정 기준치를 충족해야 하고

종합소득이 생계급여와 부양의무자 기준 폐지를 연간 사각지대에 대해 2021년 제 2차 기초생활보장 종합계획을 따르면 10일 박능후 보건복지부 장관 등 정부 세종청사에서 이같은 개선책을 발표했다.

산과 부양의무자 유무 및 이들의 소득과 재산 등 2가지 요건에 기준치를 충족해야 한다.

이중 '부양의무자 유무 및 이들의 소득과 재산' 요건은 매년 비판의 대상이 되는 것을 증명하지 못해 스스로 수급권을 포기하는 경우가 있다.

이에 정부는 2015년 교육급여, 2018년 주거급여에 대한 부양의무자 기준 적용을 각각 폐지했고, 2022년부터(예정)는 노인이 있는 가구를 부양의무자에서 제외하는 등 부양의무자 기준을 순차적으로 완화했다. 오는 2022년부터는 생계급여의 부양의무자 기준 적용도 완전 폐지된다.

정부는 10일 중앙생활보장위원회에서 확정된 '제2차 기초생활보장 종합계획(2021~2023년)'에 대한 부산 노인과 한부모 가구에 대해 내년부터 부양의무자 유무에 관계없이 생계급여를 지급하게 됐다.

소득 산출방식도 개편해 생계급여 수급자 자격을 확대했다. 수급자 선정 및 지원액을 결정하는 데 쓰는 '종합소득' 기준을 높여 더 많은 수급자를 낳게 된다.

중위소득은 전 국민을 100명이라 가정고 여기서 소득순 50번째에 해당하는 사람의 소득을 말한다. 이 중위소득의 30% 이하면 생계급여, 40% 이하는 의료급여 수급자가 된다. 중위소득이 높아지면 더 많은 수급자가 생겨나 사람들의 어려움을 낮추는 게 목표다. 정부는 그동안 중위소득 산출에

쓰던 '가계동향조사'가 아닌 종합소득을 늘려가기 위해 1, 2인 가구에 대한 가구 균등화지수를 상향 조정함으로써 가중치를 높였다. 보건복지부는 1인 가구의 가구균등화수를 총 0.3700에서 0.4002로 높이면 1인 가구의 최대 생계급여액이 2020년 52만7000원에서 2023년 57만6000원으로 10%기량 증액되는 효과가 있다고 설명했다.

1, 2인 가구에 대한 생계급여 지원액도 늘려가겠다며 1, 2인 가구에 대한 가구균등화수를 상향 조정함으로써 부양의무자 완전 폐지(예정)와 비급여 의료 지원 확대는 의료급여에 대한 부양의무자 기준 적용 폐지(예정)와 비급여 의료비 부담은 여전히 높다. 박능후 복지부 장관은 "저소득층 의료비 부담 완화와 의료급여제에 대한 부양의무자 기준 적용 폐지(예정) 바라며 이 부분에, 건강보험 부담 완화가 더 충분하게 이뤄져야 한다는 의료보조 적게 긴급비약을 다각도로 살펴보고 이번 대책에 대한 부양의무자 적용 조건을 완화는 내용을 3차 종합계획에 담을 것"이라고 말했다.

이날 발표된 2차 종합계획을 놓고 일각에서 부양의무자 기준 적용 폐지(예정)에 의료급여가 빠져 완전한 사각지대가 해소되지 않는다는 지적이 나왔다. 박능후 복지부 장관은 "저소득층

김영선 기자 ys8584@kmib.co.kr

이다.

　그래도 여전히 남는 것은 근로능력 판정의 문제다. 정부는 혹시라도 근로능력이 있는 사람에게 생계보장의 혜택이 갈까 봐 엄격한 잣대를 들이대며 닦달을 한다. 그러다 보니 실제로 근로능력이 없는 사람을 근로능력이 있는 것으로 잘못 판정해서 힘든 사람들을 더욱 고통에 빠뜨리는 경우가 있다.

　수원의 버스 운전기사였던 최인기 씨는 건강검진에서 심장혈관의 이상을 발견하고 2005년과 2008년, 두 차례에 걸쳐 대수술을 받았으나 심혈관계 기능이 정상으로 돌아오지 않아 더 이상 일을 할 수 없게 되었다. 그는 생계급여를 받기 위해 '기초생활수급자' 신청을 했으나 근로능력 평가를 담당한 국민연금공단은 2013년에 근로능력이 양호하다며 1단계의 평가 등급을 매겼다. 그에 따라 의무적으로 일을 하는 조건으로 생계급여가 지원되는 '조건부 수급자'가 될 수밖에 없었고, 지역자활센터에

배치되어 일을 하다가 2014년 작업 중에 고열로 쓰러져 병원으로 옮겨졌다. 그는 수술을 받고 중환자실에 있다가 석 달 만에 사망했다.

국가가 기초생활보장 대상자의 수를 어떻게든 줄이기 위해서 일을 할 수 없는 사람을 강제로 일터로 내몬 결과 찾아온 죽음이었다. 유족인 최인기 씨의 부인은 수원시와 국민연금공단을 상대로 소송을 제기했고, 2019년 12월 수원지방법원은 "진단서, 진료기록, 방문조사에 비춰볼 때 최씨를 '근로능력 없음'이 아닌 '있음'으로 평가한 것은 위법하다. 최씨는 근로능력이 없는데도 일하다 수술 부위가 감염돼 사망했으므로 근로능력 평가와 사고는 상당한 인과관계가 있다. 수원시도 공무 위탁자로서 책임이 있다"고 판시했다.

그렇다면 이 사고는 담당 공무원 개인의 실수로 벌어진 예외적 사건일까? 이 사고의 원인을 해당 공무원의 몰인정한 성정이나 꼼꼼히 확인하지 않은 부주의함 탓으로만 돌려서는 안 된다. 공무원들의 그런 안이한 대응을 용인하는, 그들로 하여금 비정한 의심의 눈초리로 가난한 사람을 바라보게 만드는 제도적 환경과 조직문화가 문제의 원인이다. 이것은 기초생활보장 제도에 깔려 있는 극도의 보수적 태도—어떻게든 공적 급여의 수혜 대상을 최소화하는 것이 선善이라는 믿음—와 결코 정확할 수 없는 평가틀에 대한 절대적 맹신이 낳은 참사라고 하는 편이 옳다. 수급 자격이 있는 약자를 배제했을 때 가난한 당사자가 겪을 고통보다, 혹여 자격이 없는 자를 포함시켰을 때 자신이 받게 될 문책을 훨씬 더 심각하게 여기는 공무원 세계의 풍토가 바뀌지 않는 한, 이런 사고는 언제든 재발할 수 있다.

국가가 전체 국민의 몇 퍼센트에게 생계지원을 해야 하는가, 또 얼마씩 지원해야 하는가는 정답이란 게 없다. 따라서 현실에서 그것은 순전히 정치적 판단에 따라 결정되기 마련이다. 부양의무자 기준을 세워서 가족들에게 1차적으로 책임을 지우는 제도를 두고 그동안 정부는 우리의 전통적인 효孝의 윤리에 근거한 불가피한 원칙이라고 강변해왔지만, 이는 빈곤 관련 예산을 줄여야 하는 정치적 필요에서 나온 구실일 뿐이다. 이미 유교적 가족윤리가 무너지기 시작한 지 오래고, 부양의무자 기준을 없앤다고 충효사상이 더 약해질 것도 없다. 게다가 그런 원칙이 없는 서구 복지국가의 부모-자식 관계가 우리보다 특별히 나빠 보이지도 않는다. 오히려 경제난으로 돈벌이를 제대로 못하는 부모와 자식들이 늘어나는 현실에서 더 이상 작동하지 않는 가족윤리를 들이대며 개인에게 책임을 전가하는 무리한 정책이 갖가지 비극적인 사건들을 불러오고 있다. 이렇듯 어떤 사회에서 빈곤층을 정의하고 그들을 위해 특별한 지원 정책을 수립하는 과정은 겉으로는 매우 객관적이고 논리적인 절차에 따라 이루어지는 듯 보이지만, 결국은 정책을 결정하는 사람들의 정치행위에 좌우된다. 정치란 '다양한 집단의 이익을 절충해서 제한된 자원을 어디에 배분할지 결정하는 기능'이라는 풀이를 상기해보면 왜 그런지 쉽게 이해할 수 있을 것이다.

예를 들어, 자본가와 부자의 편에 서고 싶은 사람이 대통령이 되고 재벌에게 더 많은 경제활동의 자유를 주어야 한다고 믿는 사람이 장관에 임명되었다고 하자. 그러면 그 정부는 "빈곤 예산이 늘어나면 경제성장이 위축되고 국가재정이 거덜날지도 모른다"고 목청을 높이면서 가난한 사람들의 복지 예산을 최대한 깎고 지원 기준을 더 엄격하게 조이려들 것이다. 반대로, 가난한 노동자에게 우호적인 정권이 탄생하면, 불공정한 경쟁의 희생자를 지원하기 위한 예산이 증가하고 복지 대상자를 선정하는 기준도 보다 관대해질 것이다. 누구를 빈민으로 볼 것인가, 그리고 그들에게 얼마만큼을 지원할 것인가에 관한 판단에는 절대불변의 잣대가 있는 게 아니다. 국정을 맡은 정치세력이 어떤 계층, 어떤 집단의 목소리에 더 귀를 기울이는가, 또 그러한 자신들의 정책에 대한 국민의 여론을 얼마만큼 의식하는가에 따라 결정은 달라진다. 국가가 지원하는 빈곤층 대상자를 더욱 늘리고 사회안전망의 그물을 좀 더 촘촘히 짜자는 주장이 계속 있어왔지만 속시원한 진전이 없는 것은, 결국 '빈곤층을 위해 돈을 더 쓰고 싶지 않다'는 정치세력들의 의지가 반영된 결과이다.

3장

우리 사회의

빈곤

한반도를 가로지르는 군사분계선은 우리 민족을 둘로 가른다. 인위적으로 그어놓은 경계선으로 남한과 북한이라는 판이한 두 개의 체제가 나뉘어 있다. 공을 가지고 하는 운동 경기장의 경계선도 이분법의 산물이다. 야구장의 좌우 테두리선은 페어와 파울 볼의 기준선이고 배구장의 테두리선 역시 유효한 공격과 아웃을 잘라 가른다.

그렇다면 빈곤선은 어떠한가? 가난한 사람을 구분하기 위해 최저생계비라는 기준을 마련했다면, 소득이 그 기준선을 웃도는 사람들은 모두 가난하지 않다고 말할 수 있을까? 예컨대, 4인 가구의 최저생계비가 월 142만5000원이라 했을 때 한 달에 150만 원쯤 버는 가구는 '빈곤하지 않다'고 할 수 있는가?

빈곤선은 자의적이고 가변적이다

상식적으로 생각해도 빈곤선의 경우는 양단논법을 적용하기가 어렵다는 걸 알 수 있다. 빈곤의 기준선이 월 143만 원이라고 할 때, 월 소득이 150만 원인 A가족과 월 소득이 500만 원인 B가족이 있다고 하자. 두 가족은 모두 소득이 빈곤선 위에 있지만 삶의 모습은 확연히 다를 것이다. A가족의 생활수준은 한 달에 140만 원을 가지고 살아가는 수급자 가구와 크게 다르지 않을 터이고, 그들은 만약 빈곤층 지원에 더욱 적극적인 정부가 들어서서 빈곤의 기준선을 좀 더 높여 잡으면 새롭게 수급자 가구로 지정될지도 모른다.

이처럼 소득이 빈곤선을 넘긴 하지만 중위소득에는 못 미치는 사람들을 '가난하지 않다'고 규정하는 것은 상식적으로도 문제가 있다. 임의로 그어놓은 최저선을 살짝 넘어서기만 했을 뿐 생활수준이 보통 사람들의 평균에는 다다르지 못했기 때문이다. 다만 한 사회의 중간 수준을 빈곤선으로 정하면 그 사회가 감당할 수 없을 만큼 빈곤층이 많아지기에 그 기준선을 낮게 책정하고 있을 뿐이다.

어떻게든 빈곤층의 규모를 작게 잡고 싶은 정부 관료들은 최저생계비라는 빈곤선을 설정할 때 중위소득에 대한 비율을 가급적 낮게 정하고 싶어 한다. 예컨대 중위소득의 50%로 빈곤선을 정하면 60%일 때보다 빈곤층 규모는 훨씬 줄어든다. 그리고 40%, 50%, 60% 가운데 어느 수준을 선택할지는 정부 관료와 정치인들의 결정에 달려 있다.

앞에서 얘기했듯, 빈곤의 기준선을 설정하는 것은 빈곤층으로 분류된 사람들을 대상으로 정부가 지원 정책을 펴기 위해서이다. 즉 빈곤선은 정부의 정책적·행정적 필요에 따라 자의적으로 그어지는 측면이 있다는 이야기다. 만약 그 사회의 정치·경제적 상황이 바뀌고 새로운 사회적 합의가 이루어지면 얼마든지 변할 수 있는 가변적인 기준이다.

또한 빈곤선을 기준으로 일차적으로 걸러지고 다시 이러저러한 요건에 따라 추려져서 현재 정부로부터 각종 급여를 받고 있는 수급자의 숫자는, '실제로 지원이 필요한 빈곤층'의 총규모가 아니다. 정확히 말하면, '현재 정부가 판단하기에 지원이 필요해 보이는 빈곤층'의 총규모이다. 실제로 지원이 필요한 빈곤층과 정부가 판단하는 빈곤층, 이 양자의 규모 사이에는 언제나 큰 격차가 존재한다. 지원을 필요로 하는 빈곤층 모두에게 충분한 급여를 제공한 정부는 이제까지 없었다. 비단 우리나라의 경우만이 아니라 이제껏 지구상의 어떤 정권들도 대체로 그러했다. 여기에는 이념과 정치 논리들이 복잡하게 얽혀 있다.

그렇지만 빈곤 문제에 대처하는 각국 정부들의 태도가 똑같은 것은 아니다. 실제 빈곤층과 정부가 인정하는 빈곤층의 간극을 좁히려 애썼던 정부가 있는가 하면, 그 간극이 더욱 벌어지도록 방치한 정부도 있었다. 가능한 한 양자의 격차를 줄이려 노력하고 그 일에 성공한 정부가 좋은 정부일 것이다.

우리가 여기서 유념해야 할 사실은 소득이 정부가 정한 빈곤선보다 약간 높다고 해서 또 정부로부터 생계급여를 받는 수급자가 아니라고 해서, 그들을 가난과 무관한 사람, 국가가 정책적으로 배려하지 않아도 될 사람이라고 단정 지어서는 안 된다는 것이다. 소득을 기준으로 하는 빈곤선은 그저 편의상 현시점에서 불가피하게 사용하고 있는 도구일 뿐이다.

한 사회의 빈곤한 정도

어떤 사회가 얼마만큼 부유한지, 혹은 빈곤한지를 따질 때 우리는 흔히 1인당 국민소득을 가지고 비교한다. 2019년 IMF 통계에 의하면, 서울시 송파구보다도 인구가 적은 룩셈부르크를 제외하고 1인당 국내총생산GDP이 가장 높은 나라는 스위스(인구 863만 명)로 8만3717달러이다. 3만1000달러를 갓 넘긴 우리나라와 비교하면 2.5배가 넘는다.

그러면 스위스에는 가난한 사람이 없을까?

1인당 국내총생산은 그 나라의 저소득층부터 부유층까지 전 국민이 1년간 생산한 총 시장가치를 인구수로 나눈 것이기 때문에 '평균' 소득의 개념이라고 할 수 있다. 평균이 다른 나라보다 높다고 해서 스위스 국민들 사이에 소득 격차가 없을 리 없다. 스위스 빈민의 생활수준이 우리나라 빈민의 수준보다는 훨씬 높을 수 있겠지만, 그들 역시 스위스 사회의 평균 수준에 못 미치는 결핍의 고통을 겪기는 매한가지다. 빈곤의 기준선은 바로 그 사회의 구성원들이 누리고 있는 보편적인 삶을 근거로 해야 하기 때문이다.

빈곤선에는 만국공통의 기준이란 게 있을 수 없지만, 경제협력개발기구OECD는 각 나라의 표준소득이라 할 수 있는 중위소득의 50~60%선을 그 나라의 빈곤선으로 설정하고 있다. 어떤 수치로든 빈곤선을 정했다면, 그 이하에서 생활하는 빈곤층 인구가 전체 인구에 비해서 얼마만큼 되는지를 계산할 수 있다. 이렇게 한 사회의 총인구 가운데 빈곤층이 차지하는 비율을 빈곤율이라고 한다.

이렇게 빈곤층 인구수를 계산할 때는 중위소득에 일정 비율을 곱한 상대적 빈곤선을 사용할 수도 있고, 장바구니 방식으로 계산한 최저생계비(절대적 빈곤선)를 사용할 수도 있다. 다만, 다른 나라끼리 높고 낮음을 비교하려 한다면 통일된 기준이 필요하기에 상대적 빈곤선을 사용해야 할 것이다. 빈곤선이 가변적이고 불완전한 도구이기는 해도, 국가별로 비교를 하거나 시간의 흐름에 따라 빈곤 현상이 변해가는 추이를 파악하는 데는 쓸모가 있다.

그렇다면 우리나라의 빈곤 인구 비율은 다른 나라와 비교해서 어떨까?

[도표 2]는 OECD에서 2019년 자료를 가지고, 2019년 통계가 없는 나라는 가장 최근 자료를 가지고 계산한 회원국의 빈곤율 그래프다. 여기서 빈곤율은 각 나라 중위소득의 50% 이하의 소득으로 살아가는 사람들의 비율이다.

우리나라의 빈곤율은 17.4% 수준으로 인구 100명 가운데 17.4명이 빈곤하다는 얘기인데, OECD 회원국 평균인 12.5%보다 높다. 그만큼 상대적으로 가난한 인구가 많다는 뜻이다. 전체 인구에서 가난한 사람들의 비율이 가장 작은 나라는 아이슬란드와 체코공화국으로 각각 5.4%, 5.6%다. OECD 회원국 가

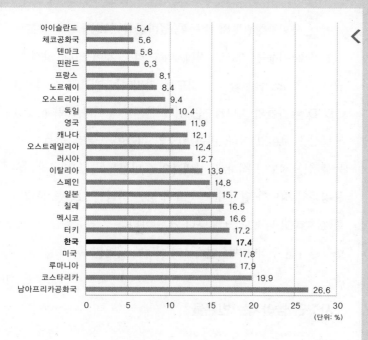

나라	빈곤율
아이슬란드	5.4
체코공화국	5.6
덴마크	5.8
핀란드	6.3
프랑스	8.1
노르웨이	8.4
오스트리아	9.4
독일	10.4
영국	11.9
캐나다	12.1
오스트레일리아	12.4
러시아	12.7
이탈리아	13.9
스페인	14.8
일본	15.7
칠레	16.5
멕시코	16.6
터키	17.2
한국	**17.4**
미국	17.8
루마니아	17.9
코스타리카	19.9
남아프리카공화국	26.6

(단위: %)

운데 우리나라보다 빈곤율이 높은 나라는 미국을 비롯해서 단
네 나라뿐이다. 2000년대 후반만 해도 일본·터키·멕시코 등의
빈곤율이 우리보다 높았는데 현재는 근소하게나마 우리보다
나아졌다. 빈곤율이 상대적으로 높은 나라들, 그러니까 OECD
평균을 기준으로 위쪽에 위치한 한국·일본·미국 등은 빈곤율
이 10% 이하인 북·서 유럽 국가들에 비해서 빈곤 문제를 잘 해
결하지 못하고 있는 셈이다. 적어도 사회복지에 관한 한, 미국
이나 일본을 선진국이라고 부르지 않는 이유가 여기서도 드러
난다. 미국은 1인당 국민소득이 상위권에 드는 나라 가운데 빈
곤 인구의 비율이 가장 높은 나라다.

어떤 사회구성원들의 소득이 얼마만큼 불평등하게 분포돼 있는가 보여주는 지표로 지니Gini계수*라는 것이 있다. 사실 빈곤율이 곧 소득의 불평등 정도를 가리키는 지표는 아니지만 OECD 국가들의 지니계수는 위의 빈곤율 순위와 대략 비슷한 경향성을 보이고 있다. 빈곤 인구의 비율이 높은 나라들은 소득불평등 정도가 심하고, 상대적으로 빈곤율이 낮은 나라들은 불평등의 정도가 덜하다. 빈곤율이 높은 나라는 그만큼 불평등한 사회라고 말해도 크게 틀린 말은 아니다.

그렇다면 우리나라는 언제부터 이렇게 되었을까?

자꾸만 높아지는 빈곤율

1965년에 무려 40%를 넘었던 우리나라의 절대빈곤율은 고도 경제성장의 결과로 1980년에는 10% 밑으로 내려갔다. 통계 작성의 일관성이 없었던 탓에 자료의 한계가 있기는 하지만, 1990년대 중반까지 우리나라의 상대적 빈곤율은 약 8% 남짓한 정도로 다른 선진국들과 엇비슷한 수준을 유지하고 있었다. 그러던 것이 1997년 말, 이른바 'IMF사태'라 불렀던 외환위기가 닥치면서 갑자기 빈곤율이 12% 이상으로 치솟았다. 그 후 외환위기를 조기에 극복했다는 풍문과 함께 빈곤율도 다소 내려가는 듯했으나 2003년부터 다시 악화되기 시작해서 2009년에는 15.4%로 정점을 기록했다.

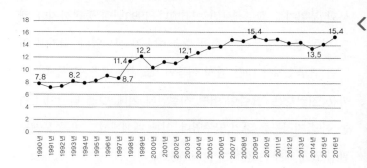

무엇보다 우려스러운 사실은 빈곤율이 외환위기 때의 최고점을 넘어선 후 좀처럼 내려올 기미를 보이지 않는다는 것이다. OECD 국가들 가운데서도 높은 축에 속하는 우리나라의 빈곤율은 최근 몇 년 사이에 큰 변화를 보이지 않고 있다.

이처럼 빈곤율이 계속 높은 상태를 유지하는 이유에 관해서는 뒤에 따로 설명하기로 하고, 다만 여기서 기억하고 넘어갈 것은 빈곤율 추세가 우리나라의 경제구조와 관련이 있다는 점이다. 외환위기 이전까지는 매년 6~10%대의 높은 경제성장에 힘입어 빈곤 인구의 비율이 감소해왔지만, 2000년 이후에는 고성장의 기조가 완전히 끝나고 기껏해야 연 2~3%대의 성장이 고작이다. 게다가 경제성장이 일어나도 그것이 빈곤의 감소로 이어지지 않는, 이른바 '낙수효과trickle down effect 의 실종'이 사태를 악화시키고 있다. 1인당 국내총생산의 수치가 아무리 증가해도 빈곤율은 계속 제자리걸음인 현상이 일어나고 있는 것이다.

1997년 우리나라에 경제위기가 불어닥치기 이전, 그 당시의 사회 분위기를 회고해보면 이러했다. 1990년대 중반까지만 해도 빈곤 문제는 우리 사회의 주요 이슈가 아니었다. 필자가 일하던 연구소에서 내던 잡지 이름이 『도시와 빈곤』이었는데, 가까운 지인들은 "요즘이 어떤 시절인데 여태 빈곤 타령이냐"며 농 섞인 지청구를 하기 일쑤였다. 언론 매체에서도 빈곤 문제를 관심 있게 다루는 경우는 많지 않았다.

분명 당시에도 가난한 이들이 없진 않았지만, 전반적 사회 분위기는 우리나라가 빈곤의 시대를 이미 건너왔고 머지않아 잘 사는 나라 대열에 낄 것이라는 낙관이 대세였다. 빈곤층은 자본주의 사회 어디에나 있기 마련인 소수의 불운한 집단으로 인식되었다.

그러나 그 후 10년 남짓한 사이에 빈곤 문제의 심각성과 사회적 관심도가 놀랍도록 커졌다. 1997년 말의 경제위기를 기점으로 우리나라 거리에는 노숙인이 눈에 띄게 늘었고, 가족이 해체되고 어린아이들이 방치되는 눈물겨운 사연이 급증했다. 기자들은 새롭게 등장한 가난이라며 '신빈곤'이라는 용어를 쓰기도 했다.

외환위기 이전에도 간혹 일시적인 경기침체와 성장의 둔화 현상이 있었던지라, 처음에 사람들은 이러한 실업과 빈곤의 확산이 조만간 수그러들 것이라 기대했다. 그러나 통계에서 확인할 수 있듯 빈곤층의 증가 추세는 계속되었다. 앞으로도 세계 경제의 불황은 장기화될 전망이고 가뜩이나 산업구조가 취약한 우리나라는 새로운 성장동력을 좀처럼 찾을 수 없을 것으로 보인다. 이제 한국경제는 저성장 궤도에서 벗어나기 어렵고 인구의 빠른 고령화로 경상수지 역시 악화될 것이라는 게 전문가들의 대체적인 견해이다.

현재도 그렇거니와 앞으로도, 우리 사회에서 빈곤은 운이 나쁜 일부 사람들의 문제라고만 볼 수 없게 되었다. 중간계층 일부가 서서히 밑으로 떨어지는 현상이 이십여 년 전부터 나타나고 있고, 저소득층이 중산층으로 올라서는 일은 점점 더 어려워지고 있다. 지옥 같은 취업전쟁, 헬조선, 금수저와 흙수저, 빈곤의 세습, 이런 단어들이 마치 당연한 상식처럼 통용되고 있다.

땅에 발을 딛고 사는 한 중력으로부터 자유로울 수 없는 것처럼, 세계경제 및 한국경제의 구조적 문제는 우리 서민들의 생활에 직접적인 영향을 미친다. 그리고 그러한 영향력의 풍향계는 풍요와 성장을 가리키기보다는 고갈과 내핍의 시대를 향하고 있는 듯 보인다. 그래서 어떤 이들은 풍요로운 시대는 끝이 났고 이제는 빈곤에 대비해야 할 때라고 충고한다.

그렇다고 이런 비관적인 예측들을 숙명처럼 받아들일 필요는 없다. '나의 미래가 곧 빈민?'이라며 무작정 불안해할 일은 아니다. 다만 누구라도 가난의 늪에 빠질 가능성이 높아지고 있으며, 이제는 빈곤 문제를 강 건너 불구경 하듯 해서는 안 된다는 의미다. 빈곤에 함께 대비하자는 것은 빈곤을 함께 이겨내보자는 얘기이다.

4장

차별과
배제로서의
빈곤

지금까지 우리는 빈곤을 정의하면서 소득의 정도를 기준으로 삼았다. 빈곤선은 한 사회에서 인간답게 살아가는 데 필요한 최저한의 소득이고, 어떤 사람(또는 가구)의 소득이 그 기준선에 못 미치는 경우를 빈곤한 상태라고 규정했다. 그렇다면 '저소득=빈곤'이라는 얘기인데 이러한 등식이 빈곤의 본질을 충분히 설명하고 있을까? 가난이라는 현상은 단순히 '돈이 없음'이라는 사실 이외에 다른 의미나 상태를 나타내고 있지는 않을까?

가난은 세상에서 가장 큰 장애?

오래전 인기리에 방영되었던 어떤 텔레비전 드라마에 가난의 본질을 시사하는 대사가 나온다. 가난한 이발사의 아들로 태어난 주인공이 승승가도를 달려 대통령이 되기 일보 직전에 살인을 교사한 죄가 드러나 몰락한다는 줄거리였다. 그는 어린 시절 아버지 이발소가 세 들어 있던 건물의 주인집 아들과 싸워 매번 두들겨 맞고도 언제나 혼자 잘못을 뒤집어써야 했던 억울함을 회상한다. 결국 대권의 꿈이 수포로 돌아가고 범죄자의 신세로 전락하는 순간, 주인공은 이런 대사를 읊조린다.

"이발소 건물 주인아저씨는 휠체어를 타고 다녔어. 장애인이었지. 하지만 아버지 앞에서는 늘 당당했어. 아버지하고 얘기를 나눌 때면 아버지는 늘 무릎을 꿇으셨지. 눈을 맞춰야 하니까. 위에서 내려다볼 수는 없잖아, 건물 주인을. 그때 나는 알았다. '세상에서 가장 큰 장애는 가난이라는 것을'. 원하는 걸 마음대로 할 수 없는 게 장애라면 가난은 그 무엇도 할 수 없게 만드니까. 그래서 공부를 했어."

주인공이 세상에서 가장 큰 장애는 가난이라고 단언하는 이유에는 단지 '돈이 없어서 필요한 것을 마음대로 사지 못 한다'는 사실만 있었던 게 아니다. 그가 주인집 아들한테 당하고도 항변하거나 시비를 가리지 못했던 것, 그의 아버지가 집주인에게 늘 머리를 조아려야 했던 것은 집주인에게 돈이라는 권력이 있었기 때문이다. 궁핍한 자와, 그에게 필요한 것을 많이 줄 수도 또 적게 줄 수도 있는 자 사이에는 결코 대등하지 않은 권력 관계가 존재한다. 그것은 법이나 제도가 부여한 권력이 아니라, 많이 가진 자가 못 가진 자를 상대로 제멋대로 할 수 있는 자의성恣意性에서 나오는 권력이다.

집주인의 심기를 거스르면 임대계약이 파기되어 세 든 곳을 떠나야 하거나 임대료가 인상되는 불이익을 당할 수 있다는 사실을 가난한 세입자들은 본능적으로 알고 있다. 그런 불이익을 겪지 않기 위해서 때로는 불공평한 처사에도 침묵하고 자기의 권리를 적극적으로 주장하지도 않는다. 돈이 권력이 되는 세상에서, '돈 없음'은 역으로 그 권력의 희생양이 될 수 있음을 뜻한다.

그렇게 보면 가난은 때로, 자기를 주장하고 불공정한 것을 시정하며 자신의 권익을 끝까지 지키는 힘이 없다는 것을 의미한다. 빈곤은 단순히 '낮은 소득'에 그치는 것이 아니라, 그로 인해서 시민으로서의 권리를 누리지 못하게 만드는 문제를 수반하는 것이다.

가난하다는 이유로 차별받거나 근거 없는 선입견의 피해자가 되는 경우는 흔히 있는 일이다. 차별과 혐오가 뜨거운 사회 이슈가 되고 있는 오늘날, 가난은 여전히 타인을 차별하고 배척하는 이유의 단골 메뉴다. 흔히들 말하곤 했던 "가난은 부끄러운 게 아니라 단지 불편할 뿐이다"라는 식의 경구는 귀신 씻나락 까먹는 소리쯤으로 취급되는 요즈음이다.

날씨도 가난한 사람을 차별한다

계절과 날씨 같은 자연현상은 만인에게 공평한 듯하지만 실은 그렇지 않다. 혹한의 겨울은 가난한 사람들에게 특히 고통스럽다. 극도의 빈곤에 내몰린 사람들은 이른바 '쪽방'에서 잠을 잔다. 보통 1평(0.5~2평) 남짓한 크기의 단칸방으로 일세나 월세로 운영되는 무허가 숙박시설이다. 쉽게 짐작할 수 있듯이 쪽방 건물은 매우 낡았고 주거환경도 열악하다. 공간을 워낙 잘게 분할했기 때문에 낮에도 형광등을 켜야 할 만큼 어둡고 환기가 잘 안 된다.

난방이 잘 안 되는 쪽방촌에서 겨울나기는 전쟁이다. 어떤 쪽방촌에는 도시가스가 들어가지 않는다. 상대적으로 저렴한 에너지를 정작 그곳 사람들은 이용하지 못하는 것이다.

한 방송사 기자는 혹한기의 쪽방 풍경을 이렇게 전하고 있다.

저는 한 스무 가구가 모여 사는 한 건물의 복도에 나와 있습니다. 분명 건물 안인데도 이렇게 천장이 뻥 뚫려 있어서 바깥의 한기가 그대로 들어오고 있습니다. 때문에 주민들이 사용하는 공동수도에는 이렇게 받은 물이 꽁꽁 얼어 있습니다. 오늘 아침 서울의 최저 기온이 영하 13.5도까지 떨어졌습니다. (…) 지금 이곳 기온이 약 영하 12도가량입니다. 이곳 중앙에서 연탄보일러로 난방을 하고 있지만 방이 워낙 많다보니까 온기가 곳곳까지 가지는 못하고 있습니다. 때문에 전기장판에 의지해서 추운 밤을 버텨야 하는 이들에게 올겨울은 조금 더 추울 수밖에 없습니다.(JTBC 뉴스, 2018년 1월 23일, 「전기장판에 온몸 의지하며… 한파 속 쪽방촌 사람들」)

또 다른 쪽방촌 상황도 크게 다르지 않다.

"보일러는 없다고 보면 돼요. 그래도 10년 전까지는 보일러를 틀어 줬었는데, 갑자기 기름값이 올랐던 해부터 난방을 전혀 해주지 않고 있어요." 박씨가 사는 곳은 겉에서 봤을 때는 2층짜리 다세대 건물. 명목상으로 OO여인숙이라는 이름을 달고 있지만, 문을 열고 들어가면 복도를 중심으로 쪽방이 촘촘하게 채워져 있어 영락없는 쪽방 건물이다. 공동수도는 야외나 다를 바 없는 곳에 고스란히 노출되어 있다. (…) 온수는 언감생심이다. 집에서 씻고 생활할 수 없어 5분 남짓 걸어 100m가량 떨어진 공용 시설에서 세면과 샤워 등을 해결한다. 다가올 여름이라고 생활이 녹록할 리 없다. "방에 있을 수도, 나가 있을 수도 없는 생활의 연속이에요. 방에는 불을 켜지 않고는 지낼 수 없고, 작은 창을 열면 바로 옆집 벽만 보이는데다 그 창으로 바퀴벌레가 엄청나게 들어오거든요. 에어컨은커녕 환기도 시킬 수 없는데 방에서 버티기가 쉽지 않죠. 집주인이 그런 걸 달아줄 리 없어 임시방편으로 환풍기를 달았어요."(『한국일보』, 2019년 5월 8일, 「화장실 없는 1.25평 쪽방…"햇볕 드는 집에서 살고 싶어요"」)

흔히 없는 사람 살기는 겨울보다 여름이 낫다고 한다. 하지만 요즘처럼 이상고온과 폭염이 기승을 부리는 여름은 겨울 못지않게 괴롭다.

낮 최고기온이 37도를 찍은 6일 낮. 서울 돈의동 쪽방촌 길가에는 폭염을 피해 나온 주민들이 바닥에 삼삼오오 앉아 있었다. 방 안에서 여름을 나기엔 너무 더운 까닭이다. 이곳 주민인 김제환 씨(51)의 방에 들어가자 사우나 같은 열기가 뿜어져 나왔다. $6.6m^2$짜리 방 안에서 더위를 식힐 수단은 중고로 구입한 선풍기가 전부다.

김씨는 "선풍기를 켜지 않으면 방 안 온도가 40도를 넘기 일쑤"라며 "지붕과 가까이 있는 집은 이보다 더욱 열악하다"고 했다. 이곳에서 30년 이상 거주해온 이석환 씨(84)는 "작년보다 올해가 더위를 버티기 어렵다"고 호소했다. 장마가 지난 뒤 습도가 높아지면서 쪽방에서 느끼는 체감온도가 더 높아졌기 때문이다. 이씨는 열대야가 시작되면서 자다 깨는 일도 잦아졌다고 했다. 그는 "낮에는 쪽방상담소에서 더위를 식히지만 잠까지 잘 순 없는 형편"이라고 했다. 쪽방촌 주민들은 밤이 되면 문제가 더 심각하다고 입을 모은다. 지난 5일 밤 동자동 쪽방촌 인근에는 오후 6시께부터 주민들이 열대야를 피해 좌판을 깔고 바닥에 드러누워 있었다. 오후 7시가 지났지만 이곳 주민인 김만 씨(80)의 방은 실내 온도가 36도를 가리키고 있었다. 서울시는 더위 대책으로 쪽방촌에 설치한 각 쪽방상담소에 생수(아리수)를 매주 1000병 이상 지급하고 있다. 서울시가 지원하는 5대 쪽방촌(돈의동·창신동·남대문·동자동·영등포동)에 거주하는 주민은 2900여 명, 6월부터 지원한 생수만 1만7500병이 넘는다. 민간 구호단체도 식수 지원에 힘을 보태고 있지만 폭염을 달래기엔 부족하다는 게 주민들의 하소연이다.(『한국경제』, 2019년 8월 6일, 「사우나같은 방엔 선풍기만…
"버티기 힘들어요"」)

가난한 사람의 건강이 더 나쁘다

가난한 사람에게 몸은 삶의 밑천이다. 건강은 누구에게나 소
중한 법이지만, 주로 몸을 놀려 살아가는 빈곤층에게는 특히
그렇다. 그러니 가난한 사람일수록 몸뚱이만큼은 건강하면 좋
으련만 현실은 정반대다.

가난한 사람들이 오히려 질병에 많이 시달리고 평균수명도
중산층에 비해 짧다. 한 사람이 태어났을 때 앞으로 생존할 것
으로 예상되는 기간을 의미하는 기대수명은 상대적으로 소득
이 높은 집단이 낮은 집단보다 훨씬 긴 것으로 밝혀졌다.(통계
청,『한국의 사회동향 2019』) 또 어떤 집단 안에서 특정 질병을 지
니고 있는 사람의 비율을 유병률有病率이라 하는데, 고혈압·당
뇨·동맥경화증 등의 질환이 한꺼번에 나타나는 대사증후군의
유병률은 소득수준이 낮을수록 높게 나타난다고 한다.(《메디컬
투데이》, 2018년 3월 6일자)

소득과 사회적 지위가 낮은 사람들은 건강하게 오래 살기도
힘들다는 얘기다. 왜 이런 현상이 벌어질까? 상식선에서 생각해
도 몇 가지 이유들을 떠올릴 수 있다.

우선, 가난한 사람들이 일하는 작업환경 자체가 신체에 해롭

거나 위험한 경우들이 많다. 어스름한 새벽길 과속 차량에 치인 청소부, 고층건물 건설현장의 비계에서 추락한 일용노동자, 음식점 주방의 가스가 폭발해 중화상을 입은 식당아줌마, 기름탱크를 청소하다 질식사한 이주노동자, 화력발전소에서 석탄나르는 컨베이어벨트에 끼어 사망한 비정규직 젊은이… 우리가 뉴스를 통해 자주 접하는 이런 사고의 피해자는 거의 다 가난한 서민들이다.

빈곤은 이미 생긴 질병을 치료하는 것도 방해한다. 중증 질환의 경우는 국민건강보험이 지원을 많이 해줘 환자 부담이 줄었다고는 하지만, 여전히 아프거나 다쳤을 때 돈이 없어 충분한 치료를 받지 못하는 일은 흔하다.

가난한 사람들은 평소 자신의 건강을 돌볼 겨를이 없을 뿐만 아니라 건강을 관리하는 데 유용한 정보와 지식도 부족하다. 새벽부터 밤늦게까지 일터에 머물러야 하는 그들은 자기 자신이나 자식들의 건강을 체크하고 예방에 힘쓸 시간적·정신적 여유가 없다. 더구나 몸 상태가 다소 좋지 않아도 대개 그들이 다니는 직장은 유급휴가 같은 건 허용하지 않는다. 그러니 적은 임금이나마 놓치지 않기 위해서는 몸에 무리가 가더라도 일을 해야 한다.

오늘날 빈곤층의 비만율이 부유층에 비해서 높다는 사실도 계층간 건강불평등을 보여주는 또 하나의 단면이다. 먹을 것이 없었던 절대빈곤의 시절에는 뚱뚱한 체형이 부유함의 상징이었다면, 오늘날은 열량만 높고 영양가는 부족한 값싼 인스턴트식품을 많이 섭취하는 가난한 사람들이 비만을 겪는다. 만성화된 비만과 불균형한 영양섭취는 빈곤층의 건강을 위협한다.

교육도 가난을 차별한다

가난한 사람들의 학력 수준은 중산층에 비해 상대적으로 낮기 마련이다. 보릿고개가 있던 먼 과거에는 학교를 다니는 것 자체가 사치스런 일이어서, 가난한 집 아이들은 중학교를 마치는 것도 쉽지 않았다. 베이비붐 세대인 50대 중후반~60대 중반 이상만 해도 집안 형편이 어려운 학생들은 언감생심 대학 진학을 꿈꿀 수 없었다. 그리고 낮은 학력은 사회경제적 지위가 높은 직업을 가질 수 없게 하는 원인으로 작용한다.

그 후 우리나라 국민의 평균학력은 빠르게 높아져서 요즘은 고등학교 졸업생의 70%가량이 대학에 진학하는 시대가 되었다. 그러면 오늘날은 가정 형편에 따른 교육 기회의 불평등이 사라졌을까? 만약 정말 사회계층간의 교육 불평등이 사라졌다면 '더 이상 개천에서 용이 나지 않는다'느니, '가난이 세습되고 있다'느니 하는 말은 생겨나지 않았을 것이다.

이른바 명문대 진학률이 높아서 중산층 부모들 사이에 인기가 높은 자율형사립고(자사고)·특수목적고·국제고 등은 우리나라 교육 불평등의 현주소를 적나라하게 보여준다. 고등학교

무상교육이 실시되기 이전의 일반고 학비와 비교해보면, 자사고는 1년 학비가 평균 1250만원으로 일반고의 4.4배, 국제고는 3.4배, 외국어고는 약 3배라고 한다. 고등학교를 서열화하고 사교육을 과열시킨다는 등의 이유로 2025년까지 이들 학교를 일반고로 전환하겠다는 것이 정부 방침이지만, 이에 대한 기득권층의 반발과 저항도 만만치 않아서 정권이 바뀌면 또 어찌 될지 알 수 없는 일이다.

학교에 내는 교육비보다 더 큰 사회문제는 사교육비다. 사교육이 학업성적을 결정하는 제일의 요소라고 할 수는 없지만 다른 조건이 같다고 할 때, 유명 학원에서 받아먹기 좋게 정제된 지식상품을 양껏 섭취하고 쉴 새 없이 반복 훈련을 받은 중산층 이상 아이들이 그렇지 않은 저소득층 아이들에 비해 학업 경쟁에서 유리한 것만은 분명하다.

게다가 빈곤 가정의 자녀들은 공부하는 데 여러 가지로 불리한 여건에 처해 있다. 물질적으로 가난하니 학습에 도움이 되는 요소들, 예컨대 교양서적이나 부교재 같은 것이 부족할 테고 공부에 몰두할 수 있는 자기만의 공간도 없을 것이다. 학교 수업에서 이해 안 됐던 것을 물어보거나 숙제에 도움을 줄 수 있는 어른도 주위에 없다. 부모는 생계에 바빠 밤늦게 들어오기 일쑤고, 설사 곁에 있다 하더라도 문제를 해결해줄 지식이나 정보를 못 가진 경우가 많다.

경제적 어려움은 때로 가정불화의 불씨가 돼, 가족이 해체되거나 자녀들이 부모의 보살핌을 못 받고 방치되는 결과를 낳는다. 정서적·심리적으로 불안정한 상황에서 아이들은 공부에 집중하지 못하고 학교 성적은 자꾸 떨어질 수밖에 없다.

그렇다고 이처럼 뒤처진 가난한 집 아이들에게 각별한 관심을 가지고 이끌어주려고 애쓰는 교사가 학교에 많은 것도 아니다. 교과 내용은 대부분 학원에서 배웠을 것으로 전제하고 중간보다 조금 앞서가는 아이들의 수준에 맞춰 수업을 진행하는 게 일반적이다.

빈곤층 아이들은 수업이 잘 이해 안 되는 데다 선생님마저 눈길을 주지 않는 학교가 재미있을 리 없다. 자연히 다른 곳으로 눈을 돌리기 십상이다. 그러다 사고라도 쳐서 이른바 '문제 학생'이 되면 학교와의 거리는 더욱 멀어진다. 그리고 결국 그들 중 일부는 중도에 학업을 중단한다.

우리나라의 교육 관련 통계는 부모의 사회경제적 지위가 높은 가정, 즉 중상층 가정의 자녀들이 부모의 소득과 학력이 낮은 가정의 아이들에 비해서 학업성취도가 높다는 것을 보여준다. 그리하여 한국에서 '괜찮은 일자리'를 얻는 데 결정적으로 중요한 우수한 학력과 학벌은 결국 중상층 아이들의 차지가 되고, 가난한 가정의 자녀들은 소득이 높고 안정적인 일자리를 얻는 데 갈수록 심각한 어려움을 겪고 있다.

가난한 이에겐 '사람'도 없다

젊은 시절, 철거민들의 이주 과정을 글로 쓰기 위해 그들의 정착촌에 들어가 산 적이 있다. 주민들의 가슴 아픈 사연을 들으면서 늘 양지에서만 살아온 자신이 부끄러워졌다. 문득 가난을 몸으로 겪어봐야겠다는 생각이 들어 한 달 생활비의 반만 남기고 나머지를 없앴다. 수중에 남은 절반의 돈으로 한 달을 살 요량이었다. 가난이란 '사서 고생을 하는' 방식으로는 그 본질에 다가갈 수 없는 것일진대, 지금 생각해보면 참으로 짧은 생각이었으나 그때는 제법 진지했다.

아무튼 최대한 허리띠를 졸라매면서 3주를 넘게 버텼는데, 계산이 치밀하지 않았던 탓인지 한 달 기한을 며칠 앞두고 돈이 모두 떨어졌다. 이틀은 물만 마시며 버티다가 더 이상 견딜 수 없어 가장 가까이 사는 친구에게 전화로 구원을 청했다. 그날 저녁 배불리 포식을 하면서, 내 수중에 돈이 없다는 것이 곧 가난은 아님을 깨달았다. 돈이 없는 나를 위해 도움의 손길을 뻗쳐줄 수 있는 누군가가 있다면 그건 가난한 게 아니었다.

홀로 사는 사람이 홀로 죽음을 맞은 뒤 일정 시간이 지나 발견되는 고독사孤獨死가 우리 사회에도 자꾸 늘고 있다. 대개는 돌봐줄 가족이 없는 노인이 스스로 건강을 챙기지 못해 그런 일을 당하곤 하지만, 요즘은 노인들에게만 일어나는 일이 아니다.

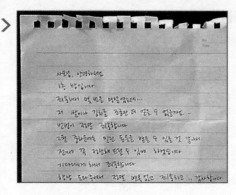

시나리오 작가 최고은이 이웃에게 마지막으로 남긴 쪽지. 그에겐 빈곤을 벗어나기 위해 도움을 청할 인적 네트워크가 없었다.

10여 년 전, 최고은이라는 여성의 고독사가 유독 우리를 충격에 빠뜨렸던 것은 그가 32살 꽃다운 나이의 젊은이였기 때문이기도 하지만, 한편으로는 화이트칼라인 시나리오 작가가 굶주림과 사투를 벌여야 했다는 사실 때문이기도 했다.

그의 주검은 다가구주택의 다른 세입자가 자기 집 문 앞의 쪽지를 보고 최씨의 집에 들렀다가 발견했다고 한다. 쪽지에는 이렇게 씌어 있었다. "…… 죄송해서 몇 번을 망설였는데 … 저 쌀이나 김치를 조금만 더 얻을 수 없을까요? … 항상 도와주셔서 정말 면목 없고 죄송하고 … 감사합니다." 평소 갑상선 기능 항진증과 췌장염을 앓았던 그는 며칠째 굶은 상태에서 지병이 악화되어 숨진 것으로 전해진다.

애초부터 도움을 줄 만한 친구와 지인들이 없었을까마는 끼니와 병치레를 해결할 수 없을 만큼 곤궁함이 오랫동안 지속되면서 아마 도움을 주던 이들과의 관계도 점차 옅어지고 소원해졌을 터이다. 짐작컨대, 지인들의 형편 역시 그다지 넉넉하지 못했을 수 있고, 무엇보다 계속 그들에게 손을 벌리는 일이 그에겐 죽기보다 힘들었을지 모른다. 얼마나 절박했으면 그동안 신세지던 이웃에게 부끄러움을 무릅쓰고 밥과 김치 좀 달라고 했을까.

요사이 사회적 관계의 단절, 소속감의 결핍 등을 겪고 방치된 사람들이 우울감으로 자살하는 새로운 형태의 고독사가 나이와 무관하게 모든 연령층에서 나타나고 있다. 전체 고독사 추정 사례의 14%가 20~30대의 청년층이라는 보고도 있다. 이처럼 외롭게 죽음의 길로 떠난 이들은 한결같이 가난하다. 물질적 빈한함과 구차함은 과거에 튼튼하던 인간관계의 끈조차 부식시켜 끊어지게 만든다. 같이 나누어 먹을 밥이 부족하니 자기도 모르게 왕래의 발길을 끊는다.

우리 주위의 어렵게 사는 이웃 가운데는 명절에도 고향의 부모형제를 찾지 못하고 홀로 지내는 이들이 있다. 명절 때 내려가면 부모님 용돈도 드리고 형제자매들 선물도 챙겨야 하는 법인데, 수중에 돈이 없으면 고향 찾는 것 자체를 포기하게 된다. 궁핍이 원인이 되어 형제나 일가친척과의 왕래도 자꾸 뜸해지다 보면 아예 서로 발길을 끊는 수가 많다. 그렇다고 학력이 짱짱하지도 않으니 학연으로 맺어진 동창들이 있는 것도 아니고, 직장 동료들이 든든한 뒷심이 되어줄 리도 없다. 세월이 흐르면서 생활의 어려움이 가중되면 가뜩이나 빈약한, 가난한 사람의 인간관계는 자꾸 줄어든다. 자신이 갑자기 어려움에 처했을 때 힘이 되어주고 자원을 변통해줄 인적 네트워크가 약한 것이다.

이에 비하면, 중상층의 사회적 네트워크는 두텁고 튼튼하다.

혈연·학연·직업 세계의 선후배로 맺어진 이들의 인간관계는 자연히 자신과 처지가 비슷한 고학력의 전문직·관리직 사람들로 구성돼 있으니 온갖 형태의 자원을 끌어 쓸 수가 있다. 서민들이 자조적으로 읊조리는 '유전무죄有錢無罪, 무전유죄無錢有罪*'의 몹쓸 관행도 결국 권력자원을 동원할 수 있는 '끈'의 있고 없음으로 결정되는 것이다. 이렇게 보면 빈곤은 서로 도움을 주고받을 수 있는 인적 네트워크가 빈약함을 의미하기도 한다.

재난은 가난을 차별한다

2020년 초에 나타난 코로나19 감염병은 세계를 공포로 몰아넣었다. 이 사건은 우리로 하여금 재난이란 일시에 무차별적으로 닥치므로 사람을 차별하지 않는다는 생각을 버리게 했다. 또한 전염병은 생계를 꾸려야 해서 어쩔 수 없이 위험 속에 노출될 수밖에 없는 사람들에게 더 치명적이라는 사실도 일깨워 주었다.

코로나19에 대해 정부는 '사회적 거리두기'와 '자가격리' 지침을 강조했지만 쪽방이나 고시원에 사는 사람들, 노숙인시설 거주자들, 장애인들은 이 지침을 따르려야 따를 수가 없었다. 타인으로부터 격리된 자기만의 공간이 없을 뿐 아니라 매일매일 먹을 것을 찾아 나서지 않으면 굶어 죽을 수밖에 없기 때문이다.

유전무죄, 무전유죄
돈이 있으면 무죄로 풀려나지만 돈이 없으면 유죄를 받는다는 뜻. 1988년 영등포교도소에서 탈옥한 지강헌과 일당이 인질극을 벌이며 남긴 말로서, 가난한 이에게 가혹한 사회를 직설적으로 잘 표현했기에 아직까지도 사람들 입에 오르내리고 있다. 조사에 따르면 국민의 80%가량이 유전무죄, 무전유죄에 동의한다고 한다.

기실 가난한 서민들은 사람들이 거리를 두면 수입이 끊겨버리는 직업에 의지해서 살아간다. 택시기사나 영세 자영업자들이 그렇고 온갖 비정규직 노동자들이 그러하다. 미국 주간지 『타임』(2020년 3월 11일자)도 이 점을 지적하고 있다.

저소득 일자리—주방보조, 간호조무사, 식료품점 점원, 아이돌보미 등—는 대개 원격 작업이라는 게 불가능하고, 또한 유급 병가도 주지 않는다. 저소득층은 의료서비스를 제대로 못 받거나 의료보험에 가입돼 있지 않을 가능성이 턱없이 높다. 또한 냉장고를 넉넉히 채워놓는 것은 재정 형편상 어려운 일이다. 2019년 연방정부 조사에 의하면, 미국인의 40%는 응급실에서 소요되는 400달러의 비용을 감당할 능력이 없다고 한다. 코로나19로부터 자신을 보호하고 대비할 수 있는 자원이 부족하기 때문에 이 가난한 사람들은 바이러스에 감염될 위험이 매우 높고, 따라서 이를 전파할 위험도 높은 것이다.

하루 벌어 하루 먹는 사람들에게 재난으로 인한 고객의 감소는 소득의 감소, 곧 생계가 위협받음을 의미한다. 임차인들로부터 받는 임대료 수입이 절반으로 줄어도 생활에 전혀 지장이 없는 건물주들과는 처지가 극과 극이다. 코로나19 감염병은 우리 사회의 가장 취약한 고리에 해당하는 중간층 이하의 서민들로부터 급격하게 일자리와 소득을 빼앗아갔다. 특히 여행업·관광

숙박업·운송업·공연업 등에서 해고와 무급 휴직이 크게 늘었
다. 그중에서도 하청 노동자, 비정규직 노동자들은 해고 1순위
의 칼날을 피하지 못했다. 이렇게 자본주의의 모순이 낳은 전염
병 재난은 유독 가난하고 힘없는 서민들의 안전과 생존을 집요
하게 파고들었다.

빈곤은 다차원적 현상

빈곤은 단순히 소득이 적은 상태만을 가리키는 것이 아니다.
혹독한 추위와 더위, 물난리나 감염병 재해의 고통을 고스란히
몸으로 받아낼 수밖에 없는 환경에서 살아야 함을 의미한다.
또한 비좁고 비위생적인 공간, 때로는 개인의 프라이버시가 지
켜지지 않는 불안정한 주거 공간에서 사는 것을 뜻한다.

빈곤이라는 현상에서, 우리는 죽음이나 질병에 쉽게 빠지고
한 번 중병에 걸리면 쉽게 낫지 못하는 약한 자들의 생활상을
보게 된다. 이렇게 빈곤은 때로 건강으로부터 소외돼 있음을 의
미한다.

가난한 집안의 학생들은 고등교육 단계까지 지속적으로 공
부하기 힘든 여건에 있다. 그들은 중상층 자녀들이 누리는 질
높은 교육 기회를 갖지 못하며, 치열한 학업 경쟁의 사다리에
서 남들이 밟고 올라가기에 좋은 발판이나 들러리 역할에 머무
르고 있다. 교육은 더 이상 계층 상승의 통로 구실을 못하고 있

며, 오히려 빈부격차를 공고히 만드는 역할도 한다.

어쩌다 영화나 드라마에서 의사나 변호사가 비열한 인간 말종으로 묘사된다 싶으면, 곧장 의사협회나 변호사협회가 들고 일어나 제작진에게 사과와 시정을 요구한다. 자신들의 직업적 이미지를 훼손했다는 이유에서다. 그런데 파출부나 청소부의 배역은 흔히 무식하고 남의 물건을 탐하는 비양심적인 사람으로 그려져도 아무 일이 일어나지 않는다. 그들은 사회적 힘이 약하고 조직도 없기 때문이다. 동업자 조직이 없을 뿐 아니라, 가난한 사람 개개인의 인적자원을 살펴보더라도 어려울 때 힘이 될 만한 관계는 별로 눈에 띄지 않는다.

이처럼 빈곤은 주거·건강·교육·인적자원 내지 사회적 네트워크라는 여러 가지 차원에서 한결같이, 인간답게 살기 위해 누려야 할 적정한 수준으로부터 멀리 밀려나 있는 상태를 의미한다. 가난한 사람은 단지 소득만 낮은 것이 아니다. 그로 인해 열악한 주거에서, 건강을 상실한 상태로, 고른 교육의 혜택을 못 받으면서 외롭게 살아간다. 여러 조건들의 결핍 상태가 오래 지속되면 심리적으로도 우울감과 무력감이 내면화되기 쉽다. 한 가지 불행은 다른 종류의 불행을 부르고 한 가지 고통을 겪는 사람이 다른 종류의 고통들도 함께 받는다. 그런 점에서 빈곤은 다차원적이고 복합적이다. "가난은 세상에서 가장 큰 장애"라는 드라마 주인공의 말은 삶의 여러 차원을 관통하고 있는 가난이라는 질곡의 속성을 정확히 표현하고 있다.

앞에서 소개한 빈곤의 정의, 즉 빈곤선보다 적은 소득의 상태를 빈곤이라 규정한 개념은, 따라서 빈곤의 본질을 정확히 표현한다고 할 수 없다. 소득을 기준으로 한 빈곤의 정의는 정부가 지원 대상을 가려내는 데 가장 편리해서 사용되는 것일 뿐, 빈곤의 의미를 빠짐없이 담고 있는 것은 아니다. 그래서 유럽 국가들은 '빈곤poverty'이란 용어 대신 보다 포괄적인 개념으로 '사회적 배제social exclusion'라는, 우리에게는 다소 생소한 용어를 사용하고 있다. 빈곤이란 단어는 통상 저소득의 상태만을 연상시키기 때문에 주거·고용·교육·건강·시민권 및 정치 참여의 기회 등 사회가 해결해야 할 다양한 결핍의 문제를 포착하지 못한다는 것이다. 여기서 '배제'라는 단어는 우리에게는 언뜻 '어떤 사람(집단)이 다른 사람(집단)을 물리쳐 제외시켰다'는 식으로 누가 그런 행위를 하는 것처럼 들릴 수 있으나, 서구에서 통용되는 social exclusion이란 용어의 원뜻은 그렇지 않다. 현재의 자본주의 경제·사회 체제가 적절한 수준의 자원·기회·권리를 누리지 못하는 사람들을 양산하고 그들을 주변으로 내몰고 있다는 뜻이다.

군이 우리에게 익숙하지 않은 어려운 말을 억지로 가져다 쓸 필요는 없을 듯하다. 그러나 우리가 흔히 가난, 또는 빈곤이라 부르는 현상이 이처럼 다양한 측면을 포괄하고 있고, 소득 기준만으로는 측정할 수 없는 여러 가지 문제가 중첩적으로 나타난다는 사실은 꼭 새겨두자.

빈곤을 그저 소득의 부족 현상으로만 이해한다면 그에 대한 대책은 소득이 없거나 낮은 사람들의 소득을 높여주는 것으로 국한될 것이다. 그런데 만약 유럽의 일부 복지국가들처럼, 국가가 가난한 서민에게 주택을 공급하고 무상으로 의료서비스를 제공하며 자녀 교육에 돈이 거의 들지 않도록 모든 책임을 진다면? 그렇다면 가구의 소득이 다소 낮더라도 크게 문제될 것이 없다. 살 집을 마련하고 가족 중 환자를 치료하고 아이들을 교육시키는 것이 바로 서민들의 허리를 휘게 하는 일일진대, 국가와 사회가 그 짐을 덜어준다면 낮은 소득이 지금처럼 저주스럽지는 않을 것이라는 말이다.

따라서 빈곤 문제에 대한 올바른 접근은, 가령 주거 측면에서 최소한의 인간다운 삶의 공간을 못 가진 사람들은 누구이고 그들의 생활은 어떠하며 어떤 대책이 필요할지를 살피는 것이다. 적정 수준의 주거 공간이 없어서 고통받는 것은 비단 소득이 빈곤선 이하인 사람들이나 정부에 생계비를 의존하고 있는 수급자들(전체 국민의 3.2%)만이 아니다. 훨씬 더 많은 서민들이 주거 문제로 마음을 졸이며 고통을 겪고 있다.

같은 이유로, 보건·의료·교육·고용·시민권 등의 각 차원에서 최소한의 권리와 서비스를 누리지 못하고 있는 사람들의 배제되고 박탈당한 삶을 살핌으로써 우리는 빈곤에 대한 이해에 한 발짝 더 다가갈 수 있다.

시나리오 작가 최고은은 수급자가 아니었지만 불안정한 임금 때문에 수급자 이상의 생활고에 시달렸다. 의료급여 수혜 대상도 아니어서 죽음의 원인이 된 지병에 대한 치료도 꾸준히 받지 못했다. 제도가 그어놓은 최소한의 기준선 너머에서도 가난은 바이러스처럼 자라고 있다.

5장

사람이

가난해지는

까닭

빈곤의 원인에 관해 생각해보기로 하자. 사람들은 왜 가난해질까?

아마 태어날 때부터 극도로 가난한 환경에 처해져 평생 그 굴레를 벗어나지 못하는 사람도 있을 것이다. 궁핍한 가정에서 태어나 어린 나이에 가출해서 평생 날품팔이로 이곳저곳을 전전하다 노숙인으로 전락하는 경우는 흔하다. 그런 이에게는 생의 시작과 함께 빈곤의 그늘이 드리워지고 스스로 그 상태를 빠져나올 수 있는 힘과 능력을 기를 기회조차 주어지지 않기 십상이다.

편의상 빈곤을 소득이 부족해서 최소한의 필요한 자원조차 구입할 수 없는 상태라고 한다면, 빈곤의 원인은 달리 말해 소득이 부족해지는 원인이라고 할 수 있다. 그렇다면 소득이 부족해지는 경우의 수를 따져보자.

첫째, 노동력이 약화되거나 상실되는 경우이다. 일반적으로 자본주의 사회에서 소득은 노동시장에서 일을 하고 그 대가로 임금을 받음으로써 생긴다. 자영업자의 소득 역시 대개 자신이 육체적·정신적 노동을 한 결과로 얻는 대가이다. 큰 재산을 쌓아놓고 살지 않는 보통의 사람들은 더 이상 일을 할 수 없게 되었을 때 소득이 사라진다고 할 수 있다.

노동력이 상실되는 원인은 여러 가지다. 뜻하지 않게 병에 걸리거나 산업재해 혹은 사고 등의 불행을 당하는 경우다. 질병·재해·사고 등이 갑자기 일어나는 불운이라면, 나이를 먹고 늙어가는 것은 장기적이고 점진적으로 노동력이 약화되어가는 자연스런 과정이다. 집안의 생계를 책임지던 가장이 질병이나 사고로 인해 죽거나 다치면 그 가족원들은 일거에 빈곤의 상태로 떨어질 위기에 처한다. 또 고령으로 더 이상 일을 할 수 없게 된 노인들도 세상을 떠날 때까지의 생활비를 미리 비축해놓지 않았다면 가난의 고통을 면할 수 없다.

둘째, 애초에 노동의 기회를 갖지 못하는 경우다. 일할 수 있는 신체적 능력과 의지는 충만하더라도 일자리가 없다면 당연히 소득도 없다. 전세계적으로 만연하고 있는 실업·실직의 현상이 이런 경우다. 완전고용에 가까웠던 시대, 다시 말해 일할 의사만 확고하면 일자리를 구하는 것이 그리 어렵지 않았던 시대에는 빈곤의 원인으로서 실업이 차지하는 비중은 그다지 크지 않았다. 한국도 빈곤의 문제가 다시 수면으로 떠오르기 시작한 1998년 이전에는, 자산과 노동능력 둘 다 없는 노인과 장애인이 빈곤층의 주 구성원이었다. 그러던 것이 원치 않게 실업 상태에 빠지게 된 근로 가능 인구의 비율이 계속 늘어나면서 실업이 빈곤을 낳는 주된 원인으로 자리 잡기 시작했다.

셋째, 아예 일을 하지 못하는 앞서의 예들과는 달리, 일을 하고는 있지만 임금 수준이 워낙 낮아서 소득이 부족한 경우가 있다. 흔히 근로빈곤층(워킹푸어working poor)이라 일컬어지는 이들은 대개 특별한 기술이 없거나, 있더라도 기술 수준과 학력이 낮은 사람들이다. 또한 정규직보다는 일용직이나 임시직 같은 불안정한 일자리를 가진 사람들이 주로 그런 처지다.

위의 세 가지 경우는 본인이 일할 의사가 분명히 있지만 이러저러한 조건과 사정으로 일을 아예 못하거나 충분한 소득을 못 올리는 경우다. 여기에 덧붙여, 소득이 부족해지는 또 다른 경우들을 생각해보자.

우선, 일을 할 수 있는 능력이 있지만 일부러 안 하는 경우가 있겠다. 예컨대, 일하는 것이 싫고 노동 의지가 박약하거나 게을러서 일을 안 하는 것이다. 당연히 소득이 발생하지 않으니 생활이 궁핍할 것이다.

그 다음으로, 소득이 웬만큼 되는데도 수입을 허투루 써버리기 때문에 곤궁해지는 경우를 생각할 수 있다. 저축도 하지 않고 버는 대로 펑펑 써버린다든지, 자기 파괴적인 습관(주색잡기·도박 등) 때문에 소득을 탕진하는 경우이다.

가난의 책임: 개인이냐 사회냐

빈곤을 낳는 원인으로 우리는 질병, 재해 및 사고, 노령, 실업, 질 낮은 일자리, 반노동反勞動의 성향, 불량한 습관, 이렇게 일곱 가지를 살펴봤다. 혹자는 우리가 원인으로 지목한 위의 이유들 가운데 어떤 것, 예를 들면 질 낮은 일자리의 경우는 빈곤의 원인이라기보다 빈곤의 한 양상이며, 그런 일자리밖에 가질 수 없게 만드는 '낮은 학력'(혹은 교육 기회의 부족)이 진정한 원인이라고 주장할지도 모르겠다. 물론 타당한 얘기이지만 그에 관해서는 뒤에서 따로 논하고, 우선 여기서는 논리적으로 있을 수 있는 경우들을 따라가 보기로 하자.

가난한 당사자 개인을 중심에 놓고 위에서 열거한 일곱 가지 원인의 소재所在를 따져보자면, 질병, 재해 및 사고, 노령, 실업, 질 낮은 일자리 등은 당사자 개인이 마음대로 통제할 수 없는 요인임을 알 수 있다. 그런 현상의 연원은 개인의 능력 바깥에 존재한다. 내 의사와 상관없이, 피하려 해도 닥쳐오는 재앙과 같은 것이다. 나이가 들면서 점차 노동력을 잃어가는 것은 유한한 존재인 인간에게 부여된 거부할 수 없는 운명이다. 느닷없이 중병에 걸리거나 사고로 장애를 갖게 되는 것도 확률적으로는 누구에게나 일어날 수 있으며 운에 따라 결정되는 통제불능의 현상이다. 실업이나 불안정한 일자리 역시 피하거나 예방하고 싶지만 마음대로 되지 않는다는 점에서 마찬가지다.

이 원인들은 인간 존재에 내재하는 숙명론적인 것이든, 인위적 구성물인 사회구조에서 비롯되는 것이든 개인의 외부에 존재하는 것임에는 틀림없다. 서구 복지국가들이 일찍이 사회보험이라는 제도적 장치를 마련했던 것도 이런 불행들이 누구에게나 닥칠 수 있지만 개인 차원에서는 누구도 해결할 수 없다는 자각을 했기 때문이었다.

한편, 게으르고 일하기 싫어하는 성향이나 낭비벽 같은 좋지 않은 습성이 빈곤을 유발한다고 전제하고, 이런 성향이나 습관을 특정한 개인들이 지닌 문제라고 인식하는 경향이 있다. 인간 모두에게 공통적으로 나타나는 특징, 또는 사람들에게 보편적으로 영향을 미치는 문제가 아니라 어떤 개인이나 집단만이 가지고 있는 특이한 버릇이라고 여기는 것이다. 예를 들면, '가난한 사람은 나태해서 성실하게 일하려 하지 않는다. 그래서 가난한 것이다'라는 식의 주장이 있다.

이러한 성향이나 습관은 부정적인 것들로 당연히 고치고 뿌리 뽑아야 하는 것으로 인식된다. 또한 개인이 지닌 특성이므로 본인이 고치기로 작심하면 얼마든지 버릴 수 있는 습성이라고 사람들은 생각한다.

그래서 일반적으로 사회여론은 가난한 사람들에 대해, 가난해진 원인이 불가항력의 상황 또는 피치 못할 사정인지, 아니면 개인이 할 수 있는 노력을 충분히 하지 않았기 때문인지를 따져서 그들에 대한 태도를 정하는 경향이 있다. 일할 능력이 있고 취업의 기회가 널려 있는데도 놀고먹으려 들어서 가난하다면 빈곤의 책임은 나태한 개인에게 돌아간다. 그렇지 않고 노동의 의지가 충만하지만 도무지 일자리를 구할 수 없다든지, 몸이 말을 듣지 않아 어쩔 수 없이 일을 못한다면 그로 인한 빈곤은 오롯이 그 개인에게만 책임을 돌릴 수가 없다. 설사 노동력을 갉아먹는 노화나 급작스런 재해를 근원적으로 막을 방도가 없다 하더라도, 그런 불행의 충격을 완화하고 받쳐주는 사회의 그물망을 마련한다면 빈곤의 나락으로 떨어질 개연성을 줄일 수 있다. 이렇게 한 사회가 그런 제도적 안전망을 갖추고 빈곤에 처할 위험을 가진 사람들에게 안정적인 일자리와 패자부활의 기회를 제공하고 있는지 아닌지는, 분명 한 개인의 책임과는 무관한 사회 전체의 구조적 특징이라 할 수 있다.

그리하여 흔히 빈곤의 원인을 각각 개인과 사회구조에서 찾는 두 가지 입장이 있다. 원인이 개인에 있다고 보는 입장은 성향상의 결함이나 문제 때문에 가난해진다고 본다. 천성적으로 나태하고 절제심이 부족하며 남에게 의존하려는 성향이 결국 빈곤을 낳는다는 것이다.

또 이런 기질이나 태도가 문제라기보다는 알코올이나 약물 중독, 정신질환, 신체적·심리적 장애와 그로 인한 사회적 부적응이 문제라고 보는 입장도 있다. 이러한 관점은 성격기질론처럼 철저히 빈민 당사자들에게 책임을 돌리지는 않지만, 어쨌든 빈곤의 원인이 장애나 질환, 저학력, 정서적 결함 등과 같이 특정 개인에게 나타나는 문제라고 보고, 따라서 개인에게 초점을 맞춘다.

한편, 사회의 구조적 특징에서 빈곤화의 원인을 찾는 입장은 가난이 자본주의 체제에서 필연적으로 나타나는 불평등의 한 극단적인 양태라고 본다. 오늘날 자본주의 체제에서는 자본가와 노동자 간 불평등한 계급적 관계가 늘 재생산될 뿐 아니라, 각종 자원(재산·권력·학벌·연줄·건강 등)을 많이 가진 계층과 그렇지 못한 계층 사이에, 그리고 남성과 여성, 주류와 소수자 그룹 사이에 언제나 차별과 불평등이 존재한다고 보는 것이다. 가진 자들에게 유리하게 짜인 사회경제 구조 속에서 항상 힘겨운 경쟁을 해야 하는 서민들은, 자칫 한 번이라도 발을 헛디디게 되면 빈곤 상태로 떨어지기 쉽다. 그래서 가장의 죽음이나 실직, 혹은 사업 실패와 같은 개인 차원의 불행한 사건이 흔히 빈곤의 구렁텅이로 들어서는 원인인 듯 보이지만, 실상 그러한 불행이 빈곤으로 이어지는 근본적 원인은 늘 불평등이 유지되고 확대될 수밖에 없는 사회체제 내지 사회구조의 본성에 있다고 보는 것이다.

빈곤이 개인의 나태함이나 의지박약과 같은 개인적 결함에서 비롯된다고 믿는 이는 가난한 사람에게는 동정의 여지가 없으며 그들이 경쟁심과 근면한 자세를 갖도록 더욱 혹독하게 다루어야 한다고 생각한다. 반면, 불평등한 사회구조가 빈곤을 낳는다고 보는 사람은 가난으로 인한 고통을 완화하고 예방하기 위해서 불평등한 구조를 개선하고 사회보장제도를 강화하는 정책이 필요하다고 본다. 이렇듯 빈곤의 원인을 보는 관점의 차이는 단순히 가난한 사람에 대한 인식의 차이를 낳는 데 그치지 않는다. 우리 사회가 빈곤 문제에 대처해야 할 필요성이 있는지, 또 있다면 어떤 방식으로 해야 할지에 대해서도 전혀 다른 결론을 가져올 수 있다.

어떤 노점상이 가난한 이유

그렇다면 실제로 가난한 사람들은 위의 원인들 가운데 주로 어떤 이유로 가난해지는 것일까? 본인이 게으르고 열심히 일하지 않아서 가난해지는 사람들이 많을까? 아니면, 노력하지만 사회적 환경과 조건 때문에 어쩔 수 없이 가난해지는 사람들이 다수일까?

위 질문에 대한 정확한 답을 찾으려면 아마 엄청나게 방대하고 장기적인 조사연구 프로젝트를 벌여야 할 것이다. 예컨대, 소득을 기준으로 빈곤층을 가려낸 후 그중에서 최소한 수백 명을 샘플로 선정한다. 그리고 그 사람들 개개인에 대해서 태어나서부터 현재까지의 개인사를 아주 세밀하게 복원하고 생애의 전체 과정에서 그 사람을 빈곤으로 몰아넣은 요인과 시점들을 치밀하게 분석한다. 그러니까 A라는 사람이 매 시점에서 가난해지지 않으려고 혹은 가난을 벗어나기 위해 최선의 노력을 다했는지 아닌지, 오늘날의 빈곤과 연결될 만한 과거 개인의 잘못된 행동은 없었는지, 그가 힘들게 고군분투할 때 당시의 사회적 상황과 제도는 어떠했는지 등을 개인사와의 연관성 속에서 낱낱이 밝혀야 할 것이다. 그리하여 샘플로 선정된 수백 명의 분석 결과를 종합하면 위의 궁금증에 대한 해답이 보일지도 모르겠다.

하지만 이런 조사와 분석은 사실상 불가능하다. 그 많은 사람의 개인사를 이잡듯이 분해하는 것도 가능하지 않을 뿐 아니라, 설사 빈곤에 영향을 미쳤을 요인들을 뽑아낸다 하더라도 그것들의 인과관계를 '개인의 문제' 대對 '사회의 문제'로 단순화시켜 도식화하기는 어려울 것이다. 무엇보다 한 사람의 생애사는 수많은 사건과 상황들이 얽혀서 빚어내는 연속적 흐름도flow chart와도 같은데, 어느 한 시기의 특정 조건만을 잘라내 그것이 오늘날 빈곤 상태의 원인이었다고 규정하기란 여간 힘든 일이 아니다. 따라서 이런 조사연구는 이제껏 없었을 뿐 아니라 앞으로도 있을 것 같지 않다.

그렇지만 사람들은 객관적으로 입증된 '진실'만을 말하지는 않는다. 과학적 증거가 불충분한 이야기라고 해서 입에 올리기를 삼가거나 주저하는 법이 없다. 사람들은 자신의 평소 생각에 꿰어맞춰 재단한 이야기를 마치 사회 전체에 적용할 수 있는 객관적인 사실인 양 떠벌리는 경향이 있다.

어떤 부유해 보이는 부인이 한 노점상 아줌마의 귀에 걸린 귀걸이를 보면서 혼잣말로 중얼거리던 말이 기억난다. "허리띠를 졸라매고 악착같이 벌어도 시원치 않을 판에 웬 놈의 귀걸이인구. 저러니 만날 저 모양으로 살지……" 하며 혀를 끌끌 찼다. 사실 노점상 아줌마가 달고 있는 귀걸이는 누가 봐도 기천 원이면 살 수 있는 싸구려가 분명했다. 그러나 그 부인의 생각에는 '귀걸이는 생계와 무관한 사치품이고, 그런 데 신경과 돈을 쓴다는 것은 생업에 전심전력하지 않는다'는 증거였다. 만약 당사자인 노점상 아줌마가 들었다면 눈물이 쏙 빠질 만큼 억울하기 짝이 없었을 이야기이다. '귀걸이=사치품=불성실=가난'이라는 도식은 장사를 위해 하루 12시간 이상 서 있어야 하는 노점상 아줌마로서는 참으로 수긍하기 어려운 편견이다.

이런 것이 이른바 '확증편향confirmation bias 의 오류'다. 자신의 원래 생각이나 신념과 일치하는 정보—관찰 및 경험—만 선택적으로 모으고, 그 생각에 맞춰 편향적으로 해석하는 경향 말이다. '사람은 자기가 보고 싶은 것만 본다'는 말처럼 이미 마음에 자기장磁氣場 같은 게 있어서, 끌리는 정보만 취사선택해서 그릇된 결론에 도달하는 잘못을 일컫는다.

우선 부유한 부인은 노점상이 달고 있는 귀걸이가 사치품이라고 할 만큼 비싼 것인지 아닌지를 확인하지 않는다. 그리고 과연 그가 천성적으로 낭비벽이 심한 사람인지 어떤지를 따져보지도 않는다. 그냥 부유한 부인의 눈에 노점상 아줌마는 불성실하고 돈을 헤프게 쓰는 사람처럼 보였고, 따라서 그런 성향이 지금의 가난을 낳았다고 단정한다. 사실에 근거한 진짜 정보는 아무것도 없다. 그런데도 그 부인이 눈 깜짝할 사이에 확신에 찬 결론을 내렸던 것은 그의 머릿속에 있던 평소 생각, 즉 '가난한 사람은 불성실하고 낭비가 심해서 그것 때문에 가난한 것'이라는 선입관 때문이다. 이런 믿음으로 채색된 눈을 가졌기에 노점상의 싸구려 귀걸이는 비싼 사치품으로 둔갑한다.

그럼에도 그 부인은 노점상 아줌마가 가난을 면치 못하는 이유에 관한 자신의 통찰을 확신에 차서 전파할 것이다. 만약 그 집 가사 일을 해주는 가사도우미를 관찰한 기록이 추가된다면, 빈곤의 원인에 대한 부인의 주장은 더욱 풍부한 예시와 함께 강고해질 것이다. "못사는 사람들 가만히 보면 다 못살 만한 이유가 있더라고. (노점상 아줌마의 예를 든 후에) 우리집에 일하러 오는 아줌마 있잖아. 세탁기에 세제 넣는 것만 봐도 그렇고, 음식에 양념 넣는 것도 그렇고 어찌나 헤픈지, 도무지 아낄 줄을 모르더라고. 그렇게 씀씀이가 헤프니 평생 가난하게 사는 거지" 하는 식으로.

과연 가난의 원인이 개인의 잘못된 습관이나 태도에 있는지, 혹은 우리를 둘러싸고 있는 사회구조나 경제체제에 있는지를 판단할 때, 일반적으로 사람들은 확증편향의 오류를 범하면서 전자의 탓으로 몰고 가는 경향이 있다. 가난하지 않은 사람들은 가난한 사람들의 궁핍함을 개인의 노력 부족 때문이라고 지적하기를 좋아한다. 물론 그들의 주장에 과학적 근거는 없으며, 위의 부인처럼 자기 입맛대로 각색한 편향적 사례 모음이 있을 뿐이다.

그런데 만약 대부분의 가난한 사람들이 사회구조나 경제체제 때문이 아니라 자신들의 나태함과 불성실로 인해서 가난해진다는 명제가 '참$_{true}$'이라고 가정하면 이상한 경우들이 발견된다. 우리는 제3장에서 한국의 빈곤율 변화 추이를 그래프로 살

퍼본 바 있는데, 1997년 말에 외환위기가 찾아온 직후부터 8% 대였던 빈곤율이 갑자기 11~12%대로 급상승함을 확인했다. 또 2008년의 금융위기를 전후해서 15%를 넘어섰던 우리나라 빈곤율은 현재까지 크게 개선되는 조짐을 보이지 않고 있다.

만약 빈곤의 원인이 개인적 흠결에 있다면, 1997년 말부터 우리나라 인구 중에 갑자기 게으르고 불성실한 사람들이 크게 늘었다는 얘기가 된다. 그리고 전체적으로 빈곤율이 좀처럼 낮아지지 않는 것은 일하기 싫어하고 낭비벽이 심한 사람들이 여전히 다수를 차지하고 있기 때문이라고 추론할 수 있다.

하지만 이것은 논리적으로 난센스가 아니고 무엇인가? 경제 위기 앞에서 삶의 태도가 무책임하고 파괴적으로 돌변하는 사람들이 갑자기 급증한다는 것은 상상하기 어렵다. 또 우리나라의 상대적 빈곤율이 OECD 평균보다 높은 이유가 게으름을 피우고 돈을 허투루 쓰는 사람들이 유독 많기 때문이라는 해석도 우스꽝스럽기는 마찬가지다.

따라서 우리가 다다를 수 있는 결론은, 순전히 자신의 잘못으로 빈곤에 빠진 사람이 전혀 없다고 할 수는 없지만, 결코 그런 유형이 가난한 사람의 대다수를 차지하지는 않으리라는 것이다. 다시 말해서, 빈곤의 발생 원인은 개인의 잘못된 성향이나 일탈보다는 그 사회의 구조 및 체제 문제에 있다고 보는 편이 더 합리적이라고 할 수 있다.

중세부터 사람들은 빈민에게 눈을 흘겼다

물질적으로 빈곤한 사람을 못마땅하게 여기는 감정의 역사는 중세까지 거슬러 올라간다. 모든 이데올로기가 성경에 근거하고 있었던 중세의 기독교 문명은 복음서의 가르침에 따라 빈곤을 해석했다. 복음서에 따르면 빈곤은 숭고한 영적 가치였다. 가난은 천국에 들어갈 수 있는 중요한 자격요건이었던 것이다.

하지만 빈곤이 고귀한 가치로 인정받는 것은 오직 스스로 선택한 자발적 가난일 때만 해당되는 얘기였다. 신의 아들로서 권력을 버린 예수의 모범을 따라 세속의 부와 특권을 기꺼이 버린 소수 엘리트의 경우에만 가난은 칭송받을 수 있는 덕목이었다.

기독교의 교리는 사람이 가난하다고 해서 그 사실 자체가 구원의 이유가 되지는 않는다는 점을 명확히 했다. 10세기의 한 신학자는 "빈곤 그 자체가 지니고 있는 가치는 아무것도 없으며 가난하다는 이유만으로 구원이 보장되는 것도 아니"라고 결론지었다. 예수는 오직 가난한 자에게 복이 있다며 그토록 가난해질 것을 강조했건만 그의 후예들은 이렇게 그의 가르침으로부터 멀어져갔다.

아무리 성경의 가르침이 지엄하고 천국에 들어가고픈 유혹이 크더라도 당대의 엘리트들이 전 재산과 권력을 포기하기란 낙타가 바늘귀를 통과하는 것만큼 어려웠을 것이다. 따라서 청빈을 찬양하는 교리와 함께 이를 보완하는 이론을 만들었다. 가난한 이들을 돕는 자선이 부富를 포기하지 않는 대신 택할 수 있는 대체수단이 될 수 있다는 것이다. 이 새로운 이론에 따르면 "신은 모든 사람들을 부유하게 하실 수 있지만 부자들의 죄를 용서하기 위해 이 세상에 빈민을 존재하게 하셨다".(게레멕, 『빈곤의 역사: 교수대인가 연민인가』) 이 말은 뒤집어보면 '신은 빈민을 구제받도록 하기 위해 이 세상에 부자를 존재하게 했다'는 뜻도 된다. 결국 자선을 칭송하는 교리는 부자들에게 구원받을 수 있는 길을 열어주면서 또한 이념적으로 부를 인정하고 정당화하는 역할을 하게 된다. 부와 빈곤이 동시에 존재해야 할 절대적 필요가 생긴 것이다.

빈민을 자비의 대상으로 설정했다고 해서 그들을 바라보는 부자들의 시각이 온통 자비와 사랑으로 가득 차 있었던 것은 아니다. 부자들에게 가난한 사람들은 늘 자선을 베풀 가치가 있는 자와 없는 자로 구분되었다. 자비를 베풀 가치가 있는 빈민에게는 동정어린 도움의 손길이, 그럴 가치가 없는 빈민에게는 차가운 멸시와 질책이 기다리고 있었다.

빈민의 가치를 결정하는 중요한 기준은 그들이 '노동을 열심히 하는지' 여부였다. 기독교적 가치관에서 노동은 신이 부여한 의무이기 때문에 모든 사람들의 가장 중요한 임무는 노동이었다. 사람들은 각자의 직분과 역할에 따라 주어진 일을 묵묵히 수행하며 기존의 사회질서에 복종해야 했다. 자신의 위치를 저버리고 노동을 거부하는 것은 용서받을 수 없는 거만한 행동이었다.

빈민 구제의 의무를 지게 된 부자와 교회가 보기에 빈민은 노약자·장애인·병자·과부처럼 노동 능력을 못 가진 부류와 신체적 능력이 있음에도 일하기를 기피하는 '게으른 자'들로 구성돼 있었다. 후자로 간주되는 이른바 '가짜 빈민'을 사람들은 철저히 적대시했고, 특히 일정한 거처 없이 떠도는 부랑인은 늘 잠재적인 범죄자, 전염병 보균자 취급을 받았다. 그러면서 빈곤은 남의 물건을 탐내게 만들어 죄를 짓게 하며, 빈곤의 원인이라고 여겨지는 나태·무절제·음주 등의 행위는 신의 뜻에 역행하는 나쁜 습성이라는 인식이 퍼져나갔다.

마침내 사회정책의 방향은 스스로 일하지 않는 빈민은 인신을 구속하고 강제노동을 시켜야 한다는 데까지 이르렀다. 위정자들은 강제노동이야말로 '몸 성한' 걸인과 부랑인들에 대한 가장 효과적인 처벌 수단이라고 생각했다. 1550년대 영국에는 걸인에게 강제노동을 시키는 '브라이드웰Bridewell●'이라는 이름의 수용소가 200개에 달했다. 17세기 프랑스에 세워진 '구금빈민병원Hôpital des pauvres Enferméz'은 빈민을 감금하기 위한 시설이었는데 17세기 중반부터는 작업장이 설치되었다. 당시의 한 기록에 따르면, "현재 침상에 누운 환자와 몸이 불구인 자를 제외하면 일하지 않는 빈민은 없다. 노인, 불구자, 몸이 마비된 환자조차 일해야 한다. 노동이 보편화된 이후로 더 많은 규율, 질서, 그리고 종교적 헌신이 빈민들 사이에 자리 잡았다"(게레멕, 『빈곤의 역사:

브라이드웰
본래 헨리 8세의 궁전이었던 이곳은 아들 에드워드 6세가 런던시에 기증하고 나서 고아원과 병원 및 교정시설로 쓰이게 되었다. 나중에는 주로 부랑자, 행실이 나쁜 여자 등 반사회적 경범죄 죄인들을 가두는 교화소로 사용되었는데, 같은 목적과 방식으로 운영되는 교정시설이 영국 전역에 생기면서 한때 감옥을 가리키는 일반명사(bridewell)가 되었다. 현재는 거의 사용하지 않는 고어이다.

교수대인가 연민인가』)고 되어 있다. 미셸 푸코Michel Foucault는 이 시기 빈민 감금 정책이 경찰력에 의한 강제와 기독교의 이상을 결합시킴으로써 완벽한 질서에 도달할 수 있다는 일종의 '사회적 행복 신화'를 바탕에 깔고 있었다고 말한다.

'빈곤은 필요악'이라는 담론의 등장

'신은 부자들의 죄를 용서해주기 위해 빈민을 존재하게 만들었다'는 것이 빈곤에 관한 중세의 신학적 기능론이었다면, '빈곤은 인류의 파멸을 막고 이 세상을 온전히 유지하기 위해 필요하다'는 세속적 기능론 역시 심심치 않게 등장해왔다. 기하급수적으로 늘어난 인구가 식량난에 부딪혀 파멸하지 않을까 걱정했던, 『인구론』의 저자 맬서스Thomas Malthus, 1766~1834는 빈민들의 사망을 늦추는 일체의 자비심과 이타적 행위가 인간 사회를 위험에 빠뜨린다고 비난했다. 그의 주장은 과학적 소신이라고 보기에는 타인의 고통에 대한 공감을 너무나 결여하고 있어서, 당대의 한 논객은 그를 "인류의 희망을 항상 파괴하려는 암흑의 무서운 괴물"이라고 표현할 정도였다. 어떤 맬서스 연구가는 "애덤 스미스는 만인이 칭찬하지만 누구도 읽지 않는 책을 남겼고, 맬서스는 아무도 읽지 않으면서 만인이 욕하는 책을 남겼다"고 했다니까 그 내용이 자못 궁금하지 않을 수 없다. 다소 장황하지만 그의 책 일부를 옮겨보기로 하자.

적어도 식량이 생존 가능한 최소한의 몫으로 나누어진 후에는 생존 수단의 증가율이 어떠하든, 이에 의해 인구 증가가 억제되어야 한다는 것은 분명한 사실이다. 이 수준을 넘어서 태어난 아이들은 성인의 사망에 의해 여유가 생기지 않는 한, 반드시 죽어야 한다. (…) 그러므로 죽음을 가져오는 자연의 작용을 헛되고 어리석게 방해하기보다는 오히려 쉽게 이루어지도록 해야 한다. 기근이라는 무서운 형태의 재난을 두려워한다면 우리는 자연을 위해 다른 형태의 파멸을 부지런히 준비해두어야 한다. 빈민에게는 청결함을 권고하지 말고, 그 반대의 습관을 장려해야 한다. 도시의 거리는 더 좁게 만들고 집집마다 더 많은 사람이 북적거리게 하고 전염병이 잘 돌도록 유인해야 한다. 시골에서는 썩은 연못 근처에 마을을 만들고, 특히 불결한 늪지대에 정착하도록 해야 한다. 그러나 무엇보다도 인간을 황폐화시키는 질병을 퇴치하려는 것을 비난해야 한다. 또 무질서를 추방하는 계획을 추진함으로써 인류에 봉사하겠다는, 자비롭지만 잘못된 생각에 사로잡힌 사람들을 비난해야 한다. 이렇게 해서 매년 죽는 사람이 늘어나면 (…) 아마도 우리는 모두 사춘기에 결혼해도 되고 완전히 굶어 죽는 사람도 별로 없을 것이다.

산아제한 같은 인위적인 인구억제책에 반대했던 맬서스에게, 빈곤은 인간의 사망률을 높이는 데 꼭 필요한 현상이었으며 더욱 확산시키고 심화시켜야 할 문제였다. 결국 가난한 사람은 계속 가난해야 하고 사회는 그들에 대한 일체의 도움을 거둠으로써 그들이 하루빨리 사망하도록 유도해야 한다는 주장인 셈이다. 바이러스 감염병이 유행하는 오늘날 그가 살았다면 아마도 '빈민에게는 마스크도 지급하지 말고 가난한 확진자에게는 치료도 거부해야 한다'고 주장했을 것이다. 맬서스 개인의 실제 마음이 어떠했든 간에, 결과적으로 그의 논지는 인간인 빈민—빈곤이 아니라—의 존재가치를 깡그리 부정하는 냉혈한적 인식의 한 극단을 보여주고 있다.

그 외에도 빈곤이 인간 사회에 매우 유용하고 꼭 필요하다는 주장들은 지속적으로 등장해왔다. 그러한 주장들의 핵심은 '굶주림이 없다면 사람들은 일하지 않을 것이기 때문에 궁핍은 노동력의 공급을 위해 반드시 필요하다'는 것이다. "빈민은 그림의 음영과도 같다. 그들은 그림의 대비효과를 위해서 반드시 필요한 존재들이다"(필리프 에케), "굶주림은 부드럽고 조용하지만 끊임없는 압력을 가하면서 사람들로 하여금 열심히 일하도록 만든다"(조지프 타운센드), "다른 방도가 있다면 어느 누구도 가난해지기를 원치 않으며 어느 누구도 생활비를 벌기 위해 열심히 일하지 않을 것이다. (…) 이러한 결핍이 없다면 어느 누가 고생하면서 노동하려고 할 것인가"(버나드 맨더빌). 18세기를 살았던 각기 다른 사상가들이 피력한 견해들이다.

사실 빈곤이 노동의 동기가 된다는 이 같은 견해는 맬서스의 경우와는 달리, 현대사회에서도 적잖은 지지자를 확보하고 있을지 모른다. 사람은 배가 고파야 일을 한다는 말에 고개를 끄덕일 이들이 꽤 있을 거란 얘기다.

하지만 '결핍이 근로의욕을 불러온다'는 이 그럴듯한 명제에는 우리의 판단을 흐릴 수 있는 위험이 도사리고 있다. 즉, 이 명제는 '그러므로 근로의욕을 높이려면 극도의 결핍 상태인 빈곤을 퇴치하지 말고 오히려 방치해야 한다'는 주장과 짝을 이루게 된다. 빈곤이 무한히 확대되고 심화되도록 내버려두자? 이는 결국 맬서스의 주장으로 귀결되고 마는 것 아닌가.

그리고 무엇보다도 '빈곤이 존재해야 사람들이 게을러지지 않는다'는 도식은 그냥 논리로서만 전파돼왔을 뿐, 경험적으로 입증된 적이 없다. 왜냐하면 현실세계에서 사회 전체의 노동 동기가 사라질 만큼 빈곤이 축소되었던 경우는 단 한 번도 없었기 때문이다. 빈곤이 줄어들기는커녕, 대부분의 현대사회에서 빈곤은 자꾸 확장되거나 구조화되고 있다. 어느 사회건 빈곤이 사라져서 구성원들이 노동 의욕을 상실할 가능성은 0에 가깝다. 누군가는 북유럽의 수준 높은 복지제도가 경쟁적인 삶을 살아갈 의욕을 낮추고 자살률을 높였다는 식의 주장을 할지 모르나, 그것도 그 나라들의 실상과는 거리가 먼 얘기이다. 결국 사람들을 부지런히 노동하게끔 하기 위해서 빈곤이 필요하다는 언설은, '가난은 당사자들의 잘못 때문이니 국민의 세금으로 지원할 이유가 없다'는 등의 생각을 포장하기 위한 논리인 셈이다.

"기본소득은 불평등 해소 획기적 수단" "취약계층엔 기존 복지체제가 효과적"

코로나19의 확산 이후 기본소득 논의가 활발해졌다. 그러면서 기본소득이 근로의욕을 없앨 거라는 반대 논리도 나왔지만, 기본소득은 일을 하는 사람에게도 주어지기 때문에 그 액수가 평균적인 임금 이상이 되지 않는 한 근로의욕을 줄이지는 않을 것이다.(「한국일보」, 2020년 6월 19일자)

우리나라에서도 기본소득에 대한 논의가 일고 있다. 코로나19의 확산으로 근로소득의 감쇄 현상이 심각해지면서 인간으로 살아가기 위한 생계비의 일부를 국가가 전국민에게 지급해야 한다는 논리가 등장했다. 이때마다 이를 반대하는 이유 중의 하나로 제기되는 주장이 '국가가 조건 없이 돈을 주면 일을 안 하는 자들이 걷잡을 수 없이 늘어날 것'이라는 우려다. 사람은 배가 고파야 일을 한다는 논리와 같은 주장이다.

여기서 기본소득 정책이 옳으냐 그르냐의 판단은 일단 유보하기로 하자. 이 정책이 실현되려면 재원 마련 등의 난제가 선결되어야 해서 결론을 내리기가 쉽지 않다. 그렇더라도 우리가 확실하게 예측할 수 있는 한 가지가 있다. 기본소득으로 모든 개인에게 한 달에 200만 원쯤 주면 모를까(현재의 우리 국가 재정 규모로 이만큼을 지급하는 것은 불가능하다), 한 30만 원 정도씩을 준다고 해서 그걸 받고 일을 안 할 사람은 거의 없을 거라는 사실이다. 그러니 적어도 '근로의욕 쇠퇴론'은 기본소득 도입의 반대 논리로서는 설득력이 떨어지지 않나 싶다.

그릇된 집단심성의 전통

1000여 년에 걸쳐서 서구 사회는 이러저러한 방식으로 빈곤을 정의하고 해석했으며, 가난한 사람들이 걷잡을 수 없이 늘어날 때마다 그들을 관리하고 통제하기 위해 합당한 논리와 방책을 만들어왔다. 그리고 그런 역사적 과정에서 빈민을 바라보는 태도와 그들에 대한 이미지가 형성되었다.

빈곤과 관련된 이 같은 집단심성의 갈래는 빈민을 불쌍히 여기고 그들에게 자비를 베푸는 자선의 전통을 낳는가 하면, 또 한편으로 빈민의 잘못된 습성을 교정하기 위해 부단히 억압하는 통제의 전통을 발전시켰다. 가난한 사람은 가혹한 운명의 희생양으로서 가엾고 딱한 존재인 동시에, 때로는 신성한 노동의 의무를 거부하고 술독에 빠져 지내는 도덕적으로 타락한 영혼이고 언제든 범죄를 저지를 수 있는 위험하고 불온한 자들로 규정되었다.

실제로 일부 빈민들에게서 이러한 모습들이 나타났던 것은 사실이지만, 빈곤과 이러한 특성들의 상관관계가 늘 정확하게 규명되었던 것은 아니다. 18세기 영국의 한 작가의 설명은 이를 웅변하고 있다. "사람들은 빈민의 고통보다 그들의 불법 행위를 더 잘 인식한다. 이는 그들에 대한 우리의 동정심을 감소시킨다. 빈민들은 그들과 유사한 다른 사람들처럼 기아와 추위로 죽는다. 그러나 부자들은 그들이 구걸하고 훔치거나 약탈하는 것만을 본다."

또 『동물농장』의 작가 조지 오웰George Orwell도 가난한 사람들에 대한 세상의 편견을 이렇게 꼬집은 바 있다. "부랑인은 '건강한 걸인'이고 '염치없는 사회적 기생충'이라고 여기는 관념은 근거가 전혀 없지는 않지만, 그러한 사례는 불과 몇 퍼센트에게만 적용된다." 『파리와 런던의 밑바닥 생활』(1933)이라는 그의 첫 소설에 나오는 귀절이다.

19세기 파리에서는 빈민들을 도와주는 제도가 결국 노동할 수 있는 사람들을 제도에 기생하게끔 만들고 범죄에 물들게 한다는 주장이 진실처럼 통용되었다. 당시의 통계자료를 분석해보면 이런 생각이 틀렸음을 명백히 알 수 있지만, 당대의 사람들은 그런 주장을 사실로 믿었다.

그리하여 빈곤과 가난한 사람에 관해서는 필연적으로 선입관과 편견이 존재하게 되었다. 민주주의와 인권의 발달로 이제는 더 이상 가난한 사람을 일방적 구휼救恤의 대상으로 여기거나 감금하고 억압하지 않는다. 그러나 빈민을 부정적으로 인식하는 선입관과 편견의 관성은 오늘의 자본주의 사회에서도 여전히 작동하고 있다. 부유층 부인이 노점상 아줌마를 편견에 찬 시선으로 바라봤듯이. 게레멕의 말처럼, 가난한 사람에 대한 이 같은 부정적 인식은 엄정한 과학적 분석의 산물이 아니라 무조건 사실이라고 믿는 그릇된 집단심성과도 같은 것이다.

'빈곤의 원인은 나태와 무절제함에 있기 때문에 빈민에 대한 제도적 지원은 밑 빠진 독에 물 붓는 격'이라는 식의 인식은 시대가 흘러 사회권이 발달하고 복지체제가 강화되어도 사라지지 않고 늘 사회 한쪽에 도사리고 있다.

그리고 때로는 이런 부정적인 선입관과 편견의 내용들을 과학의 이름으로 포장해서 전파하는 사람들도 있다. 현재 미국에서 활동하고 있는 찰스 머레이Charles Murray라는 정치학자는 맬서스를 연상시킬 정도의 극단적인 주장을 펴기로 유명하다. 그는 미국 사회에서 흑인과 라틴계 빈곤층의 비율이 높은 것은 그들 인종의 평균 지능지수가 낮기 때문이라고 주장하면서, 이들이 자녀를 많이 낳을 수 있도록 지원하는 기존의 복지정책은 철폐되어야 한다고 역설한다. 과연 그들 유색인종의 지능지수가 백인들에 비해 낮은지, 또 지능지수가 소득의 높고 낮음에 영향을 주는지, 논증 과정 자체가 의문투성이다. 사이비 과학이라는 의심이 가지만 어쨌든 그는 지금 미국 사회에서 복지제도가 백해무익함을 열심히 설파하고 있다. 이처럼 가난한 사람을 적대시하는, 근거를 확인할 길 없는 논리들은 때로는 과학의 이름으로, 때로는 세속의 상식으로 사람들에게 다가가고 있다.

6장

공부를
열심히 하면
가난에서
벗어날 수 있을까

※이 글은 필자가 『불평등 한국, 복지국가를 꿈꾸다』(이정우 외 지음, 2015)에 게재한 "교육은 불평등을 치유할 수 있는가?"의 일부를 다시 고쳐 쓴 것이다.

우리 앞에 극도로 불우한 환경에 처한 한 아이가 있다고 가정해보자. 공사장 인부였던 아버지는 사고로 죽었고 어머니는 가출했으며 유일한 혈육인 할머니가 정부지원금으로 아이를 키우고 있다. 이 아이가 지금의 기구한 신세를 벗어나 장차 행복한 시민으로 성장할 수 있는 길은 무엇일까.

이 아이가 계층 상승에 성공할 수 있는 길을 누군가 묻는다면 아마 우리 중 열에 아홉은 '열심히 공부하기'를 첫손가락으로 꼽을 것이다. 동서고금을 막론하고 무일푼으로 입신양명에 이르는 가장 확실한 길은 지식을 쌓는 것이라는 믿음이 있어왔다. 그런데 이런 믿음과 기대가 현실에서 항상 맞아떨어졌느냐 하면, 그렇다고도 혹은 그렇지 않다고도 할 수 있다. 여기에는 확증편향적 검증의 과정이 있기 때문이다.

공부와 성공의 관계는 배움이 많아 남들에게 실력을 인정받으면 높은 부와 지위가 보장된 직업을 갖게 된다는 식으로 정형화되어 있다. 그리하여 배고픈 어린 시절을 보내며 학업에 힘쓴 끝에 경제적 성취를 이룬 사람은 순전히 공부의 힘으로 성공을 낚아챈 입지전적 인물로 묘사된다.

반면, 비슷하게 어려운 환경에서 공부했지만 눈에 띄게 형편이 나아지지 않은 사람은 충분히 노력하지 않은 자로 간주된다. 그러니까 통상 이런 경우는 공부가 부족한 것일 뿐 공부의 효능을 의심할 만한 사례로 기억되지 않는다. 공부의 양이 신분의 변화를 가져올 수 있는 임계점에 아예 다다르지 않은 경우로 치부되고 만다.

그렇다고 교육이 계층 상승의 가능성과 전혀 무관하다는 뜻은 아니다. 위에서 말한 가난한 아이를 위해 우리가 내린 처방이 딱히 잘못되었다고 할 수도 없다. 개인 차원에서는 학업에 매진하는 것이 빈곤 탈출의 가능성을 그나마 높이는 길이다. 그러나 열심히 공부하면 누구나 성공할 수 있다는 통속적 신앙에는 중요한 단서 하나가 빠져 있다. 통계학에 항상 등장하는 "만일 다른 모든 조건들이 동일하다면all other things being equal"이라는 전제조건 말이다.

우리는 교육이 모두 동일한 출발선에서 뛰는 공정한 경쟁의 경기라고 착각한다. 학교는 오직 학생 개인의 지능과 노력만으로 결과가 만들어지는 평평한 지형의 경기장이라고 믿는다. 하지만 교육의 장이야말로 사회경제적 구조라는 복잡한 조건들이 떠받치고 있는, 처음부터 기울어져 있는 운동장이다.

가정배경과 학업성취의 관계

우리가 얼핏 교육을 공정한 게임이라고 착각하는 것은 학습의 공간인 학교가 학생 모두에게 동일한 환경과 조건을 제공한다고 상정하기 때문이다. 같은 선생님한테서, 같은 교과서를 가지고, 같은 시간 동안 배우고 공부하므로 성적의 우열을 결정짓는 것은 오직 학생 각자가 기울이는 노력의 차이뿐일 거라고 흔히들 생각한다.

그런데 만약 이 가설이 '참'이라면 학업성적의 우열 분포에는 가정환경의 쏠림 현상이 나타나지 않아야 옳다. 즉, 우등생들 가운데 유독 잘사는 집 아이들이 많다거나, 가난한 집 아이의 비율이 낮다거나 하는 편향성이 발견되지 않아야 한다는 말이다. 하지만 현실에서는 성적과 가정배경 사이에 치우침의 경향이 뚜렷하다.

오늘날 잘사는 집 아이들이 공부를 잘하는 경향이 있다는 것은 이미 널리 알려진 사실이다. 각종 연구 결과들은 저소득층 아이들의 학업성취도가 평균적으로 낮음을 보여준다. 좀 더 구체적으로 표현하면, 부모의 교육수준과 소득, 직업적 지위가 높을수록 자녀의 학업성적도 좋은 반면, 부모의 사회경제적 지위가 낮은 가정의 자녀들은 학업성취도가 낮은 경향이 있다.

물론 이것은 어디까지나 경향성이므로 반대의 경우가 없는 것은 아니다. 죽어라 고액 과외를 하는 부잣집 아들이 도무지 중하위권을 벗어나지 못하는 경우도 있고, 홀몸의 청소부 아버지 밑에서 명문 의대에 합격한 자랑스러운 딸이 나오기도 한다. 하지만 이것을 보편적인 사례, 평균적 현상이라고 부를 수는 없다. 그러기에는 그 발생 빈도가 너무 낮다.

부모의 사회경제적 지위와 자녀의 학업성취 간에는 어느 정도의 상관성이 있음을 부인할 수 없다. 그리고 이런 현상이 비단 우리나라에서만 나타나는 것도 아니다. 정도의 차이가 있을 뿐, 미국과 유럽, 일본에서도 부모의 학력과 소득이 높은 계층의 아이들이 공부를 잘하는 경향이 있다.

가정배경에 따라 자녀의 학업성적이 달라지는 이유에 관해서 지금까지의 수많은 국내외 연구들을 종합해보면, 결론은 부모의 낮은 소득 내지 빈곤한 환경, 불리한 가족구조 등이 자녀의 학업성취를 저해한다는 것이다. 빈곤은 학습에 요긴한 각종 교육자원—예컨대 책이나 견학 기회, 사교육 서비스 등—의 결핍을 불러오고, 한쪽 부모가 없는 가정 역시 공부에 유리한 조건이 될 리는 없다. 단칸방에서 아버지의 술주정을 들으며 잠을 청해야 하는 청소년과, 독립 공간을 가진 그의 중산층 친구가 겪는 공부 환경의 차이는 크다.

그러나 이런 물리적·정서적 환경의 차이 못지않게 자녀 학습에 관여하는 부모의 태도와 양육방식의 차이도 학업성적에 영향을 준다. 양육문화의 차이는 부모가 가진 지식과 정보, 경험의 차이에서 오는 것이기도 하고, 현재의 계급적 지위를 지키려는 열망(혹은 위기의식)에서 오는 것이기도 하다. 고등교육의 경험이 없는 가난한 노동자 부모는 자녀의 학업에 관여하고 싶어도 무엇을, 어떻게 해야 할지 모른다. 교육을 통한 계층 상승의 전략을 짜기에는 정보도, 인맥도, 자원도, 시간도 없다.

반면, 고학력의 중산층 부모들은 자신이 누리고 있는 계급적 지위가 자녀 대ft에서 추락하면 안 된다는 위기의식을 갖고 있다. 그들은 자녀에게 강한 학벌주의 가치관을 심어주고, 일찍이 공부 습관을 들이고자 자녀의 일거수일투족을 통제하며, 남다른 학업 전술과 진로 선택 전략을 짜는 데 매진한다. 그런 점에서 보면 2019년, 딸의 입시 관련 의혹으로 장관 자리에서 한 달 만에 사퇴한 한 대학교수 부부가 "자녀 입시에서 그렇게까지 무리한 것은 교육을 통해 자신의 학벌과 노동시장의 지위를 세습하기 위한 몸부림"(강양구 외, 『한번도 경험해보지 못한 나라』)이었다는 분석은 꽤 정확해 보인다.

공부를 더 많이 하는데도 날로 심해지는 경제 불평등

1970~90년대에 맨주먹으로 중산층이 된 사람들은 교육으로 불평등이 해소되지 않는다는 주장에 여전히 의구심을 가질 것이다. 사실 그들의 계층 상승 이력을 더듬어보면, 극도의 곤궁함 속에서도 학업의 끈을 놓지 않은 덕에 마침내 대학을 마치고 대기업에 취직했다는 일련의 사건이 가장 강력한 성공 요인이었음을 부인할 수 없다.

[도표 4]는 상급학교 진학률의 변화를 나타낸 것으로 우리나라 교육이 확대되어온 추이를 보여준다.

중학생의 고등학교 진학률은 1980년대 중반에 이미 90%대에

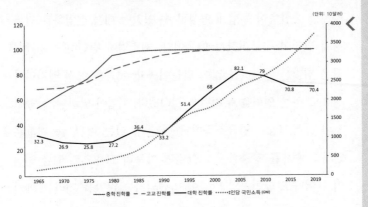

(단위: 10달러)

32.3 26.9 25.8 27.2 36.4 33.2 51.4 68 82.1 79 70.8 70.4

1965 1970 1975 1980 1985 1990 1995 2000 2005 2010 2015 2019

——— 중학진학률   --- 고교진학률   ——— 대학진학률   ....1인당 국민소득 (GNI)

들어섰고, 전문대학 이상 대학진학률은 1990년대 중반에 51%를 넘어섰다. 이 같은 교육의 확대는 눈부신 경제성장 및 국민소득의 증가와 동시에 일어났기 때문에 빈곤 가정 출신이 고등교육을 받고 마침내 화이트칼라가 되는 성공사례가 도처에서 생겨났다. 이런 연유로 '열심히 공부했더니 가난을 극복했다'는 명제가 진리로 자리 잡기 시작한다.

그렇다면 이런 가정假定은 어떤가. 만약 20세기 중·후반에 우리나라 경제가 빠르게 성장하지 않았어도, 단지 교육의 확대만으로 광범위한 계층 상승이 일어날 수 있었을까? 물론 경제성장 없는 교육의 확대란 애초에 불가능하기 때문에 이 가정 자체가 어리석은 상상이긴 하다. 하지만 이 같은 우문愚問을 무릅쓰는 까닭은 '교육이 계층 상승을 불러온다'는 주장이 빠뜨리고 있는 치명적인 연결고리를 말하기 위해서다.

1990년대 중반까지 30여 년 동안 우리나라의 절대빈곤이 사라지고 중산층이 두텁게 형성될 수 있었던 데는 산업화로 인한 경제 발전이 이루어졌기 때문이다. 제조업이 견인하는 경제성장은 괜찮은 일자리를 많이 만들어냈고, 교육은 그런 일자리가 필요로 하는 인력을 부지런히 길러냈다. 뒤집어 말하면, 산업구조와 노동시장이 임금소득이 증대될 수 있는 여건, 즉 괜찮은 일자리 수요를 창출하지 않았다면 아무리 교육으로 고급 인력이 늘어나도 탈빈곤의 발판이 마련되지는 않았을 거라는 얘기다.

이는 상대적 빈곤율이 자꾸 높아지고 소득불평등이 깊어져 온 최근 20년간의 추세를 보면 더욱 명확해진다. 한국의 경제성장률은 21세기 들어 급격히 떨어지기 시작했고 고용시장의 환경 역시 악화일로에 있다. 그런데 이처럼 우리 경제가 나빠져온 1990년 이후의 기간에도, [도표 4]에서 보듯이, 우리나라의 교육은 줄곧 확대되어 왔다. 대학에 가는 학생들의 비율은 82%까지 치솟았다가 현재는 70% 정도를 유지하고 있다. 이 수치는 OECD 국가 중 최고 수준이다. 25세~34세 사이의 젊은이들 가운데 대졸 이상의 학력을 가진 사람 비율이 한국은 69.6%인데, 가령 독일은 32.3%다. 우리나라가 두 배 높다.

한국은 이렇게 고학력자가 즐비한데도 빈곤율과 소득불평등 지수는 독일보다 훨씬 높다. 결국 국민의 평균 교육수준과 경제 살림의 수준(국민소득 및 소득불평등도) 사이에는 아무런 상관관계가 없다는 게 확인된다. 우리는 단군 이래 최고의 교육수준을 자랑하고 있지만 근 10여 년 사이에는 학력의 인플레이션만 일어났을 뿐, 실업률은 내려올 줄 모르고 불평등의 골은 깊어가고 있다.

사회경제적으로 평등해져야 교육도 평등해진다

세계 여러 나라들의 자료에 기초해서 교육과 노동시장의 관계를 분석한 『더 많이 공부하면 더 많이 벌게 될까: 지식경제의 불편한 진실』라는 책은 다음과 같은 결론을 제시하고 있다. "글로벌 노동시장은 이미 교육받은 저임금 노동자들로 포화상태이기 때문에 임금 격차는 교육이나 기술 습득으로 좁혀질 수 없다. (…) 교육에 투자한 사람들에게 걸맞은 양질의 일자리가 끝없이 생겨나리라는 믿음은 종교와도 같은 망상이다." 저자들은 2008년 세계 경제 위기가 이 같은 믿음의 허상을 드러냈음에도 여전히 많은 사람들이 이에 사로잡혀 있다고 우려한다.

외국의 또 다른 연구는 이 점을 다른 방식으로 보여준다. 1980년부터 2000년까지의 세계 통계 자료를 분석한 한 논문은, 과거 시기에 고등교육이 확대되고 불평등이 감소했던 것은 경제성장의 효과였으며 경제성장이라는 변수를 동일하게 처리하면 교육이 불평등 감소에 미친 영향은 아주 미미해진다고 보고하고 있다.

특히 주목해볼 점은, 신자유주의 정책을 강하게 추진할 경우

소득불평등을 완화하는 경제성장과 교육의 효과가 거의 사라져버린다는 것이다. 다시 말해서, 공공부문의 지출을 줄이고 교육에 시장원리를 도입하면 취약계층은 처음부터 낙오자가 되고 웬만큼 경제성장이 일어나도 소득불평등은 더 깊어질 수밖에 없다는 분석이다.

이상의 사실들은 한 치의 어긋남도 없이 오늘날 우리나라에도 적용된다. 노동시장에서의 일자리 경쟁은 격화되고 교육제도 역시 경쟁과 서열화를 부추기고 있다. 이런 구조적 힘에 포박당한 청소년들에게 공부를 잘해서 빈곤을 벗어나라고 다그치는 것은 참으로 시대착오적이다. 예외적 성공사례를 무슨 법칙인 양 일반화하고 계층 상승의 실패를 개인의 노력 부족이라고 윽박지르는 것은 차라리 폭력에 가깝다.

교육 성취에 대한 가정배경의 영향력이 비교적 적은 사회, 이른바 교육선진국에서 확인되는 사실 한 가지가 있다. 이들 교육 평등 국가는 교육 기회의 평등을 달성함으로써 사회경제적 평등을 이룩한 게 아니라 오히려 그 반대였다는 것이다. 즉 교육을 통해서 사회경제적 불평등이 해소되는 게 아니라 사회경제적으로 평등해져야 교육 기회의 평등도 이루어지더라는 얘기다. 사회계층간 격차가 줄어들면 가정배경이 개인의 교육 성취에 미치는 영향력도 줄어들게 되어 있다.

그러므로 무엇보다 경제적 평등을 지향하는 사회정책이 우선되어야 한다. 그리고 교육정책 역시 수월성秀越性 교육이라는 미명 아래 끊임없이 솎아내고 차별하는 일을 중단해야 한다. 북유럽 같은 교육선진국에서 우리가 배워야 할 것은 그들의 교육이 평등의 가치를 매우 소중히 했다는 점이다.

하지만 이상의 논의가 고담준론처럼 들리고 미시적 차원의 실천에 대한 관심을 떨쳐버리기 어려운 사람이라면 다음과 같은 연구 결과에 주목해도 좋을 것 같다. 「빈곤한 환경에서 자란 청년의 '좋은 성장' 의미 탐색」(김경희 외, 2020)이라는 제목의 이 연구 결론은 다음과 같다. "좋은 성장은 주체적으로 노력함, 심리적으로 안정됨, 자기 능력을 신뢰함, 사회에 환원함, 가치를 추구하고 정체성을 통합함 등을 의미하며, 이들이 좋은 성장을 하는 데 도움이 되었던 요소는 자신의 내적 힘, 버팀목이 돼준 가족, 삶을 나눌 수 있는 지인들, 그리고 사회복지관 등을 통한 사회적 지원이었으며, 따라서 가족 단위의 지원 정책, 다양한 사회적 지지체계, 경제적·심리적 지원 프로그램 등이 필요하다."

7장

빈곤문화의
실체

사회학의 연구 주제가 '사회'라면 인류학의 주제는 '문화'이다. 이때 말하는 문화란 음악이나 미술 따위의 예술 분야를 가리키는 협소한 의미가 아니라 어떤 사회의 구성원들이 공유하고 있는 일체의 생활양식과 가치체계를 가리킨다. 한 사회의 사람들이 지니고 있는, 다른 사회와 구별되는 고유한 행동방식과 태도, 믿음과 가치관, 언어, 규범 등을 모두 아우르는 총합적 개념이다. 한국인들이 공유하고 있는 문화는 중국이나 에스키모의 문화와 다른 우리만의 독특한 생활방식이다.

문화라는 개념에는 그 집단의 구성원들이 함께 공유하고 있다는 점과 함께, 세대가 이어지면서 새로 태어난 성원들이 기존의 생활양식을 배우고 습득한다는 사실이 전제되어 있다. 문화는 사회화를 통해서 다음 세대로 전승된다.

빈곤의 하위문화

가난한 사람들이 공통적으로 지니고 있는 생활습관 및 가치체계라는 뜻으로 '빈곤의 문화Culture of Poverty'라는 말을 처음 사용한 이는 미국 인류학자 오스카 루이스Oscar Lewis, 1914~1970다. 사실 가난한 사람만으로 구성된 사회란 존재하지 않고 빈민은 전체 사회의 한 부분을 이루는 계층집단이므로, '빈곤의 하위문화 Subculture of Poverty'라고 해야 정확한 말이다. 그래서 루이스도 처음에는 그렇게 표현했지만 시간이 흐르면서 그냥 빈곤문화로 통용되었다.

그는 주로 멕시코의 빈민촌에 들어가 참여관찰을 하면서 그곳 사람들의 생활 특성을 면밀히 기록했는데, 빈곤문화란 말이 처음 등장하는 『다섯 가족 이야기』(1959)와 나중에 영화화되기도 했던 『산체스네 아이들』(1961) 등이 그의 대표작이다. 그는 자신의 관찰을 바탕으로 어느 사회든 빈곤층은 대략 공통된 특성을 지니고 있고, 이러한 그들만의 문화로 말미암아 빈곤을 벗어나지 못한다고 주장했다.

빈곤문화에 속한 사람들은 무기력하고 의존적이며 소속감이 없고 자신을 주변적 존재로 느끼는 경향이 강하다. 그들은 기존의 제도들이 자신의 이익과 필요에 도움이 되지 않는다고 믿기 때문에 자기 나라에서도 이방인처럼 살아간다. 이러한 무력감과 함께, 존중받을 자격이 없다는 감정과 열등감이 널리 퍼져 있다. 이러한 사실은 별도의 인종집단이나 민족집단도 아니고 인종차별을 받는 것도 아닌 멕시코시티의 빈민촌 사람들에게도 해당된다. 미국에서 흑인들의 빈곤문화는 인종차별 위에 더해지는 또 다른 악조건인 셈이다.

빈곤문화를 가진 사람들은 역사의식이 희박하다. 자기들의 문제,

자기 지역과 자기 동네의 상황, 자신들의 생활방식밖에는 모르는 주변인들이다. 보통 그들은 같은 처지의 세계 다른 나라 사람들과 자신들이 비슷한 문제를 안고 있음을 간파할 수 있는 지식도, 비전도, 이념도 갖고 있지 않다. 다시 말해서, 그들은 지위의 고하에 민감하면서도 계급의식이 없다. 만약 가난한 사람들이 계급의식을 갖게 되거나 노동조합에 가입하거나 인터내셔널리스트 internationalist •의 안목을 갖게 된다면, 내 생각에는, 그가 여전히 몹시 가난하더라도 빈곤의 문화에서 벗어났다고 본다.(Lewis, O., "The Culture of Poverty(1963)", *Society*, Jan/Feb, 1998.)

인터내셔널리스트
개별 국가나 민족의 이익을 초월해서 세계 노동자들의 계급적 이익을 실현하기 위해 프롤레타리아 국제주의를 주창하는 운동의 신봉자.

그의 빈곤문화 이론은 여러 해에 걸쳐 여러 저술들을 통해 완성되었기 때문에 빈민들의 고유한 특징이라고 지목하는 내용들은 시간이 흐르면서 점차 늘어났는데, 앤서니 리즈Anthony Leeds라는 연구자가 정리한 바에 따르면 그 가지 수가 무려 60여 개에 달한다. 워낙 차원이 다른 문제들을 병렬적으로 나열하고 있고 그 종류도 많아서 여기서 모두 소개할 수는 없지만, 리즈의 분류법에 따라 몇 가지만 추려보면 다음 [표 1]과 같다.

루이스는 방대한 내용의 빈곤문화론을 세우고 나서 그것을 적용하는 데 부담을 느꼈는지, 빈곤에 처한 모든 사람들에게서 빈곤문화가 발견되는 것은 아니라고 한발 물러났다. 자신이 제시한 특징들은 모든 빈민 집단에서 일률적으로 나타나는 것이 아니라 몇몇 특징이 군집을 이루는 것이며, 이러한 특성의 군집

표 1 | 빈곤문화의 분류별 주요 특징

구분	빈곤문화의 주요 특징
보편적 특성	-사망률이 상대적으로 높음 -청소년층의 비율이 높음 -교육수준과 학식이 낮음 -노동조합에 가입하지 않음 -정당에 가입하지 않음
경제적 특성	-생존을 위한 지속적인 투쟁 -실업과 불완전 고용 -저임금 -아동의 노동 -저축의 결여 -고리대금업자로부터 돈 빌리기 -이웃끼리의 비공식적인 신용거래 장치
사회적·심리적 특성	-사생활의 결여 -집단 거주생활 -알코올중독의 경향 높음 -아동의 훈육에 폭력 사용 -아내에 대한 폭행 -어린 나이에 성관계 시작 -자유로운 동거와 결혼 -부인이나 자녀를 버리는 경향이 높음 -권위주의적 경향
기타 특성	-현재지향적 성향이 강함 -미래를 위해 계획을 세우는 능력 없음 -어려운 생활에서 오는 좌절감과 운명주의 -남성 우위의 신념(남성다움에 대한 숭배) -여성들의 희생 컴플렉스 -주변성, 무기력, 의존성, 무소속, 소외의 감정이 강함 -무력감, 열등감, 자신이 무가치하다는 생각 -역사에 대한 무감각 -계급의식의 부재

이 중산층이나 상류층에서보다 통계적으로 더 빈번히 발견되는 것이라고 설명했다. 또한, 예컨대 인도의 낮은 카스트 계급과 동유럽의 유대인들은 비록 가난하지만 잘 통합된 조직과 강

한 유대감에 기반해 자족적인 생활을 하므로 빈곤문화를 찾아 볼 수 없다고 말한다.

그의 주장의 핵심은 국가나 지역을 초월해서 빈곤층은 가족 구조·대인관계·경제습관·가치관 등에서 위와 같은 특징들을 지니는 경향이 높다는 것이고, 바로 이러한 빈곤문화가 자녀들에게 학습되고 계승되므로 물질적 생활조건을 개선해주는 것만으로는 결코 빈곤을 벗어나게 할 수 없다는 것이다. 가난한 사람들이 빈곤을 벗어나지 못하는 이유는 열악한 삶의 조건과 부정적인 심리·사회적 특성들로 이루어진 빈곤문화 때문이고, 사회구조가 웬만큼 변해도 이 빈곤문화는 영속적이라는 것이 그의 주장이다.

빈곤문화론을 지지하는 사람들

루이스가 빈곤문화의 구성요소로 수십 가지의 특징을 말했지만, 그의 주장이 엄청난 반향과 논란을 일으키게 된 것은 그 중에서도 심리적 특성을 핵심 내용으로 부각했기 때문이다. 앞의 표에서 경제적 특성까지의 항목은 물질적 빈곤을 달리 표현하거나 그로 인해 생겨나는 당연한 현상들이라고 할 수 있다. 예컨대, 실업과 불완전 고용이 만연하다든지 임금이 낮다든지하는 것은 그냥 다른 각도에서 바라본 빈곤의 양상이지 특별히 문화라고 할 만한 게 아니다. 또 교육수준이 낮다거나 아동이 노동을 해야 한다거나 저축을 못하고 고리채를 사용할 수밖에 없다는 사실 등은 경제력이 부족해서 발생하는 결과적 현상이다. 따라서 위쪽의 빈곤문화 항목들은 빈곤이라는 한 동전의 다른 면을 구성하는 특징이라 할 수 있으며, 빈곤 현상을 동어반복적으로 설명한 것이라고도 할 수 있다.

자연히 빈곤문화론의 핵심은 사회·심리적 특성 및 그와 관련된 태도에 관한 것이 되었다. 알코올중독자가 많고, 문란한 성의식을 가졌으며, 가족을 쉽게 버리고, 무엇보다 미래에 대해 계획을 세우지 않으며, 무기력하고 의존적이고 열등감으로 가득 차 있다는 사실은 빈곤 탈출을 방해하는 덫이 되기에 충분하다고 사람들은 생각했다.

개인의 심리적 특성을 강조하는 루이스의 빈곤문화론은 제2차 세계대전 이후에 미국에서 주가를 높이고 있던 행동과학behavioral science에 편승해서 더욱 각광을 받았다. 전후戰後 미국의 사회과학계는 이전의 인종 연구나 계급 연구에서 등장하기 시작한 심리학적 관점을 더욱 강화하고 증폭시켰다. 1950년대 말에 등장한 빈곤문화론은 어느덧 미국 전후 사상의 대표적인 조류가 되었고, 이와 함께 가난한 사람들을 중심 규범에서 벗어나 있는, 뭔가 비정상적인 집단으로 인식하려는 경향이 강해졌다.

이러한 사조의 배경에는 또 다른 이유들도 있었다. 전후 미국 경제가 전례 없는 풍요를 만끽하면서, 미국이 '계급 없는 사회'가 되어가고 있으며 빈곤층이란 아주 작은 규모로 사회 한 구

행동과학
인간 행동의 일반적인 원리를 과학적으로 연구하는 학문분야를 말한다. 인간 행동의 방법(how), 인간 행동과 그 전체적 환경과의 관계(what) 및 현재 그러한 행동을 하는 이유(why)에 대한 지식을 탐구한다. 바깥으로 드러난 행동만을 연구대상으로 하고, 내면을 탐구 영역에서 제외시키는 심리학의 행동주의(behaviorism)와는 다르다.

석에 따로 존재할 뿐이라는 환상이 생겨났다. 또한 냉전 이데올로기 속에서 중산층의 가족주의 가치관이 부활했고 가부장적 가정을 심리·문화적 표준규범으로 강조하는 풍조가 생겨났다. 그러면서 이러한 규범에 역행하려는 젊은이들에게는 '그것에서 일탈하면 평생 고통을 겪는다'는 식의 보이지 않는 세뇌가 이루어졌다.

루이스의 빈곤문화론은 사회구조보다는 개인에 초점을 맞추고, 제도의 문제보다는 심리·문화적 차원의 문제를 강조함으로써 많은 논란거리를 제공했다. 뒤에서 설명할 테지만, 그의 주장에 대한 강력한 반론들도 바로 이런 개인주의적 관점을 가장 크게 문제 삼았다.

하지만 루이스도 젊은 시절에는 마르크스주의에 심취해서 구조적 분석의 소양을 쌓은 바 있다. 단지 대학원 때 심리학적 관점이 강한 스승들의 영향을 크게 받은 것 같다. 그 자신이 "임상심리학자, 정신의학자, 사회복지사들은 내가 정리한 빈곤계층 연구 자료에서 내가 의도했던 것보다 훨씬 부정적이고 병리적인 요소를 많이 끌어내고 있다"고 토로할 정도였다.

아무튼 빈곤문화론의 영향으로 인해, 빈곤의 덫에 걸린 사람은 주류 사회와 뭔가 다른 행위방식·태도·심리상태를 가지고 있다는 식의 연구가 줄을 이었다. "빈곤 인구가 증가하는 것은 대부분의 미국인들이 합리적이라고 생각하는 규칙을 위반하는 사람들이 늘기 때문"이라는 지적이 나오는가 하면, 파괴된 가족과 노동윤리의 결여 또는 범죄·약물남용·복지의존성 등을 문화의 관점에서 아주 병리적으로 묘사하는 연구도 등장했다. 또한 "노동시장에는 가난한 사람들이 일거리를 못 구할 만큼 뚜렷한 장벽이 없는데도 빈민들은 일을 기피하고 있다"든지 "빈민들은 운명주의에 빠져 있고 충동에 따라 행동한다"는 식의 주장이 지식인들 사이에 난무했다.

빈곤의 원인에 관한 이러한 해석은 자연히 가난한 사람에 대한 적대적 태도를 불러오기 마련이다. 빈민들이 나쁜 문화를 지녔다고 믿었던 유명 언론인 헨리 해즐릿Henry Hazlitt은 "빈곤은 궁극적으로 개인적인 것이고 좀처럼 소멸되지 않는 것으로, 그 해결은 철저히 개인과 가정에 맡겨져야 한다"고 주장했다.

가난한 사람들의 집단적 특징에 주목하는 이 같은 빈곤문화 사조는 이후 미국 사회과학 전통의 한 갈래를 형성하며 오늘에까지 이른다. 작금에는 반대론과의 논쟁을 통해 변증법적 발전을 이루고 초기 이론의 허술함을 극복하는 등 훨씬 성숙한 모습을 보이는데, 그런 속에서 가난한 사람들의 가치관과 태도 등에 대한 연구는 여전히 계속되고 있다.

빈곤문화론에 대한 비판

이 장의 첫머리에서 인용한 루이스의 글을 보고 짐작한 독자가 있을지 모르겠는데, 루이스는 결코 가난한 사람들을 냉랭하게 바라본 사람이 아니었다. 멕시코 가족의 다큐멘터리와도 같은 그의 저서(민족지)들을 읽어보면 조사대상자들에 대한 따뜻한 시선을 느낄 수 있다. 그가 얼마나 그들의 아픔에 공감하고 안타까워하고 있는지가 글에 잘 묻어난다.

그럼에도 반대편으로부터 혹독한 비판을 들어야 했던 것은 빈곤의 원인을 당사자들에게 돌림으로써 결과적으로 '희생자를 비난하게' 만드는, 요즘 우리 식으로 표현하자면 '피해자를 두 번 죽이는' 결과를 가져왔기 때문이다.

그에게 쏟아진 가장 큰 비판의 요지는 빈민들이 본래 가난에 빠진 것은 경제사회적 구조 때문인데, 그 점을 도외시한 채 오직 개인의 습관과 태도만을 말함으로써 마치 빈민들이 자기 잘못으로 빈곤에서 헤어나지 못하는 것인 양 호도하고 있다는 것이었다.

루이스를 가장 맹렬히 논박했던 찰스 발렌타인Charles Valentine은 빈민의 가족관이나 지역사회조직의 특징이 다른 계층, 다른 지역의 그것과 크게 다르지 않다고 역설했다. 전체 사회의 구조와 같은 거시적 차원의 힘은 빈민 개인이 어찌해 볼 도리가 없는 막강한 것이어서, 빈민들의 불리한 처지는 그 힘에 영향을 받고, 그들의 가치체계 역시 그 사회의 다수가 공유하고 있는 가치관과 동일한 모습으로 형성된다는 것이다.

다만 빈민들의 생활습관이 다른 계층과 달라 보이는 부분이 있다면, 그것은 그들이 처한 불평등한 기회구조나 위기상황 때문에 일시적으로 변형·수정되어 나타난 결과라고 본다. 예를 들면, 빈곤층에서 범죄 연루 정도가 높게 나타나는 것은 다른 계층처럼 합법적으로 성공을 이루려는 가치관이 없어서가 아니라, 현실적으로 그런 기회를 가질 수 없기 때문에 불가피하게 나타나는 결과라는 것이다. 그러니까 가난한 사람들의 생활에서 발견되는 특징은 빈곤의 원인이 아니라 오히려 빈곤의 결과인 셈이다.

빈곤문화 이론을 비판하는 사람들은 빈민의 태도와 가치관을 강조하는 빈곤문화론이 빈곤의 사회적 원인을 은폐한다고 비판하면서, 빈민의 생활습관은 고유한 문화라기보다 인종이나 계급의 불평등한 구조의 결과물이라고 말한다. 또한 사람의 행위와 태도는 그들에게 유리한 상황과 기회가 주어지면 얼마든지 변화할 수 있다고 주장한다.

이러한 비판에 대해 루이스는 빈곤문화가 가난한 사람들이 겪는 극도의 소외와 주변화 현상에서 기인하는 것이고, 정치경제적 구조가 근본원인이라는 점을 인정했다. 그렇지만 빈곤문화의 존재 자체를 역설하는 데 집중한 나머지 그것이 정치경제적 구조와 맺고 있는 연관성을 밝히는 데는 힘을 쏟지 않았다. 그러다 보니 비판자들의 눈에는 그가 마치 가난을 가난한 사람들의 책임으로 돌리는 고약한 보수주의자로 비쳤던 것이다.

문제는 사회구조인가 문화인가

루이스의 빈곤문화론은 1960년대 중반부터 20여 년간 주로 미국에서 격렬한 논쟁을 불러일으켰다. 단골 주제 가운데 하나는 미국 빈곤층의 다수를 이루는 유색인종, 특히 흑인의 특성에 관한 것이었다. 흑인들은 오랜 노예생활의 경험과 그로 인한 구조적 빈곤의 영향으로 병리적인 문화를 지녔고, 그로 인해 빈곤을 벗어나지 못한다는 주장이었다.

이와는 반대로, 흑인 빈곤층만의 독특한 심리적 특징이란 존재하지 않으며, 미래에 대한 희망과 노동에 대한 가치 등에서 이들은 다른 계층 집단과 다를 바가 없다는 주장도 뒤를 이었다. 찬·반 양 진영의 골치 아픈 논쟁은 이렇다 할 결론 없이 소강상태로 접어드는 듯하더니, 2000년대에 들어 논의가 재점화되면서 한층 진화한 양상을 띠게 된다. 우선, 루이스가 제시한 초기 주장의 허술한 부분들이 인정되고 불합리한 내용이 기각되는 경향이 나타나고 있다.

사실 루이스가 '문화'라고 표현한 특성의 내용들은 지나치게 광범위하고 다양해서 애매모호한 구석이 많았다. 가난한 사람들이 처한 현실적 조건과 상황에서부터 심리적 태도와 가치관에 이르기까지 모든 것을 '빈곤문화'라는 한마디로 망라한 탓에 개념이 너무 두리뭉실했다.

그래서 최근의 연구 경향은 빈민들의 특성을 기술하더라도

'행위'와 '가치'를 구분하고 '인식체계'와 '가치체계'를 구별해서 언급한다. 예전처럼 그 모든 것을 '문화'라고 포괄하는 것을 지양하고 있다. 설사 '문화'라는 용어를 사용하더라도 가능한 한 좁은 개념으로 정의하고 가급적 측정 가능한 내용으로 구성하는 추세이다.

예컨대, 루이스가 지적한 빈곤문화의 특징 가운데 '조기에 성경험을 하고 합법적 결혼보다 동거를 선호한다'는 사실을, 개방적인 성의식과 결혼관 등 가치체계의 문제로 볼 것인지, 아니면 열악한 주거환경과 결혼비용을 마련할 수 없는 재정 상황에서의 자연스런 반응으로 볼 것인지가 논란이 될 수 있다. 쉽게 말해서 "가난한 사람이라고 예식장 얻어서 친지들 불러놓고 보란 듯이 결혼식 올리고 싶지 않을까마는 돈이 없는 걸 어떡하느냐?"는 항변 한 마디로 설명할 수 있는 현상을 가지고 공연히 빈곤문화니 뭐니 갖다 붙이고 있다는 식의 비판이 얼마든지 가능하다.

여전히 가난한 사람들만의 독특한 생활습관이 존재하는가, 아닌가를 두고 견해가 갈리지만, 설사 일련의 독특한 특성을 인정한다 하더라도 그것이 다음 세대로 세습되는 고정불변의 문화가 아니라 그들이 처한 특수한 상황 때문에 생겨나는 일시적 습성이라는 데는 큰 반대가 없어 보인다.

어떤 계층이나 집단 사람들이 단일한 문화를 가지고 있다거나 그 문화의 구조는 늘 변함없다는 식의 가정도 기각되고 있다. 미국 흑인 학생들의 학업태도에 관한 한 연구는 이를 잘 보여준다. 미국의 흑인 학생들은 "누구나 열심히 노력하면 꿈을 이룰 수 있다고 믿느냐?"는 설문에 대부분 "그렇다"고 응답한다. 아메리칸 드림의 가능성에는 동의하고 있는 것이다. 그러나 '교육이 만인에게 똑같은 기회를 제공하지 않는다'는 사실을 부모와 형제, 이웃들의 삶을 통해서 경험했기 때문에 이 사회의 기회구조가 자신에게 얼마나 불리한지를 잘 알고 있고, 따라서 학업에는 좀처럼 열성적으로 임하지 않는다. 학업에 대한 추상적 태도와 구체적 태도가 다른, 가치체계의 이중성이 나타나는 것이다.

'빈곤의 문화'가 처음 제기된 미국에서 오늘날 빈곤문화가 세대를 거쳐 끈질기게 전승된다는 루이스의 주장을 그대로 받아들이는 학자는 별로 없다. 가난한 사람들의 특성을 연구하더라도 앞에서 말했듯이 개념을 세분하고 객관적인 척도를 사용하지, 문화라는 모호한 표현은 잘 쓰지 않는다. 또 빈곤의 원인을 사회구조 아니면 문화라는 식으로 양분하는 틀도 낡은 것으로 취급된다. 적어도 가난한 사람들이 빈곤에 빠진 이유나 그로부터 벗어날 수 있는지 여부가 당사자의 태도와 가치관에 달려 있다는 주장은 21세기 연구자들 사이에서는 설득력을 잃고 있다. 물론 사회과학자로서 이성을 갖춘 연구자들에 국한된 얘기이다. 어느 사회든 학자 행세를 하지만 실은 정파적 신념에 불타오르는 이데올로그들이 있는 법이니까.

정작 우려스러운 것은 우리나라 상황이다. 간혹 빈곤층 밀집 지역에서 관찰된 한두 가지 피상적 현상을 가리켜 '빈곤의 문화'라고 이름 붙인 글들을 간혹 본다. 대개는 50여 년 전의 개념을 그대로 가져다 쓴 것들이다.

빈곤문화론이 비판을 면할 수 없는 이유는 열악한 환경에 의해서 일시적으로 형성된 삶의 특성을, 마치 영원불변의 속성인 양 단정함으로써 '가난한 사람들은 빈곤을 세습할 수밖에 없다'는 비관론 내지 정책무용론을 불러오기 때문이다. 이것은 사회과학의 이름을 달고 있지만 그 내용에서는 세상의 장삼이사들이 믿고 있는 편견의 인상학과 매우 닮아 있다.

흔히 협동조합의 아버지라 일컬어지는 로버트 오언Robert Owen 은 가난한 노동자에게서 간혹 발견되는 부정적인 모습이 철저히 사회환경에 의해서 만들어진 것이지 타고난 천성이 아님을 목청껏 외쳤던 사람이다. 산업혁명의 참상을 보면서 새로운 사회, 좋은 사회를 꿈꾸었던 그는 『사회에 관한 새로운 의견』이라는 책에서 이를 가로막는 장애물이 우리 안의 편견이라고 주장한다.

> 가난한 사람들을 무시하거나 두려워하는 편견, 인간 본성이 정해진 것이라는 편견, 사람이 자신의 운명을 스스로 개척해야 한다는 편견, 다른 무지한 사람들과 달리 자기 자신만은 이미 합리적이고 계몽되었다는 편견은 (좋은 사회를 향한) 발걸음을 가로막

는다.

그가 유독 종교를 싫어했던 이유는, 기성 종교들의 교리가 공통적으로 인간의 문제가 인간 스스로의 책임이라는 그릇된 내용을 설파한다고 보았기 때문이다. 그의 생각에 교회는 사람이 스스로 자기 성격을 만든다고 가르치면서 보상과 처벌이라는 교리를 통해 좋은 성격을 장려하고자 하지만, 사람들을 선하게 만들 수 있는 가장 확실한 길은 오로지 그들에게 좋은 물질적·도덕적 환경을 제공하는 것뿐이다.

가난한 사람들을 싸잡아 한두 마디로 규정하려면—그런 엄청난 작업을 감행하려면—그 과정과 표현부터가 정말 신중하고 엄밀해야 한다. 어떤 사람을 '게으르다'고 규정할 때는 관찰자가 그렇게 판단하는 시점 이전에 그에게 무슨 일이 있었는지, 그리고 어떤 기준으로 그렇게 규정할지가 명확해야 한다.

수치심을 모르는 어느 철학자가 주는 교훈

예닐곱 해 전인가, 진보적 대중 철학자라고 자처하는 이가 자신의 책에서 노숙자를 좀비 같은 비인간이라고 표현해서 구설수에 올랐다. 문제가 된 대목은 이랬다.

이 노숙자들은 서울역을 지나다니는 일반 사람들의 시선은 아랑

곳없다. 이뿐 아니라 자신의 처지를 의식하는 일도 별로 없다. 그래서 간혹 노숙자는 강시 혹은 좀비처럼 보인다. 살아 있는 것처럼 보이지만 죽어 있기 때문이다. 한마디로 노숙자는 자신이나 세상에 대해 마비되어 있는 존재다. 자존심을 느낀다면 어떻게 노숙자로 살아갈 수 있겠는가? 그러니 '마비'가 편한 법이다. 그렇다면 어떻게 해야 노숙자를 하나의 인격자로 깨울 수 있을까? 아니, 어느 순간 노숙자는 자존심을 가진 인간으로 부활할 수 있을까?(강신주, 『감정수업』)

그는 이 글에서 스피노자의 '수치심'이라는 개념을 근거로 들었다. 스피노자에 따르면 수치심은 '추한 행위를 범하지 않도록 인간을 억제하는 마음'인데, 노숙자에게는 타인의 시선을 의식하는 기미가 전혀 없으니 인간성이 마비된 존재라는 것이다.(물론 스피노자는 노숙자에 대해 언급한 적이 없으니 이것은 순전히 그의 생각이다.)

노숙자에게 수치심이 없다고? 그들에게서 살아온 이야기를 직접 들어보면, 그들은 한결같이 거리생활을 시작하면서 가장 견디기 괴로웠던 것이 바로 수치심이라는 감정이었다고 토로한다. 흘낏거리는 눈총 속에 길바닥에 몸을 누일 때 들었던 부끄러움, 그리고 가정이 해체되는 과정에서 겪은 경제적 실패와 좌절의 기억, 가족과의 갈등이 빚은 마음의 상처와 가장 노릇을 못했다는 자책감 등, 그들의 내면에는 수치심과 분노, 회한과 자책의 감정들이 뒤섞여 있다.

그리고 그 괴로운 심정을 감당할 수 없어 술을 마신다. 위의 철학자 말대로 감정의 순간적인 마비를 꾀하는 것이다. 그러나 술에 탐닉하더라도 그들은 그 부끄럽고 참담한 심정으로부터 놓여나지 못한다. 철학자의 눈에는 그들이 자신의 쓸개를 빼버리고 길바닥 삶을 즐기고 있는, 구제불능의 존재처럼 보였을지 모르지만 실제로 그들의 마음 상태는 그렇지 않다. 그들 역시 거리를 벗어나 원래의 삶으로 돌아가기를 간절히 원하지만 그 목표가 너무 아득하고 힘겨워서 수치심을 삭히는 고투를 벌이고 있다.

제아무리 명석한 사람도 20초간의 한 장면만을 보고 2시간짜리 영화의 내용을 알 수는 없다. 인간들이 빚어내는 현상에도 맥락이란 게 있는 법이다. 그 맥락들을 세세히 짚고 살피지 않으면 심각한 오독誤讀에 빠질 수 있다.

그래서 어느 유명한 철학자의 인식론에 귀 기울여보기를 권하고 싶다. 그에 따르면 '인간의 인식은 외부 현상이 신체를 통해 인지되는 과정에서 필연적으로 변용되기 때문에 단편적이고 부분적이며 왜곡될 수밖에 없다. 그래서 우리가 상식이라고 믿는 사실들도 실은 편견과 오류로 가득 차 있기 마련이다. 이런 편견과 오류로부터 벗어나려면 되도록 많은 것을 여러 차례 경험하고 그 경험들을 면밀히 분석하고 정리해야 한다.'

그의 이 같은 인식론은 훗날 '과학적 인식은 상식의 인식과 단절해야 한다'는 인식론적 단절의 명제로 계승된다. 이 철학자가 누구냐고? 바로 확신에 차서 노숙자에게 일갈했던 그 철학자가 좋아하는 스피노자다.

현상의 이면을 세심히 살피고 전후의 맥락을 따지지 않은 채, 개인의 경험 한두 조각으로 뭔가를 통째로 규정하는 것은 천박한 일이다. 사고의 깊이가 얕고 인식의 두께가 얄팍하다는 뜻이다. 천박한 글쓰기는 지식인이라면 부끄러워해야 할 일이다. 어떤 부류의 사람들에 관해 함부로 규정하기를 좋아하는 지식인들은 명심해야 한다.

8장

노숙인 이야기

집이 없어 길거리에서 자는 사람을 노숙자露宿者라고 한다. 한자로 '이슬 로'와 '잘 숙' 자를 써서 이슬을 맞고 자는 사람이라는 뜻이다. 영어로는 홈리스homeless이니 집이 없는 사람이다. 요즘은 '사람 인人'자를 써서 '노숙인'으로 부르는 편이 인권을 존중하는 어감을 준다고 해서 그렇게 통용되고 있다. 글자 하나 바꾼다고 뭐가 달라지겠는가마는 그 취지가 나쁘지 않고 행정용어도 그렇게 통일되었으니 이 책에서도 노숙인이라는 표현을 따르기로 한다.

간단하지 않은 노숙인의 정의

한국에서 노숙인 문제가 사회의 관심을 끌기 시작한 것은 1997년 말, 외환위기가 닥치면서부터다. 그전까지 한국에서 노숙인이라고 하면 정신질환자나 일할 의지가 없이 떠도는 부랑인浮浪人을 연상했다. 그들은 늘 '비정상적인 소수'로 인식되었고 언론도 제대로 주목하지 않았다. 그러다 이른바 IMF 구제금융 사태로 대량실업이 발생하면서 길거리로 수많은 사람들이 쏟아져 나왔다. 이들은 그전의 부랑인들과는 성격이 다르다는 뜻에서 '실직노숙인'으로 불리기도 했다.

정부가 집계한 전국의 거리노숙인 수는 2000년에 445명,

2006년에 1293명, 2011년에 2689명, 2016년에 1522명으로 나타났다. 이 가운데 2016년의 조사는 보건복지부가 「노숙인 등의 복지 및 자립지원에 관한 법」 제정 이후 최초로 실시한 정기 실태조사로 5년마다 시행하게 돼 있다.

위에서처럼 거리노숙인 통계를 '몇십몇 명' 하는 식으로 끝 단위까지 낸다고 해서 그것이 정확한 수치라고 믿는 사람은 아마 없을 것이다. 거리를 배회하는 전국 노숙인의 숫자를 정확하게 집계한다는 게 현실적으로 가능하겠는가. 위의 통계들은 조사 시점을 한날한시로 정해놓고 노숙인이 주로 많이 모이는 전국의 각 장소에서 그 수를 대략 헤아린 결과이니 어디까지나 최소 추정치일 뿐이다.

하지만 노숙인 통계의 어려움은 단지 측정기술상의 난점에서만 오는 것이 아니다. 실은 노숙인을 누구로 볼 것인가 하는 정의定義의 문제가 더 어렵다. 노숙인을 그냥 '길거리에서 자는 사람'으로 규정해버리면 간단할 것 같지만, 실제로 1년 365일 내내 길에서 한뎃잠을 자는 사람은 없다. 혹한기에 추위라도 닥치면 얼어 죽지 않기 위해 어딘가를 찾아 들어가야 한다. 그곳은 정부가 제공하는 노숙인 보호시설일 수도 있고, 수중에 약간의 여유가 있다면 하룻밤 숙박비 7000~8000원짜리의 쪽방이나 여인숙일 수도 있으며, 피시방이나 고시원일 수도 있다.

우리가 흔히 노숙인이라고 부르는 사람들은 정상적인 주거를 지속적으로 유지할 능력이 없어 거리로 나온 사람들일 뿐,

일부러 거리생활을 즐기는 사람들이 아니다. 그들은 노숙 상태를 벗어나고자 하지만 다시 정상적인 생활로 돌아가는 길이 너무 아득해서 이곳저곳을 헤맨다. 따라서 우리가 길에서 만나는 거리생활자들은 얼마의 시간이 지나면 노숙인 쉼터나 저렴한 임시숙소로 옮겨갔다가, 숙박비를 치를 돈이 다 떨어지면 다시 거리로 나오곤 한다. 거리와 주택이 아닌 시설 사이를 빈번히 오가고 있는 것이다. 어제까지는 남대문 쪽방에서 며칠을 지내다가 오늘은 서울역 앞에서 새우잠을 자는 경우가 흔히 있는 일이다.

그래서 노숙인의 범주를 거리에서 자는 사람만으로 한정하는 것은 문제가 있다. 거리와 노숙인 지원시설, 그밖의 다양한 비주택 시설들을 넘나들고 있는데 순간순간 다른 장소에서 발견된다고 해서 그들을 각기 다르게 규정할 수는 없는 노릇이다. 그렇다고 어느 범주까지를 노숙인으로 볼 것인가에 관해서 사회 전체가 수긍할 수 있는 객관적 기준이 있는 것도 아니니 언제나 논란이 따를 수밖에 없다.

보건복지부는 노숙인 지원 종합계획을 세우기 위한 최초의 실태조사(2016년)에서 거리노숙인(1522명), 이용시설 노숙인(493명), 생활시설 노숙인(9325명) 외에 쪽방 주민(6192명)들을 포함시켜 전국 노숙인 수를 1만1340명으로 집계한 바 있다. 한편, 도시 주거 문제의 전문연구기관으로 정평이 나 있는 한국도시연구소는 이들 외에 피시방·찜질방 등 비숙박용 다중이용시설 거주자와 여관·여인숙·고시원 거주자들까지를 주거취약계층으로 보고, 이들을 모두 '노숙인 등'으로 규정할 것을 주장한다. 그렇게 되면 그 수는 20만 명을 훌쩍 넘어간다.

홈리스라는 용어를 쓰는 영어권의 사정도 비슷하다. 노숙인 문제에 일차적으로 대응해야 하는 행정 당국은 되도록 범주를 좁게 잡으려 들고, 노숙인을 돕는 민간단체들은 넓은 의미의 정의를 제시한다. 홈리스에 대한 가장 협소한 정의는 길거리 등 공공장소에서의 거주를 가리키고, 그 다음으로는 지원시설·피난소·임시숙소 및 감옥 등에서 사는 '집이 없는 상태'를 의미할 수 있다. 이보다 한 단계 더 확대하면, 빈 건물을 불법 점유하고 있다든지 강제퇴거에 직면해 있는 상태, 친지의 집에 불가피하게 얹혀사는 경우나 심각하게 과밀한 공간에서 사는 등 불안정하고 부적절한 주거까지 포괄해서 홈리스 상태로 정의할 수 있다. 그러니까 홈리스의 정의는 명확한 기준을 가지고 무 자르듯 경계선을 그을 수 있는 것이 아니라, 주거가 취약한 정도에 따라 스펙트럼처럼 연속성을 이루는 것이라고 할 수 있다.

그들은 왜 거리로 나왔을까?

길거리에 몸을 뉘어야 하는 삶은 빈곤의 가장 극단적인 형태이고 그 자체로서 충격적인 생활양식이다. 행인들의 여러 시선 속에 한뎃잠을 잔다는 것은 그 사회가 정상이라고 규정한 삶의 궤도로부터 일탈된 일임을 자타가 인정한다. 그래서 노숙인을 바라보는 사람들의 시선에는 '어쩌다가 저 지경이 되었을까' 하는 궁금증이 묻어 있다.

사회문제는 원인을 파악하고 이를 제거함으로써 해결할 수 있다고 믿는 연구자들도 노숙인이 생겨나는 이유를 궁금해한다. 국내외를 막론하고 노숙 문제에 대한 이제까지의 연구가 무엇보다 노숙의 발생 원인에 큰 비중을 두어온 것도 이런 까닭에서다.

우선, 자유로운 삶을 자발적으로 선택한 결과라는 견해가 있다. 분명 이것도 경우의 수 가운데 하나다. 거리생활의 자유를 스스로 선택할 수 있고 실제로 그런 부랑인들이 더러 있기도 할 것이다. 하지만 이런 자발적 노숙인의 비율은 우리의 논의에서 제외해도 좋을 만큼 크지 않다. 다만 세상 사람들이 실제보다 부풀려 말하는 경향이 있을 뿐이다.

둘째, 노숙인 개인에게 어떤 결함이나 문제가 있어서 거리로 나가게 된다는 주장이 있다. 정신질환 및 질병, 알코올중독·약물중독·도박 등의 나쁜 습관, 가정폭력 및 아동학대의 피해 경험, 어린 나이의 가출, 가족의 해체, 낮은 교육수준 등이 흔히 개인 차원에서 노숙의 발생 원인으로 지목된다. 때로는 주된 원인에 따라 노숙인을 '생래형 노숙인' '가출형 노숙인' '실직형 노숙인' 하는 식으로 유형화하기도 한다.

셋째, 노숙의 원인을 개인이 아니라 사회구조와 제도의 잘못에서 찾는 입장이 있다. 예컨대 빈곤이나 실업이 만연함으로써 노숙이 발생한다고 보는 것이다. 실제로 외환위기가 닥쳐서 빈곤율과 실업률이 급등했을 때 거리노숙인의 수가 갑자기 증가했던 사실을 보더라도 이들 간에 상관관계가 있는 것만은 분명하다. 또 주택난이 심하다든지 사회안전망 역할을 하는 복지제도가 허술하다든지 하는 것도 노숙의 발생을 부추기는 구조적 원인일 수 있다. 어떤 사람에게 심각한 경제적 위기가 닥쳤더라도, 들어가 살 수 있는 저렴한 주택이 있다든지 주거복지제도가 잘 갖추어져 있다면, 그는 거리로 나가지 않아도 될 것이다.

그러나 사회경제적 구조의 문제인가, 개인 차원의 문제인가 하는 식의 이분법으로는 노숙 발생의 복잡한 과정을 정확히 잡아낼 수 없다. 노숙인들의 생애사를 자세히 들여다보면 위에서 열거한 어느 한두 가지 사실을 원인이라고 단정할 수 없을 만큼 여러 요인들이 맞물려 있다.

거리로 나오기 직전 심한 알코올 중독 증세를 보였던 A씨의 경우를 예로 들면 이렇다. 그는 회사에서 해고당한 뒤부터 술에 탐닉하기 시작했고 그 정도가 심해져 마침내 부인으로부터 이혼을 당한다. 결국 살던 집을 내주고 혼자 거리로 나왔다. 노숙을 시작한 시점만 딱 잘라놓고 보면 심한 음주로 인해 가정이 해체되었으니 알코올 중독이 노숙의 직접 원인이라고 말할 수도 있다. 하지만 A씨가 술에 빠지게 된 배경에는 회사의 구조조정으로 인한 실직의 위기가 있었다. 그는 어떻게든 실직당하지 않으려 안간힘을 쓰는 과정에서 굴욕적인 대우를 받고 배신감도 느껴야 했다. 결국 회사에서 쫓겨난 뒤에는 새로운 일자리를 구하려고 무진 애를 썼지만 번번이 실패하는 바람에 자포자기의 심정이 되었다. 부인과 이혼하고도 노숙만은 피해보려고 거처를 알아보았지만 수중의 몇십만 원으로 구할 수 있는 안정된 주거는 없었다. 결국 여인숙에서 두어 달을 지내다 돈이 떨어지자 노숙을 시작했다.

얼핏 보더라도 A씨가 거리로 나오게 된 과정에는 흔히 노숙의 원인으로 지목되는 이유들 가운데 알코올 중독, 가족 해체, 실업, 저렴한 주택의 부재 등이 모두 작용했음을 알 수 있다. 각각을 독립된 요인이라고 본다면 우리는 여기서 하나가 다른 요인을 낳고 그것이 또 다른 요인의 원인이 되는 인과적 관계의 연쇄를 발견할 수 있다. 개인 차원의 요인과 사회구조적 요인들이 단일한 원인으로 존재하는 게 아니라 서로 영향을 미치면서 노숙이라는 복합적인 현상을 만들어내는 것이다.

그러니 여기서는 어떤 한 원인이 노숙이라는 결과를 낳는다는 인과론의 가설을 버리기로 하자. 그것은 노숙의 발생이 A씨의 사례에서 보듯이 복합적인 과정이기 때문이기도 하지만, 단일한 인과론에 갇히면 그것이 개인 차원의 원인이든 사회구조 차원의 원인이든 설명이 불가능한 경우에 봉착하기 때문이다. 예컨대 정신질환이 노숙 생활의 원인이라고 한다면, '그렇다고 모든 정신질환자가 다 노숙인이 되는 것은 아니지 않느냐?'는 반론에 당장 부딪힌다. 실업이나 빈곤을 원인으로 보는 경우도 마찬가지다. 모든 실업자나 빈곤 계층이 전부 노숙인으로 전락하는 것은 아니기 때문에 실업이나 빈곤은 노숙 발생의 충분조건이라고 볼 수 없다.

그보다는 그런 요인들로 인해서 어떤 사람이 노숙 상태에 빠질 가능성이 커진다고 보아야 할 것이다. 즉, 실업률이 높거나 빈곤이 만연해 있는 사회에서, 어떤 개인의 교육수준이 낮고 일찍이 가족이 해체되는 경험을 했다면 언제든 그가 거리 생활을 하게 될 확률은 높다고 볼 수 있다. 거처를 상실하고 거리로 나올 수밖에 없는 상황은 개인에게는 크나큰 위기다. 다행히 그런 위기에 대한 대처 능력이 있는 사람은 어떻게든 대안을 찾겠지만, 그렇지 못한 사람들은 노숙인이 되고 만다. 그런데 앞에서 열거한 요인들은 인생에 도사리고 있는 각종 위기에 대처할 수 있는 능력을 손상시킨다. 예를 들어, 불우한 가정환경에서 자란 사람은 뜻밖의 상황에 대처하는 능력을 충분히 기르지 못하고 또 정신적 상처(트라우마)마저 있을 수 있어서, 유복한 환경에서 자란 사람에 비해 위기에 약할 가능성이 높다.

실제로 노숙인들의 개인사를 분석해보면, 그들을 노숙 상태에 이르게 하는 잠재적 요인들이 어린 시절부터 생겨났던 경우들을 볼 수 있다. 다음의 사례를 보자.

B씨는 1962년 서울에서 태어났다. 직업군인을 아버지로 둔 4녀1

남 가정의 막내였다. 그는 태생적으로 체질이 허약했고 성격도 매우 내성적이었다. 그는 네 명의 손위 누나들로부터 "의지가 박약하다"며 구박을 많이 받았다. 유난히 성격이 활달하고 악착같았던 누나들은 유약하기만 한 동생 B씨를 못마땅하며 무시하기 일쑤였다. 그러던 중 동네 누나들한테 성적으로 수모를 겪는 몹시 충격적인 사건도 경험했다. 친구들도 사귀지 못하고 집안에서도 인정을 못 받았던 그는 성격이 더욱더 폐쇄적으로 변하고 열등감도 깊어졌다. 군대 갈 나이가 되어서 우연히 자기 몸 일부가 기형임을 발견했고, 그로 인해 (원했던) 군 입대도 거부되었다. 그의 열등감은 극도에 달했다. 그는 신세를 비관하면서 술에 빠져들기 시작했다. '차라리 술이나 왕창 먹고 죽자'는 자포자기의 심정이 된 것이다. 회사에 다니고 있었고 중매도 들어왔지만 이미 알코올 중독 증세를 보이기 시작한 그에게는 모든 일이 순조롭지 않았다. 결국 회사도 그만두고 결혼 약속도 깨졌다. 가족들에게 갖은 비난을 받았고, 특히 술과 담배를 혐오했던 부모님은 술에 젖어 지내는 B씨를 가끔씩 거리로 쫓아냈다. 아들의 술버릇을 고치기 위한 충격요법이었지만 오히려 그는 거리생활에 적응해나갔다. 그의 본격적인 노숙생활은 10년 넘게 이어지고 있다.

아동기의 몇 가지 조건과 사건으로 인해 형성된 B씨의 열등감은 20세 때 신체가 기형이라는 사실을 알고 더욱 심해졌다. 이로 인해 알코올 중독이 심해지고 실업과 파혼이 중첩되면서

가해진 가족들의 비난과 홀대는 결국 노숙으로 그를 내몰았다. 이처럼 어린 시절부터 노숙의 촉발요인이 누적되어온 경우가 적지 않지만, 그렇다고 모두가 그런 것은 아니다. C씨의 경우처럼 성인기에 촉발요인이 나타난 사례도 있다.

C씨는 27살의 젊은 노숙인이다. 건달들과 끈이 닿아 있던 무직의 아버지와 생계를 대신하는 어머니 사이에서 C씨는 순탄하지 않은 청소년기를 보냈다. 중학교 2학년 때 첫 가출을 시도하고 한때 불량배들과 어울리기도 했지만, 17살 때 어머니가 쓰러지고 얼마 후 아버지마저 자살을 하자 그는 가장 역할을 도맡았다. 건설현장, 염전, 새우잡이배 등에서 닥치는 대로 일을 하며 생계를 이어갔다. 20살 때 뇌종양이 발병해서 수술을 받았는데 다행히 얼마 후에 회복이 되었다. 그리고 이모부가 운영하는 할인마트에서 일을 하며 유통업을 배우기 시작했다. 그 무렵 송씨라는 여성을 만나 사귀었는데, 몇 년 후 그녀의 사기에 속아 3억 원의 빚을 지게 되었다. 큰 충격이었지만 이를 만회하기 위해 경험이 있는 유통업쪽으로 새로운 사업계획을 세우고 동업자와 함께 냉동 탑차를 구입하기로 했는데 결국 그에게 또 한 번 속아 투자금을 전부 날리게 된다. 어떻게든 사기꾼을 잡겠다는 생각으로 대구역, 부산역 앞에 진을 치고 기다렸으나 가능성은 점차 희박해져갔다. 마침내 가진 돈도 떨어지고 서울역에서 노숙을 하는 신세가 되었다.

C씨는 실질적 가장이 된 후 꾸준히 일을 했고 유통업 계통으로는 제법 경험도 쌓여서 사업에 대한 의욕이 높은 상태였다. 하지만 사업을 진행하는 과정에서 치밀하게 확인하고 판단하는 역량이 부족했던 탓에 쉽게 사기를 당했다. 만약 지인 중에 이런 위험을 간파하고 정확한 판단을 내려줄 누군가가 있었다면 그는 위기요인을 상쇄할 수 있었을 것이다. 실제로 C씨는 아버지를 미워하기는 했지만 만약 아버지가 살아 있었다면 자기가 곤경에 빠지지 않았을 것이고, 설사 사고가 벌어졌어도 아버지가 사람을 동원해서 해결해주었을 것이라고 믿고 있었다. 인적 네트워크가 취약한 사람들은 경험과 지식이 부족한 상태에서 홀로 그릇된 결정을 내리기 쉽다. 취약한 사회적 관계가 위기에 대한 대응능력을 떨어뜨리고 있는 것이다.

여성 노숙인들의 사연

거리에 있는 노숙인들 가운데 여성의 비율은 남성에 비해 현저히 낮다. 대략 10% 정도라고 한다. 이는 여성들이 처한 상황이 길거리로 나오지 않아도 될 만큼 남성에 비해 양호해서가 아니다. 거리가 여성이 잠을 청하기에 더없이 위험한 장소이기 때문이다. 여성이 짐 보따리를 들고 길거리를 배회한다는 것은 '나는 사고무친이며 혈혈단신'임을 공공연히 알리는 것과 다름없다. 이는 곧 '피해를 당해도 도와줄 사람 없음'이라는 의미이니 그럴 때 그 여성에게 쏠릴 온갖 위험한 시선과 폭력의 가능성을 상상해보라.

이를 잘 알고 있는 여성들은 어떻게든 길거리로 나오지 않기 위해 안간힘을 쓴다. 달리 말하면, 거리노숙인이 된 여성들은 최후의 보루마저 상실한, 가장 열악한 처지의 사람들이다. 여성이 노숙에 이르게 되는 배경에도 역시 앞서 남성 노숙인에게 있었던 촉발요인들이 모두 작용하고 있다. 그리고 거기에 덧붙여, 여성이 대체로 가정문제에서 피해자이기 때문에 생겨나는 요인들이 동반된다. 여성이 거리로 나오기 직전의 상황에서는 남편에 의한 가정폭력, 가정불화, 그리고 정신장애와 사건사고가 빈번히 발견된다.

D씨는 결혼 직후부터 남편에게 구타를 당했다. 이를 견디기 어려워 자신이 다니던 대순진리교회를 찾아갔다. 그곳에서 주방 일을 하며 지내다가 교회의 사역자와 다투고 쫓겨났다. 그 후 잠깐 다방에서 일을 하다가 다시 집으로 돌아왔는데 또 다시 남편이 폭력을 행사하며 그녀를 내쫓았다. 일자리를 찾아 전전하다가 여의치 않아 서울에 사는 친언니를 찾아갔다. 언니에게 돈을 빌려준 적이 있어 그 돈을 돌려받기 위해서였다. 하지만 언니는 그녀의 먹살을 잡고 쫓아냈다. 결국 D씨는 노숙의 길로 들어섰다.

E씨는 경기도 동두천의 한 가난한 집에 태어나 8살 때 다른 집의

양녀로 들어갔다. 그 후로 가족과는 연락이 끊겼다. 그녀는 두 차례 결혼하고 이혼했으며 세번째 남편과 살다가 헤어진 뒤부터 정신질환이 생겼다. 혼자 살면서 성인용품 가게와 분식점을 운영했지만 건강이 나빠지면서 그만두었다. 우울증과 환청 증세가 점점 심해졌다. 누군가 자신을 해치려고 쫓아오는 환각에 시달렸고, 그 환각을 피해 도망다녀야 했다. 나중에는 자신이 살던 월세 지하방에 들어가기가 무서워졌다. 환청에 시달려 집 밖으로 나왔다가 그 길로 노숙을 시작했다.

경제적 빈곤 때문에 아이들을 데리고 노숙인 쉼터를 찾아온 여성도 있다. 남편이 막노동을 하면서 어렵게 살아왔는데 사글셋방의 방세가 밀려 쫓겨났다는 것이다. 남편은 일자리를 구하러 지방으로 떠나고 그녀는 딸 셋을 데리고 노숙인 쉼터를 찾아왔다. 아이들이 있는 탓에 차마 밖에서 잘 수는 없어 노숙인 보호시설을 찾아든 것이다. 불안한 고용과 그로 인한 빈곤이 그녀 가족을 살던 집 밖으로 내몰고 말았다.

수치심과 절망, 그리고 탈노숙의 가능성

거리생활을 처음 시작한 이들의 심경은 참으로 복잡하다. 그들의 내면에는 항상 수치심과 분노, 회한과 자책의 감정이 뒤섞여 있고, 이를 잊기 위한 수단으로 대개 술을 이용한다. 술을 많이 마시는 이유는 심리적 고통과 불안한 정서를 일시적으로나마 모면하기 위한 목적이 가장 크지만, 한편으로는 밥을 사 먹을 만큼의 돈이 없을 때 허기와 추위를 잊을 수 있는 손쉬운 방편이 되기 때문이기도 하다.

노숙인의 가장 두드러진 심리상태는 무엇보다 미래에 대한 희망이나 목표가 없다는 것이다. 거리로 나오는 순간 이전 세계와의 끈은 끊어졌고 예전에 자신을 지탱했던 가장, 부모, 혹은 자녀로서의 의무는 사라졌다. 의욕과 투지를 발휘할 이유와 까닭이 없다. 오직 혼자뿐인 몸뚱아리고 자신을 위해서도 특별히 세울 목표가 없다. 자기 스스로의 노력으로 자기 생활을 통제할 수 있다는 자신감은 자취를 감추었고 무기력하고 우울한 일상만 계속된다. 풍찬노숙은 그들의 몸과 마음을 서서히 망가뜨린다. 자신도 모르는 사이에 깊은 병들이 생기고 기력도 자꾸 약해져간다.

사실 이들이 새로운 희망과 목표를 갖는다는 건 말처럼 쉬운 일이 아니다. 이들을 거리로 내몰았던 수많은 요인들은, 그것이 실업과 빈곤 같은 사회구조적 요인이든 저학력이나 성장기의 트라우마 혹은 사업 실패나 가정 해체 같은 개인적 요인이든 간에, 시간이 흘러서 어느 하나도 원인이 사라지거나 상황이 개선된 것이 없다. 이들이 이전의 삶으로 돌아간다는 것은, 그 모든 불리한 조건과 노숙에 이르는 과정에서 추가된 경제적 실패의 잔재와 마음의 상처를 혼자 힘으로 말끔히 해결해야 한다는 뜻이다. 그러니 "노력해서 예전의 집으로 돌아가라"는 타인의 충고가 당사자들에게는 현재의 처지에서는 완전 불가능한, 너무나 아득하고 힘겨운 목표처럼 느껴질 수밖에 없다.

그래서 사람들은 한번 거리생활을 시작하면 그 상태를 벗어나기가 어렵다고 말한다. 처한 상황이 새로운 희망의 싹을 틔우기에는 너무 척박하기 때문이다. 하지만 그런 가운데서도 탈노숙에 성공하는 사람들이 이따금씩 나타난다. 제도적 지원과 후원 등이 어우러져 당사자의 마음속에 의욕의 불씨를 다시 지필 수 있었던 경우다.

이들에게는 "이전으로 돌아가라"는 막막한 충고보다 자신의 능력으로 유지할 수 있는 저렴한 주거와 일자리가 힘이 된다. 건설 현장에 일당 10만 원짜리 '노가다' 일감이 널렸는데 무슨 걱정이냐고 할지 모르지만, 노숙생활로 피폐해진 그들의 육체는 강도 높은 노동을 감당 못하는 경우가 태반이다. 정부기관의 주선으로 싼 월세방을 구하고 공공근로로 적은 소득이나마 올릴 수 있게 된 노숙인 중에는 거리생활을 청산한 이들이 제법 있다. 예전 집으로 돌아갈 만큼의 변화는 아닐지라도, 더 이상 길에서 자지 않고 전세방으로 옮겨갈 꿈을 꿀 만큼은 삶의 의욕을 되찾은 이들이다. 지금까지 부족하나마 정부 정책이 추진되어온 과정을 보면, 이들의 변화를 이끌어내는 지원제도의 효과는 분명히 있다. 그러나 노숙인 몫으로 주어지는 공공부문 일자리는 그 양이 적을뿐더러 근로의 기회는 매우 제한적이고 부정기적으로 주어진다.

노숙인을 보는 눈

노숙인의 생애사를 수집하기 위해 노숙인들과 일대일 인터뷰를 한 적이 있는 조사원들은 이구동성으로 이런 말을 한다. "저들의 이야기가 남의 이야기 같지 않더라"는 것이다. "나도 저들처럼 되지 말란 법이 없더라"며 숙연해하기도 한다.

사실 노숙인들이 겪어온 불행한 사연과 곡절은 아주 특별하고 기이한 것이 아니라 인간의 생애에서 얼마든지 '일어날 법한' 상황들이다. 그리고 매번의 위기와 위험 앞에서 당사자들이 엄청나게 큰 잘못을 저질렀느냐 하면 대개는 그렇지도 않다. 물론 생애의 어떤 대목에서는 만인이 손가락질해마지 않을, 어리석고 부끄러운 처신이 있기도 했다. 그래서 이성과 합리성을 중시하는 사람들은 "아무리 괴롭고 절망스러워도 술에 의지해 스스로를 포기하지는 말았어야 했다"거나 "자기 파괴적인 행동이 가져온 자업자득"이라고 꾸짖을 것이다. 일견 맞는 말이다. 노숙인들의 마음 한구석에 늘 회한과 자책의 그늘이 드리우고 있는 이유이기도 하다.

하지만 우리가 아직 노숙인으로 전락하지 않고, 그래서 '정상적인' 삶을 살고 있는 까닭이 순전히 그런 위기와 위험을 우리 자신의 의지와 이성으로 극복해왔기 때문일까? 혹 우리에게는 좀 더 넉넉한 자원과 기회가 있었기 때문은 아니었을까? 어쩌면 우리에게는 그들이 겪은 만큼의 혹독한 시련과 불행이 아직 도래하지 않아서는 아닐까?

노숙인들의 생애를 통시적으로 살펴보노라면, 그들의 불합리한 행동 한두 가지를 모든 불행의 근원으로 단정 짓고 그래서 그들을 일말의 동정도 보낼 가치가 없는 사람으로 낙인찍는 일이 아무래도 불공정해 보인다.

노숙인의 인생 이야기가 딴 나라 이야기처럼 들리지 않는다면, 우리는 그들을 덮친 불행으로부터 용케 비껴나 있는 우리의 요행을 마냥 기뻐만 하고 있을 수는 없다. 부분의 문제가 전체의 문제일 수 있음을 인식하는 사회는 그 문제에 대한 해법과 예방책을 정책과 제도로 마련한다. 노숙인 문제에서도 국가 차원의 고용과 복지 정책이 중요한 이유다.

9장

집 때문에 더욱

힘들어지는

가난

오늘날 우리나라는 OECD 국가들 중에서 빈부격차가 큰 편에 속한다. 개인 소득 최상위 10%의 소득분을 모두 합하면 우리나라 전체 소득의 절반을 차지할 정도다. 한때는 불평등을 별로 악화시키지 않으면서 경제성장을 이룩한 나라로 주목받던 우리였는데, 20세기 말의 외환위기를 기점으로 상황이 역전되었다.

어떤 사회의 경제적 불평등 정도를 나타내는 지표로 통상 지니계수를 사용한다. 0과 1 사이의 값으로 계산돼 나온 숫자가 0에 가까우면 그 사회는 평등한 편이고 1에 가까우면 불평등이 심하다는 뜻이다. 2020년, OECD 홈페이지에 실린 한국의 지니계수는 0.35로, 40개국 가운데 10번째로 소득불평등이 심한 나라로 기록돼 있다.

소득불평등이 심하다는 것은 소득이 많은 자와 적은 자 사이의 소득 격차가 크다는 의미다. 그런데 소득의 종류에도 근로소득·사업소득·재산소득 등 여러 가지가 있는데, 어떤 소득의 격차가 주된 원인으로 작용할까.

첫째는 근로소득의 영향이 크다. 노동을 제공하고 받는 임금에서 고임금 집단과 저임금 집단의 격차가 크게 벌어지면 전체 소득불평등의 골이 깊어진다. 이른바 근로소득의 양극화 현상이 소득불평등의 증대를 불러오는 것이다.

그 다음으로 재산소득의 격차도 소득불평등을 심화시킨다. 주택이나 토지, 건물 등의 부동산을 남에게 빌려주고 받는 임대 소득, 채권이나 주식을 보유함으로써 거둬들이는 이자소득이나 배당소득의 있고 없음도 계층간 소득 격차가 벌어지는 원인이 다.

근로소득과 가난의 관계에 관해서는 뒤에서 다루기로 하고, 여기서는 재산소득의 원천이 되는 자산, 그중에서도 주택과 토 지의 소유 현황에 대해 알아보기로 한다.

집과 토지의 부익부 빈익빈

2018년 통계에 따르면, 우리나라에서 자기 집을 가진 가구(주 택 소유 가구)는 전체 가구의 56.2%(=1123만4000가구)이고, 나머 지 43.8%(=874만5000가구)가 자기 집이 없는 무주택가구다. 집 을 가진 가구가 전체의 절반이 조금 넘는다는 얘기다.

주택을 소유한 1123만4000가구 가운데 주택을 2채 이상 소 유한 가구는 27.4%에 이른다. 16.5%였던 2005년 통계와 비교해 보면 거의 11%포인트가 증가했다. 다시 말해서, 13년 사이에 다 주택가구의 비율이 그만큼 높아졌다는 것이고, 주택 소유의 편 중 현상(자산 불평등)이 더 심해졌다는 뜻이다.

주택을 2채 이상 소유한 가구의 비율을 전국 시·군별로 비교 한 자료에서 서울시의 강남구와 서초구가 나란히 1, 2위를 차지한 걸 보면, 역시 잘사는 사람들일수록 집을 여러 채 소유하는 경향이 있음을 확인할 수 있다.

똑같이 집을 가진 주택 소유자라 해서 그들의 경제력 규모가 모두 엇비슷한 건 아니다. 소유한 주택의 가격에 따라서 경제적 지위는 천양지차로 갈릴 수 있다. 공시가격을 기준으로 보면 3억 원 이하의 집을 가진 가구가 전체 주택 소유자 가구의 74.8%다.

[도표 5]를 보면, 공시가격 12억 원이 넘는 집을 가진 가구는 전체 가옥주 가구의 1.9%(=21만8000가구)이고, 6000만 원이 안 되는 집을 가진 가구는 전체의 15.5%(=174만6000가구)이다. 가장 비율이 높은 30.7%(=344만7000가구)가 6000만~1억5000만 원 사이의 집을 가지고 있다.

그런데 가장 저렴한 주택을 가진 가구가 소유한 평균 주택 수는 미처 1채가 안 되는 반면, 가장 비싼 집을 가진 약 2%가 소유한 주택 수는 평균 4.27채다. 최상위 2개 그룹을 합하면 6억 원 이상의 집을 가진 8.2%의 가구가 평균 2~5채의 집을 가지고 있는 셈이다.

한국노동연구원의 2018년 보고서에 의하면, 오늘날 근로소득과 재산소득은 그 상관성이 높게 나타나서 최고 수준의 근로소득을 올리는 사람들일수록 재산소득 역시 높은 경향이 있다고 한다. 그러니 '자기 집이 없는 저임금 노동자'와 '집을 두세 채씩 가진 고액 연봉의 화이트칼라'라는 대비는 가상의 그림이 아니

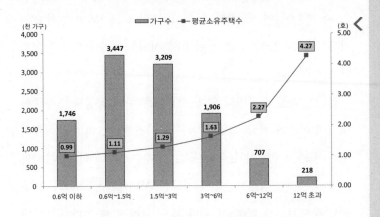

[도표 5] 소유주택의 자산 가액별 가구 현황.(출처: 통계청 보도자료 「행정자료를 활용한 "2018년 주택소유통계" 결과」, 2019년 11월 18일)

라 현실 속에 흔히 존재하는 우리 사회의 한 단면이다.

한편에선 적자 살림에 1년이 멀다 하고 오르는 집값을 감당할 수 없어 이 동네 저 동네를 메뚜기처럼 옮겨 다녀야 하고, 다른 한편에선 가만히 앉아 있어도 수억 원씩 쌓여가는 아파트 매매차익의 향연을 즐기고 있다. 이렇듯 주택의 불평등한 소유 구조는 계층간의 경제적 불평등을 더욱 부추기는 요인이다

이런 상황에서는 필요 가구에 비해 주택이 얼마나 공급되고 있는지 나타내는 주택보급률은 아무 의미가 없다. 통상 전국의 주택수를 전체 가구수로 나누어 산출하는 주택보급률은 진작에 100%를 넘어섰지만, 전세보증금과 월 임대료가 정신없이 오르는 현실에서 무주택자의 고통은 줄어들지 않는다.

경제정의실천시민연합(경실련)의 분석에 의하면, 2008년부터 2018년까지 10년 사이에 새로 공급된 주택의 수량은 490만 호인데, 이 중 51%인 250만 호는 이미 주택을 여러 채 가지고 있

는 다주택자들이 사들였다고 한다. 그리고 그 250만 호의 80%가 넘는 207만9000호는 상위 10% 사람들의 수중으로 들어갔다는 분석이다.

집값이 폭등할 때마다 역대 정권들은 주택 공급량이 부족한 게 원인이라며 공급 확대에 열을 올리곤 했다. 하지만 아무리 새로 짓는 주택수가 늘어나도 그 대다수가 기존의 집 부자들 몫이 되는 한, 임대시장을 전전하는 서민에게는 의미가 없다. 설사 주택보급률 200%가 된다 해도 달라질 게 없다. 아니, 달라질 게 없는 게 아니라, 투기 열풍 때문에 집값이 더 올라 상황이 더 악화된다는 편이 옳겠다. 정부의 공급확대 정책이 한 번도 성공을 거두지 못한 이유다.

그렇다면 토지의 소유 현황은 어떤가. 2018년 국토교통부 통계에 의하면 우리나라 전체 인구 중 토지를 소유한 개인은 33.4%다. 이 가운데 토지를 가장 많이 가지고 있는 사람 순서대로 비율을 나누어보면 상위 0.1%의 개인들이 전체 면적의 19.1%를 소유하고 있다. 범위를 좀 더 늘려보면 상위 1%가 전체 면적의 53.6%를 갖고 있으며, 상위 10%의 점유율은 96.5%, 그리고 상위 19%의 점유율은 99.4%다. 그러니까 땅을 가진 개인들 가운데 최고 땅 부자 20%가 우리나라 전체 민간 토지를 독차지하고 있는 것이다.

[도표 6]은 이 사실을 그래프로 표시한 것이다. 땅 부자 0.1%부터 19%까지가 각각 차지하고 있는 면적의 비율을 나타내고

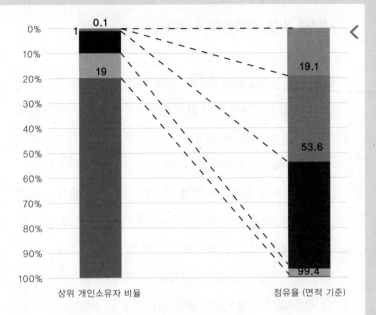

[도표 6] 상위 개인 소유자의 토지점유율. 그래프에서 상위 1%는 가는 선으로만 보이고, 0.1%는 눈에 보이지도 않지만, 이들이 전체 토지의 약 72%를 소유하고 있다.

있다. 상위 0.1%와 1%는 하도 작은 수치여서 그림상으로는 잘 보이지도 않지만, 그들이 차지하는 토지가 절반을 넘어선다.

토지 소유의 편중 정도를 나타내는 개인 토지의 지니계수를 산출해보면 2018년 현재 0.809라는 계산이 나온다. 0보다 1에 훨씬 가까운 수치이니 우리나라 토지 소유의 불평등 격차가 매우 크다는 것을 알 수 있다.

토지자산의 불평등이 심하다는 것은 토지로부터 발생하는 임대소득이 불평등을 더 심화시킬 뿐 아니라, 무주택 서민을 괴롭히는 집값 상승과 투기 바람이 더 쉽게 일어날 수 있음을 의미한다. 그리고 이러한 토지 소유 편중 현상은 갈수록 더욱 심해지고 있다.

서민을 위한 주택정책이 없다

한국의 서민에게 주거공간은 가장 많은 비용과 노고가 들어가는 생활재이다. 자기 집이 없는 서민에게 주택은 소득의 가장 많은 부분을 축내고 늘 걱정과 근심 속에 전전긍긍하게 하는, 그러면서도 해결의 기미가 잘 보이지 않는 무거운 짐이다.

앞에서 주택과 토지의 독과점 문제를 지적하긴 했지만, 원칙적으로 주거 문제를 해결하는 데 반드시 자기 소유의 집이 있어야 하는 것은 아니다. 외국의 경우에서 보듯이, 국가나 사회단체가 제공하는 저렴하고 안정적인 임대주택이 충분하다면 굳이 내 집을 갖기 위해 안달복달할 이유가 없을 것이다.

그런데 한국에서는 이제껏 가난한 서민을 위한 주택정책이란 게 참으로 미미했다. 경제개발에 본격 착수했다는 1960년대부터 오늘날까지 정부 주택정책의 대상은 주택을 구매할 능력을 가진 중산층이었고, 따라서 주택이란 개인에게 판매되어 소유권이 귀속되는 '분양주택'을 의미했다. 정부 주택정책의 기조는 주로 민간 건설업체로 하여금 분양 아파트를 되도록 많이 공급하도록 하는 것이었다. 자연히 새로 아파트를 지을 땅이 많이 필요했고 그때마다 가난한 사람들이 집단을 이루어 사는 이른바 무허가 판자촌이 첫번째 철거 대상이었다. 서울시의 공간 변천사는 한국의 국가권력과 부동산 자본, 도시주민들의 이해관계가 어떻게 얽히며 현재와 같은 주택 문제를 낳게 되었는지를 잘 보여준다.

우리나라가 공공임대주택을 짓기 시작한 것은 1988년부터다. 국가나 지방자치단체의 재정 지원을 받아서 공기업(LH공사 등)이 저소득층에게 공급하는 영구임대주택과 국민임대주택, 사회 초년생과 신혼부부 등 젊은층에게 공급하는 행복주택, 전세계약 방식으로 공급하는 장기전세주택, 기존 주택을 매입하거나 임차해서 저소득층 등에게 임대해주는 매입(전세)임대주택 등을 통틀어 오늘날 '공공임대주택'이라 하는데, 영구임대주택 제도가 처음 도입된 것이 88서울올림픽 즈음해서였다.

이처럼 시장메커니즘이 아닌 특정한 기준에 따라서 시장가격보다 저렴한 수준으로 공급하는 주택을 유럽에서는 통상 사회주택social housing이라 한다. 그러니 우리나라의 공공임대주택도 일종의 사회주택인 셈이다.

만약 전체 주택 가운데 사회주택의 비중이 높다면 그 나라는 집 걱정을 덜 해도 되는 사회일 것이다. 우리나라도 예전보다는 사회주택이 늘었다고 하지만 OECD 국가들과 비교해보면 아직도 한참 낮은 수준이다. 2016년 기준으로 세계에서 사회주택의 비율이 가장 높은 네덜란드가 34.1%, 그 다음으로 오스트리아·덴마크·프랑스·영국 등이 모두 17%~27% 사이에 있는 반면, 한국은 6.4%로 OECD 평균 8.7%에도 못 미치고 있다.

그러니 공공임대주택에 들어가고 싶어 하는 무주택 서민들의 수요는 많은데 공급이 이를 못 따라가고 있는 것이다. 가난한

9장 집 때문에 더욱
힘들어지는 가난

서민들의 집 문제가 해결되려면 무엇보다 그들이 들어가 살 수 있는 사회주택의 공급량이 대폭 늘어야 한다. 그래서 유럽 선진 국들처럼 사회주택이 비단 빈곤한 사회취약계층만을 위한 것이 아니라 누구나 신청하고 입주를 기대할 수 있는 수준으로 보편화되어야 한다.

주택난의 역사

우리나라 전체 가구수보다 더 많은 집이 있는데도 서민들은 집 구하기가 힘들다며 밤잠을 못 이룬다. 이 같은 주택난의 연원은 1960년대의 서울로 거슬러 올라간다.

박정희 정권의 경제개발계획은 수출 위주의 산업화를 국가가 주도하는 정책이었다. 성장을 최우선시하면서 그 성장의 부담을 노동자와 농민에게 전가하는 구조였고 이는 저임금·저곡가 유지 정책으로 나타났다. 농산물 가격을 낮게 유지하는 정책은 농촌 경제를 병들게 했고, 살기가 힘들어진 농촌 사람들은 보따리를 싸서 대도시로 몰려들었다. 1960년대를 거치면서 매년 35~40만 명의 농촌 인구가 고향을 등지고 도시로 향했는데, 특히 서울은 가히 폭발적이라고 할 정도로 인구가 급증했다. 서울의 인구는 1960년대 전반기에는 연평균 6.5%, 후반기에 들어서는 매년 9.4%라는 기록적인 증가율을 보였다.

순식간에 대도시는 과밀화되었고 인구의 과잉상태를 맞이했다. 당시 서울에 이들 이농민을 위한 일자리나 주택 같은 기반 시설이 있을 리 없었으니, 이주민의 상당수는 날품팔이로 생계를 이어가는 빈민이 될 수밖에 없었다. 자기 집이 없었던 이주민은 자연스레 도심 주변의 구릉지와 고지대, 또는 하천변에 판잣집을 짓고 살았다. 시 당국은 이런 집들을 무허가 불량주택이라 부르며 간헐적으로 단속과 철거를 실시했지만, 아무도 대책을 마련해주지 않고 달리 갈 데도 없었던 이들로서는 노는 땅을 점유해서 사는 것 외에는 다른 도리가 없었다. 그리하여 1970년대에 이르면 서울시 전체 주택 가운데 허가 없이 지어진 판잣집 비율이 20%를 넘어설 정도가 되었다.

서울시는 가난한 사람들이 점유해서 살고 있는 국·공유지를 환수하기 위해 도심에서부터 각종 개발사업을 벌이기 시작한다. 처음에는 도로 등의 기반시설과 상업시설 등을 지을 목적으로, 그리고 이후에는 중간계층을 위한 분양 아파트의 택지 확보를 위해서 도시개발사업이 활발히 전개되었다. 전자의 대표적인 예가 청계천변 일대의 판자촌을 철거한 사건이다. 지금은 청계천의 물줄기가 복원됐지만, 2003년 이전만 해도 하천에 너비 80미터의 콘크리트 구조물을 덮어서 그 위로 고가도로가 지나가고 있었다. 그 복개공사가 1975년의 일인데, 공사를 위해 양편에 밀집해 있던 판잣집들을 일제히 철거했다. 그곳에 살던 가난한 사람들은 아직 철거의 위협이 닥치지 않은 이곳저곳의 산동네로 흩어졌다.

정부는 주택난 해소를 위해 빈민들이 점유한 국공유지를 재개발하는 방식으로 아파트 건설을 계속 확대해나갔다. 재개발 사업은 30여 년에 걸쳐 서울의 중심부에서부터 동심원을 그리듯 외곽으로 퍼져 나갔고, 재개발사업이 새로 시작될 때마다 그곳에 살던 사람들은 대부분 지역을 떠나야 했다. 간혹 새로 지어지는 아파트를 구입할 수 있는 자격(입주권)을 철거민에게 주기도 했지만, 새 집의 주인이 되기 위해 부담해야 하는 돈(분양가)이 너무 커서 철거민들에게는 그저 '그림의 떡'이었다.

자연히 정부는 직업이 안정되고 그래서 정규소득이 보장된 무주택 중간계층을 주택공급의 목표로 삼았다. 주택을 짓는 데 들어간 비용을 안정적으로 회수하기 위해서는 설사 목돈이 없더라도 꼬박꼬박 융자금을 갚을 수 있는 중간계층이야말로 구매자로 적격이었다. 보상 명목으로 입주권을 받아든 철거민들은 어차피 그림의 떡에 불과한 그 '딱지'를 싼값에 팔아넘겼고, 이 입주권은 돈 가진 사람들의 손에 손을 거치면서 엄청난 전매 차익*을 낳았다.

이러한 주택 투기의 조짐은 이미 1970년대부터 나타났는데, 1979년 서울 시영아파트의 경우, 17평 이상인 중형아파트의 전매 차익이 500만 원 수준이었다고 한다. 소비자물가지수를 적용해서 현재 가치로 환산해보면 3500만 원쯤 되는 돈이다. 이미 이때부터 집과 땅에 투자하면 실패하는 법이 없다는 부동산 불패 신화가 싹트고 있었던 셈이다.

전매 차익
단기적 이익을 바라고 구입했다가 되파는 것을 전매(轉賣)라고 한다. 우리나라에서는 특히 아파트를 분양받을 수 있는 권리, 즉 분양권을 전매하는 경우가 많았다. 주택을 분양받은 사람이 실제로 분양가를 내서 입주하지 않고 그 권리를 일정 돈을 받고 다른 사람에게 넘겨주는 것이다. 그 돈을 전매 차익 또는 프리미엄이라고 부르며 지역에 따라서 몇천만 원까지 올라가기도 한다.

더구나 1980년대에 들어서면 정부는 무허가 정착지에 새 아파트를 짓는 일련의 과정에서 한발을 빼고 민간 건설자본을 끌어들인다. 이제 재개발사업의 주역은 해당 지역의 지주地主들로 구성된 재개발조합과 그들이 선정한 건설회사가 되었다. 이들의 관심은 오직 얼마나 많은 개발이익을 거둘 수 있느냐에 모아졌고, 자기 부담금을 낼 수 없는 가난한 집주인이나 세입자의 문제는 안중에 없었다. 이런 과정에서 정부의 국공유지는 재개발조합에 매각되어 아파트를 분양받은 새 주인의 사유지로 바뀌었다.

1960년대 중반부터 현재까지 우리나라의 부동산 가격은 간

혈적으로 미친 듯이 급등하곤 했다. 다음의 [표 2]는 1950년대부터 2000년대 중반까지 각 정권별로 우리나라 전국의 토지가土地價 총액이 얼마만큼 상승했고, 그렇게 땅값 상승으로 생긴 불로소득이 국민총생산GDP의 몇 퍼센트에 해당하는지 등을 보여주고 있다.

박정희 정권 기간의 연평균 지가상승률은 무려 36%를 넘었으니 부동산 투기라는 망국병이 이때부터 발병했음을 알 수 있다. 땅값이 1년마다 36%씩 뛴다고 상상해보라!

경실련은 정권 말기의 지가총액에서 초기의 지가총액을 뺀 지가상승분을 따져, 노무현·김대중 정부가 땅값을 가장 많이 상승시켰다고 발표한 바 있다. 하지만 위 표를 작성한 이정우 교수(참여정부 초대 정책실장)는 항상 땅값은 올라가기 마련이므

표 2 | 정권별 전국 지가총액과 상승률　　　　　　　　(단위: 조 원, %, 배)

정권	정권 초기 지가총액	정권 말기 지가총액	지가 상승 불로소득	불로소득/ 생산소득	지가총액/ GDP	연평균 지가 상승률	지가 상승 책임	경제 성장률
이승만 (1953~1960)	0.176	0.690	0.514	43	3.1	21.6	13	4.7
박정희 (1962~1979)	1.7	325	323	243	12.0	36.2	50	9.1
전두환 (1980~1987)	325	667	342	61	6.5	10.8	7	8.7
노태우 (1987~1992)	667	1,795	1,128	111	7.9	21.9	9	8.3
김영삼 (1992~1997)	1,795	2,186	391	19	5.8	1.8	2	7.1
김대중 (1997~2002)	2,186	3,400	1,214	38	5.5	9.2	4	5.2
노무현 (2002~2007)	3,400	6,523	3,123	68	6.9	13.9	6	4.5

출처: 이정우(2018), 「토지문제, 한국 경제의 고질병」(김윤상 외(2018), 「헨리 조지와 지대개혁」, 경북대학교 출판부, 128쪽)

로 상승분 총액이 아니라 상승률 혹은 국민소득 대비 크기로 따져야 한다며, 지가 폭등 책임의 상당 부분이 과거의 군사독재 정권에 있다고 주장한다.

그러나 시기별로 정도의 차이가 있을 뿐, 우리나라 땅값은 서민들이 정신을 차릴 수 없을 정도로 빠르게 상승해왔다. 1990년대 이전의 보수정권이 경제성장을 위해 부동산 경기부양이라는 정책 수단을 남용해서 부동산 투기를 부추겼다면, 이후의 진보 정권들은 이 같은 투기 악습을 근절하지 못하고 땅값·집값을 안정시키는 데 실패한 잘못이 있다. 그러니 진보와 보수를 막론하고 역대 정권들은 집과 땅이 축재 수단이 아니라 최소한의 삶의 터전이 되는 '정상적'인 사회를 만들지 못한 책임을 면할 길이 없다.

오늘날 우리나라의 땅값은 평당 가격으로 따져 몇몇 도시국가를 제외하고는 세계에서 가장 비싸다. 그래서 "한국 땅을 모두 팔면 캐나다를 두 번 살 수 있다"는 말까지 나올 정도다. 지가총액을 전체 국민소득으로 나눈 비율에서도 세계 제일이지 싶다. 이처럼 최고로 높은 땅값이 땅을 한 평도 못 가진 대다수 서민들과 한국 경제에 좋을 리 만무하다. 좋기는커녕 나쁘게 작용하는 악영향투성이다.

먼저 노상 우리가 몸으로 체험하고 있듯이 안정적인 주거를 마련하는 일이 힘들어진다. 토지가 비싸니 주택 가격이 비쌀 수밖에 없고 그나마도 공급이 원활하지 못하다. 아파트 건설원가의 80% 이상이 땅값으로 들어가니 토지가의 급등은 아파트 가격의 급등으로 이어진다.

가만히 앉아서 올라간 땅값으로 불로소득을 챙기는 사람들이 생기는 것은 물론이다. 토지 소유의 편중 때문에 발생한 재산소득의 쏠림 현상은 기왕의 빈부격차를 더욱 크게 벌려놓는다. 개인뿐 아니라 재벌 및 대기업 법인들도 본래 사업에 투자하는 대신 땅을 사들여 부동산 차익을 노리는 데 열심이다. 고용을 창출하고 재화나 서비스를 공급하는 데 힘써야 할 민간기업들이 부동산 시세차익을 얻는 데 골몰하면 그 나라 경제의 체질이 허약해질 것은 뻔하다.

그밖에도 공장부지 가격이 높으면 우리나라 제조업자들이 만드는 상품의 국제경쟁력이 약화되고 국내 공장의 해외 이전이 더욱 촉진된다. 또한 정부가 민간 토지를 사들여 도로를 증설하는 일도 힘들어지므로 교통혼잡이 심해져서 연간 수십조 원에 이르는 교통혼잡비용이 발생한다.

이렇듯 땅값의 고공행진은 개인 차원의 가계家計에서부터 거시적 차원의 국가경제에 이르기까지 굉장히 큰 손실과 피해를 입히고 있다.

주거의 관점에서 가난하다는 의미

빈곤을 바라보고 정의하는 관점과 차원은 여럿일 수 있다.

영화 〈기생충〉은 극과 극의 주거환경에서 사는 두 가족을 통해서 우리 사회 빈부격차의 모습을 극명하게 보여주었다.

그렇다면 삶의 기본조건 가운데 하나인 주거의 관점에서 빈곤은 어떻게 정의될 수 있을까? 가난의 보편적 함의는 삶의 어떤 적정 수준에 미달해 있는 상태라고 할 수 있다. 따라서 주거의 관점에서 빈곤층은 삶의 보금자리로서 적절하지 못한 주거공간에 살고 있거나 그나마 그런 공간조차 없는 사람들이라고 할 것이다.

굳이 영화 〈기생충〉의 한 장면을 떠올리지 않더라도, 지하셋방의 실태를 조사해보면 실로 충격적인 주거공간들을 마주친다. 낡은 연립주택 지하층에 각기 3~4평 규모로 분할된 쪽방들은, 원래 창고 용도로 설계되었는데 집주인들이 가외 수입을 올릴 요량으로 개조해서 세를 준 것이다. 얇은 베니어판으로 칸을 막고 그 위에 벽지를 붙인 쪽방은 낮에도 형광등을 켜지 않으면 칠흑같이 어둡고, 통풍이 안 되는 탓에 벽에는 곰팡이가 피고 방 안은 화장실 냄새로 퀴퀴하다. 한쪽에는 좁다란 싱크대가 놓여 있고 그 위에 휴대용 가스레인지와 그릇들이 널려 있다. 싱크대 옆의 알미늄새시 문을 열면 '용케도 변기를 앉혔다' 싶은 0.5평짜리 화장실이 나온다. 여름 장마철에는 빗물이 지하실로 쏟아져 들어와 피난을 가기 일쑤다. 겨울에는 전기세를 아끼기 위해 전기장판을 끄고 동네 노인정에라도 가는 편이 차라리 나을 지경이다.

사실 주거시설이라고 보기 어려운 이런 단칸방도 1평짜리 쪽방에 비하면 양반이다. 서울을 비롯해 대전, 대구 등 대도시에는 사람 한 명이 겨우 누울 크기의 쪽방이 밀집해 있는 지역들이 있다. 이들 쪽방은 두 사람이 자려면 모로 누워 칼잠을 자야 할 만큼 비좁다. 욕실과 화장실은 건물 전체에 하나씩 있어서 공동으로 사용한다. 장기 투숙을 하는 사람들은 휴대용 가스버너나 전기밥솥을 갖추고 있다. 방세는 일세와 월세로 나뉘는데 월세라 하더라도 보증금은 따로 없다. 서울의 경우 하루 8000~9000원, 여인숙 간판이 붙은 곳은 1만 원도 받는다. 월세로는 23만~26만 원 선이다. 이 액수는 묘하게도 정부가 취약계층 수급자에게 주는 1인당 월 주거급여 수준에 맞춰져 있다. 한 가지 씁쓸한 사실은 이들 쪽방 건물의 실소유주들 대부분이 서울 강남 등지에 사는 부유층이라는 것이다. 쪽방 건물을 부모에게 상속받았거나 임대료 수입을 위해 투자한 사람들이다. 쪽방 지역 주변에는 여관이나 여인숙이 많은데 이런 숙박시설들도 쪽방과 비슷한 기능을 하며 비슷한 방식으로 운영된다.

쪽방이나 여인숙 등에 기거하는 사람들은 거리노숙인보다 약간 나은 사람들이다. 그러나 달리 말하면, 형편이 갑자기 나빠져서 월세를 낼 수 없게 된다면 언제든 거리로 밀려날 수밖에 없는 사람들이기도 하다. 이들의 직업은 대부분 불안정하며, 따라서 실업 상태일 때도 많다. 건설일용직·행상·식당일·취로사업 등이 그들의 주된 일거리다.

주거 빈곤의 유형

유럽홈리스단체연합FEANTSA이라는 한 비정부기구는 홈리스의 범주를 ①거리노숙인 ②복지시설 생활자 ③불안정한 주거에서의 생활자, ④부적합한 주거에서의 생활자로 구분한다. 여기서 불안정한 주거란 퇴거명령이 내려지거나 압류된 주택 혹은 언제 강제철거가 닥칠지 모르는 집에서 사는 경우나, 폭력의 위협을 안고 사는 경우 등과 같이 안정성이 전혀 보장되지 않은 상태에서 사는 것을 말한다. 또한 부적합한 주거란 이동주택이나 가건물, 판잣집처럼 비정상적인 주택에 살거나 주거로서의 적절성이 현저히 떨어지는 공간에 사는 경우 등을 말한다.

이런 기준은 한국에도 그대로 적용될 수 있다.

우선, 제8장에서 살펴본 거리노숙인과 복지시설에서 사는 사람들은 자기 주거공간이 없는 사람들이다. 노숙인쉼터나 장애인시설, 여성보호시설 등은 대개 체류할 수 있는 기간이 정해져 있어 영구적인 거주가 불가능하다. 시설에 머무는 동안 퇴소 후의 자립 기반을 마련하지 못하면 다른 시설로 이동하거나 노숙 상태로 전락할 가능성이 높다.

다음으로, 주택이 아닌 곳에서 사는 사람들이 있다. 워낙 주택의 임대료가 높으니 상대적으로 저렴한 공간을 찾아 둥지를 트는 사람들이 늘어난다. 앞에서 언급한 쪽방이나 여인숙·여관 등이 대표적인 예다. 원래 고시 수험생을 위한 공간으로 출발한 고시원도 요즈음에는 도시 빈곤층의 주거지로 변모했다. 수험생과 독신의 젊은 직장인들 외에, 전세금이 없는 가난한 노동자들이 일명 '고시텔'의 주 고객층이다.

주택이 아닌 것을 주거용으로 사용하고 있는 또 다른 예로는 비닐하우스와 컨테이너하우스가 있다. 본래 채소나 꽃의 재배를 위해 농업용으로 지어진 온실의 내부를 개조해서 살림집으로 사용하는 경우들이 생겨났다. 나중에는 외관만 농업용 온실처럼 꾸미고 처음부터 주거용으로 짓는 가짜 비닐하우스들도 많아졌다. 서울만 하더라도 부유층이 산다는 강남구·서초구·송파구 등지에는 미처 개발되지 않은 땅에 비닐하우스를 짓고 사는 대규모 판자촌이 있었다. 일례로 서울 강남구 개포동의 '구룡마을'은 1988년 서울올림픽을 앞두고 도시미관 개선 사업으로 쫓겨난 철거민들이 모여들어 형성된 무허가 판자촌이었다. 최고급 아파트의 대명사 '타워팰리스'가 건너다보이는 이 마을에서는 많은 집들이 겨울에 연탄을 땠다. 2013년부터 재개발 이야기가 나올 때마다 이곳 주민들은 또 어디로 쫓겨가는 게 아닌가 싶어 술렁거렸다. 몇 해를 끌던 개발사업은 2020년 실시계획 인가가 났지만, 임대주택 비율을 놓고 한동안 심한 갈등을 겪었다.

고시원이나 비닐하우스처럼 주택이 아닌 거처—일명 '주택 이외의 기타 거처'(오피스텔 제외)—는 공간이 협소할 뿐 아니라 부엌·화장실·욕실 등 기본시설이 열악하고, 노후한 건물들이 밀집돼 있어서 화재 위험이 높은 등 안전에 극히 취약하다. 고시원 화재사고로 인명 피해가 났다는 뉴스를 우리는 걸핏하면 접하게 된다.

그런데도 주택 아닌 곳에 사는 사람들의 수가 자꾸 늘고 있다. 특히 고시원·고시텔의 급격한 증가가 눈에 띈다. 고시원·비닐하우스·컨테이너 등 주택 이외의 거처에 사는 가구 규모는 1995년에 4만2000가구에서, 2010년 12만8000, 2015년에는 39만1000가구로 늘었다. 20년 사이에 9배 넘게 치솟은 것이다.(한국도시연구소, 「최저주거기준 미달 가구 및 주거빈곤 가구 실태 분석」, 2017)

거리노숙인의 주거상황을 최악이라고 보면 그 위로는 이처럼 불안정하고 부적합한 거처를 떠도는 주거빈곤층이 형성돼 있다. 주거빈곤층이란 주택 아닌 곳에 사는 사람들과 지하방이나 옥탑방에 사는 가구들, 그리고 최저주거기준에 미달하는 가구의 거주자들을 말한다. 그리고 다시 그 위로 올라가면 전세대란으로 애간장을 태우는 무주택 서민과 자기 집을 갖고도 생활에 허덕이는 '하우스푸어'들이 겹겹이 쌓여 있다. 사실, 오늘날 우리 사회에서는 빚 없이 자기 집을 한 채 이상 가진 사람 말고는 누구도 주택으로 인한 빈곤의 위험으로부터 자유롭지 못하다. 지금 대부분의 서민들은 이를 본능적으로 체감하고 있다.

10장

빈곤과
건강불평등

인생의 가장 소중한 자산이 뭐냐
고 물으면 열에 아홉은 건강을 꼽는다. 확실히 인간이 불행해지
는 이유들 가운데 하나는 이처럼 소중한 건강을 온전히 지키지
못하는 데 있다. 누가 됐든 생의 긴 여정 속에는 사람의 의지로
어쩌지 못하는 건강상의 위험들이 도사리고 있다. 그것은 태어
날 때부터 세상에 가지고 나온 신체의 이상일 수도 있고, 후천
적으로 얻은 질병이나 불의의 사고일 수도 있다.

삶에서 겪을 수 있는 이런 수많은 위험들을 개인의 운명에만
맡길 수 없기에 문명사회는 의료제도라는 것을 만들었다. 의료
계에 종사하는 보건의료인들은 질병이나 사고로 건강을 잃은
사람들을 본래의 상태로 되돌리려 하고, 더 나아가 되도록 건
강을 잃는 사람들이 생겨나지 않도록 예방에도 힘쓴다.

가난한 사람들의 수명이 짧다

우리가 빈곤과 건강의 상관성에 주목하게 되는 것은 '건강의
상실'이라는 사건이 단순히 개인의 불운이나 잘못으로만 일어
나지 않는다는 데 있다. 건강을 잃게 되는 확률은 사회계층에
따라 다르다. 이는 곧 어떤 집단의 사람들에게는 그들을 불건
강non-health—우리말로는 좀 어색한 표현이고 다소 복잡한 전문

용어이지만 여기서는 건강을 상실한 상태라는 단순한 의미로 사용하기로 한다—의 늪으로 잡아끄는 힘이 더 강하게 작용하고 있다는 뜻이다.

건강을 잃는 것은 차치하고 목숨을 잃을 가능성 역시 사회계층별로 다르게 나타난다. 통계청에서 발간한 『한국의 사회동향 2019』의 건강불평등 관련 내용을 보면, 1970년부터 2010년까지 40년간 성인 남녀의 교육수준별 사망률을 비교했을 때 무학 및 초등학교 학력자의 사망률이 대졸 이상 학력자의 사망률보다 월등히 높고, 근자에 올수록 두 계층간의 사망률 격차는 더 크게 벌어진 것으로 나타났다. 인구학적 요소의 시대적 변화를 감안한다 하더라도 사망률의 측면에서 건강불평등의 크기가 줄지 않았다는 것만은 분명해보인다.

기대수명이란 갓 출생한 아이가 생존할 것으로 기대되는 수명을 말하는데, 소득이 높은 사람들의 기대수명이 낮은 사람들에 비해 6~7세 더 높다는 연구 결과도 있다. 소득이 가장 높은 20%의 기대수명은 85.8세로, 하위 20%의 기대수명 79.3세보다 6.5세 가량 더 높을 뿐 아니라, 소득계층간의 이러한 격차는 과거보다 더 벌어지고 있다. 소득이 높은 사람들이 저소득층보다 평균적으로 6.5년 정도 더 오래 살더라는 것이다.

지역별로 비교해도 마찬가지다. 고소득층이 많은 지역의 기대수명이 상대적으로 높다. 서울 강남지역(서초구·강남구·송파구)과 경기 과천시, 성남시 분당구, 용인시 수지구 등 부촌으로 알려진 곳의 기대수명이 높은 반면, 강원도·경상도·전라도·충청도의 군 지역에서는 기대수명이 낮다.

의료서비스를 받고 싶을 때 받지 못하는 사람의 비율을 '미치료율'이라 할 때, 소득수준이 낮을수록 미치료율은 높고 건강검진을 받는 비율(건강검진 수진율)은 낮은 것으로 나타난다. 역시 병이 걸린 후 치료받을 수 있는 조건에도 소득이 강력한 영향을 미치고 있음을 알 수 있다. 이는 우리나라의 건강보험이 사회적 약자의 의료적 필요를 어느 정도 충족시키긴 하지만, 여전히 건강불평등을 줄이는 역할까지는 못하고 있다는 뜻이다.

계층별 사망률의 차이는 자녀세대에도 그대로 이어져 나타난다. 아버지의 학력이 중졸 이하인 어린이는 대졸 이상의 아버지를 둔 어린이보다 사망위험이 2.59배 높다. 원인의 절반은 교통사고를 포함한 사고 때문이고 나머지는 신경계 질환, 선천성 기형 혹은 염색체 이상 등이 원인이다.(김기태, 『대한민국 건강불평등 보고서』)

더 잘 다치고 자주 아픈 사람들

소득과 학력 수준이 높은 계층일수록 건강하게 오래 사는 반면, 저소득·저학력 계층일수록 사망률과 유병률이 높고 기대수명이 짧다는 사실은 국내외를 막론하고 무수한 증거들로 입증돼 있다. 그렇다면 이 같은 건강불평등이 나타나는 이유는 무엇일까? 질병이 발생하기 이전과 이후 단계로 나누어 생각해보자.

질병 발생 이전 단계에서 각 사람들이 처한 생활환경과 노동조건은 사회경제적 지위에 따라 크게 차이가 난다. 사회경제적 지위가 낮은 사람들일수록 위험하고 스트레스가 심한 작업환경에서 일한다.

"공장 신축공사 중 철골 구조물 붕괴로 5명 사망" "지하 탱크 청소하다 작업자 2명 질식사" "○○화력발전소 컨베이어벨트에 끼여 비정규직 청년 사망"… 우리가 한 달이 멀다 하고 접하는 사고 소식들이다. 우리나라에서 2019년, 단 한 해 동안 산업재해 사고로 죽은 사망자 수는 855명이다. 2009년부터 2018년까지 10년 동안의 산업재해 사망자는 4811명, 다친 사람은 23만 4037명이다. 이들이 대체로 어떤 계층에 속하는지는 굳이 따질 필요가 없으리라.

비정규직 노동자들이 더 많이 아프지만 덜 쉰다는 조사 결과도 있다. 원청 정규직 노동자와 하청 비정규직 노동자의 근무조건을 비교한 연구에서, "언제 해고될지 모르고 또 계약을 갱신해야 하는, 또 쉬는 만큼 그대로 월급이 깎이는 비정규직 노동자들은 연차나 병가를 쓰지 못한 채 몸이 아파도 참고 일하고 있었다. 회사에 밉보이면 언제 해고될지 모르니 그들은 더 많이 아파도 덜 쉬고, 그래서 더 많이 참고 일한다."(김승섭, 『아픔이 길이 되려면』, 123쪽)

아픈 걸 참고 버티던 사람들이 결국 육체적·정신적 스트레스로 인해 중병을 얻을 것은 불을 보듯 뻔하다. 택배 노동자들의 과로사가 끊이지 않는 것도 같은 이유다.

부모의 학력에 따라 아이들의 사망위험과 건강수준이 영향을 받는 것은 부모의 학력이 일차적으로 가정환경을 결정하기 때문이다. 아버지가 저학력일 때 자녀들의 교통사고 사망률이 높다는 앞서의 통계는 그들의 주거환경이 그만큼 안전하지 못하고, 또한 보호자의 보살핌을 받지 못한 채 방치되어 있음을 시사한다. 생계에 허덕이는 부모들은 집을 비우는 일이 잦고 아이들은 위험이 널려 있는 찻길을 빈번히 오간다. 또 교통사고가 일어나고서 얼마나 신속하고 충분한 의료조치를 취하는가의 차이도 있을 것이다.

암으로 사망하는 비율이 고소득층에 비해 가난한 이들에게서 높게 나타나는 이유는 무엇일까? 물론 치료비 부담 능력의 차이가 원인일 수 있지만, 우리는 지금 질병 발생 이전 단계에서의 이유를 찾고 있으므로 치료비 문제는 일단 나중에 생각하기로 하자.

아마도 암 사망률의 계층간 차이에 영향을 주는 요인 가운데 하나는 질환을 조기에 발견하고 대처하는 태도일 것이다. 중산층 사람들은 건강검진을 꾸준히 받으면서 암이 발생하더라도 초기에 수술 등으로 치료를 하는 반면에, 저소득층은 암을 뒤늦게 발견해서 치료시기를 놓치는 경우가 많을 것이다.

이처럼 건강을 관리하는 방식에서 차이가 생겨나는 데는 여러 가지 이유가 있을 수 있다. 정밀한 검진을 꾸준히 받으려면 어쨌든 돈이 들어갈 테니 일단 낮은 소득이 문제일 것이다. 하지만 국민건강보험의 무료검진 제도도 있으니 돈 문제가 다는 아니다. 오히려 어떤 일을 하면서 어떤 삶을 사는가가 자기 건강에 대한 관심의 차이를 낳는다. 새벽별을 보고 집을 나서 한밤중에 돌아가는 사람들에게, 아직 아픈 데도 없는데 병원에 가는 것은 호사스런 사치다. 밥 먹을 시간도 없어 끼니를 걸러가며 뛰는 택배노동자를 생각해보라. 검진을 받으러 갈 절대적 시간도 모자라거니와 건강을 챙길 마음의 여유가 우선 없다. 그들에게 병원은 미루고 미루다 몸에서 심각한 징후가 느껴질 때야 비로소 가는 곳이다. 이처럼 '저녁이 없는 삶'은 병을 키우고 악화시키는 '어리석음'을 강요한다.

교육의 정도도 건강에 대한 태도와 생활습관에 영향을 미친다. 교육수준이 높으면 건강관리의 중요성을 깨닫고 정확한 지식과 정보를 습득하는 경향이 높기 마련이다. 당뇨병이나 고혈압을 평소에 어떻게 관리하고 어떤 식습관과 운동을 취해야 하는지를 알고 모르는 것은 이후 병의 경과에 당연히 영향을 준다. 건강에 대한 인식수준이 높은 중산층이 현미밥과 슬로우푸드를 고수하는 동안, 똑같은 병을 앓고 있는 저소득층은 걸핏하면 라면으로 끼니를 때운다. 돈과 시간, 그리고 건강 인식의 차이가 이런 습관의 차이를 가져온다.

하지만 이런 습관과 태도의 문제를 순전히 개인 차원의, 즉 개인이 열심히 노력하면 해결되는 문제로 치부해서는 안 된다. 예컨대, 늘 위험한 물질에 노출된 작업장에서 일하는 노동자의 금연 성공률이 왜 안전한 작업환경의 노동자에 비해 낮은가에 관해서 다음과 같은 설명을 눈여겨볼 필요가 있다.

위험한 작업장의 노동자는 어차피 늘 유해인자에 노출돼 있다고 생각하기 때문에 굳이 금연의 필요성을 느끼지 않으며, 또한 '내가 노력하면 건강해질 수 있다'는 자신감도 결여돼 있다고 한다. 요컨대, 금연의 효과에 관해 '담배보다 더한 걸 매일 들이마시고 있는데 그깟 담배 끊는다고 몸이 좋아질까?'라며 의심한다는 것이다. 따라서 유해환경에서 일하는 노동자가 담배를 잘 끊지 못하는 데는 금연 의지를 좌절시키는 위험한 작업환경도 원인으로 작용하고 있는 것이다. 작업환경의 위험요인을 없애고 개선해야 할 과제를 도외시한 채, 개인의 의지박약만을 탓해서는 안 된다는 얘기다.

아파도 병원에 못 가는 사람들

지금까지가 질병 발생 이전 단계에서 건강불평등을 낳는 원인들이다. 어떤 사람의 직업과 노동조건 및 근로환경, 소득, 교육수준, 지역사회 환경 등이 얼마나 그가 쉽사리 건강을 상실할 수 있는가를 결정짓는다. 이러한 사회경제적 요인들과 건강불평등의 관계는 매우 복잡하게 얽혀 있다.

반면, 질병이 발생한 이후의 단계에서는 얼마나 적절한 의료 서비스를 신속하게 제공받을 수 있는가가 사안의 핵심이다. 달리 말하면, 환자가 적절한 의료서비스에 신속하게 접근해서 이용할 수 있느냐 하는 접근성의 문제인데 이를 방해하는 요인들이 있다. 의료서비스에 대한 지불능력, 즉, 진료비 부담능력이 없거나 근처에 마땅한 병원이 없거나 대기시간이 너무 길거나 혹은 환자 본인이 건강에 무관심하거나 하는 이유 등이다. 국민건강보험 제도가 있어서 경제적 부담 때문에 병원에 못 가는 경우가 크게 줄었다고는 하지만, 엄연히 환자 본인부담금이란 것이 존재하고 또 건강보험이 적용되지 않는 질병들도 있어서, 여전히 돈이 없어 필요한 진료를 못 받는 경우들이 생긴다. 한 연구에 의하면, 진료비 부담과 생계활동 등 경제적 이유로 자신과 가족이 아플 때 의료서비스를 제대로 받지 못한 사람들의 비율은 우리나라 인구의 절반이 넘는다.

이 정도면 가난한 사람들이 건강을 지키는 데 얼마나 불리한 처지에 있는지, 더 이상의 설명이 필요 없을 것이다. 그들은 건강을 상실하는 과정과 건강을 회복시키는 과정 모두에서 취약한 요인들을 지녔다. 그래서 쉽게 아프고 회복하기는 어렵다.

건강불평등의 문제를 해결하려면 두 과정에서 나타나는 취약요인들을 제거해야 할 것이다. 건강 상실 과정의 문제를 개선하는 것은 결국 그들의 소득·학력·직업·노동조건 등의 변화를 수반하는 일이므로 참으로 크고 복잡한 문제다. 다만 다시금 확인하게 되는 것은 사회경제적으로 더욱 평등해져야 건강의 불평등도 줄어들 것이라는 사실이다. 그러니 여기서는 건강을 회복시키는 과정, 즉 의료시스템에 집중해보기로 하자.

건강을 보장받는 일은 모든 이의 가장 기본적인 권리다. 건강을 상실했을 때 그것을 치료하는 데 필요한 적절한 의료서비스는 재산의 많고 적음, 지위의 높고 낮음에 관계없이 만인에게 골고루 주어져야 마땅하다. 굳이 사회정의를 들먹이지 않더라도 인간의 얼굴을 한 사회라면 상식과도 같은 사실이다. 그런데 이 같은 인간 사회의 상식이 현실에서는 번번이 배반을 겪는다. 결코 상품이 되어서는 안 되는 의료서비스를 돈과 단단히 엮으려는 자본주의의 관성 때문이다.

'돈이 안 되는 환자는 받지 마라', 이것이 우리나라 병원경영자들 상당수가 암묵적으로 적용하고 있는 불문율이다. 병원 입장에서 환자 본인부담금이 1000~2000원 정도에 나머지 비용을 정부가 내주는 의료급여 대상자는 달갑지 않은 손님이다. 비싼 비급여 진료를 적용하기 어렵고 최신 약을 쓸 수도 없어서 수익 창출에 도움이 되지 않기 때문이다. 대놓고 진료를 거부하면 의료법 위반이니까 '병실이 다 찼다'거나 '수술 장비가 없다'는 등의 이유를 둘러대서 돌려 보내기도 한다.

머리가 찢어져 상처를 봉합하러 동네 성형외과에 갔더니 저마다 다른 병원으로 가라는 통에 이곳저곳 병원 순례를 했다는 얘기가 들리는 것도 같은 이유다. 돈이 안 되는 '치료 성형' 대신 값비싼 '미용 성형'이 선호되기 때문이다.

그러니 민간 병원들이 중증외상 환자를 위한 외상센터처럼 수익성이 낮은 의료기관 운영에 열성을 다할 리 없다. 국고지원금을 주니까 시설을 만들기는 했어도 여유 병상은 가급적 단위 수익률이 높은 일반 환자들에게 내준다. '중증외상 환자는 살릴수록 손해를 보기' 때문이다.

여기서 결론은 명확해진다. 의료서비스를 전적으로 시장에 맡겨서는 안 된다는 것이다. 의료서비스를 영리화·상업화할수록 건강불평등은 더 심해지고 사람의 생명과 건강이 전적으로 가진 돈의 많고 적음에 좌우되는 디스토피아dystopia를 맞이하게 될 것이다.

문제는 의료의 공공성이다

그렇다고 정부가 전적으로 운영하는 공영公營의료제도에 단점이 없는 것은 아니다. 수익에 대한 개념 없이 오직 질병의 상태로만 판단하기 때문에 필요한 사람 순으로 진료를 하다보면 의사를 만나기까지 대기시간이 길다. 물론 응급환자의 경우는 순서를 앞당겨주지만 시간의 화급을 다투지 않는 만성질환자는 오래 기다려야 한다. 또 의사의 의료적 판단이 최우선이므로 의사가 불필요하다고 여기는 이상, 한국에서처럼 환자가 '내 돈

낼 테니 MRI 검사를 해달라'는 식의 요구가 통하지 않는다. 심지어 몇 인용 병실에 입원시킬지도 의사가 치료 환경의 필요성을 따져서 결정하기 때문에, 한국처럼 '가난하면 6인실, 부자는 특실' 하는 식의 공식이 들어맞지 않는다. "내가 돈을 더 낸다는데도 원하는 병실을 사용할 수 없다?" 부자들로서는 환장할 노릇이리라.

영국의 병원은 전국민을 대상으로 한 복지시스템의 차원에서 운영되기 때문에 의료서비스를 비즈니스로 인식하는 나라들에 비해, 고가의 첨단의료장비를 구입하는 신속성도 떨어진다. "강남의 ○○병원에도 있는 첨단의료기기가 런던의 제법 큰 □□병원에는 없더라"는 식의 비아냥이 간혹 들리는 이유다. 병원들간의 경쟁이 심한 상황에서 어떻게든 많은 이익을 내기 위해 비싼 의료장비들을 들여와 온갖 검사들을 실시해 본전을 뽑는 한국 병원의 상황과는 역시 판이하게 다르다. 하지만 영국의 한 공공병원에서 일하는 한국인 의사 W씨는 "신식 장비가 많다고 해서 반드시 의료수준이 높다고 말할 수는 없다"면서 "환자 진료는 영국처럼, 돈벌이는 한국처럼 하고 싶다"며 웃는다.(《오마이뉴스》, 2011년 9월 27일자, 「진료는 영국처럼, 돈벌이는 한국처럼?」)

한국의 살 만한 사람들에게는 확실히 영국이나 캐나다의 공영의료체계는 불편하고 나쁜 제도다. 우리나라 부유층에게는 국민 혈세를 낭비하지 않기 위해 불필요한 검사를 최소화하려는 저들의 국가보건서비스NHS 제도가 한없이 인색하고 불친절하게 비칠 터이다.

그런데 그들 나라에서도 보수 정권이 들어설 때마다 병원의 이윤 추구를 폭넓게 보장하는 개혁안을 발표하지만, 끝내 공영 의료체계의 골간을 허물지 못하는 것은 "보건의료제도의 공공성을 지키자Keep Our NHS Public"는 대중들의 강력한 여론 때문이다. 서민 대중들은 의료서비스를 시장에 맡겨 철저히 상품화되도록 방치했을 때 자신들에게 찾아올 재앙을 잘 알고 있다. 그래서 '치료비가 없어서 전전긍긍하다 죽어갈 것인가' 아니면 '불편하고 번거롭지만 건강의 확실한 안전망을 지킬 것인가'의 사이에서 주저 없는 선택을 하는 것이다. 건강할 권리는 부유층만이 아니라 만인에게, 그리고 평등하게 보장되어야 할 권리라고 믿기 때문이다.

그런데 2020년 초부터 전세계를 휩쓴 코로나19 대유행 사태를 두고 각국의 의료체계에 대한 평가가 엇갈렸다. 우리나라의 방역시스템이 칭찬을 받은 반면, 위에서 언급한 영국의 NHS와 이탈리아 등의 의료제도가 비판의 도마에 올랐다. 영국은 인구 대비 의사와 병상의 수가 다른 유럽 국가들보다 적어서 참사를 피할 수 없었다는 지적이 나왔다. 하지만 "영국 사태의 본질은 NHS 제도의 근본적 문제라기보다 이민자와 사회계층의 문제로 봐야 한다"는 의료전문 언론《메디게이트 뉴스》의 분석이 더 설득력이 있다.

이유는 두 가지다. 첫째는 "NHS 제도권 안에 있는 백인들은 코로나로 인해 큰 피해가 없었으나 사망자의 대부분이 치료를 제대로 받을 수 없는 이민자들"이었기 때문이고, 둘째는 우리나라 코로나19 방역체계의 성공 원인이 감염병에 대응할 수 있는 의사나 병상의 수가 충분해서는 결코 아니었기 때문이다. 우리나라의 성공 비결은 정부의 적극적인 개입과 메르스 경험에서 배운 신속하고 투명한 방역전략, 국민들의 자발적인 협조 등 여러 사회문화적 요인들의 합작이라고 봐야 옳다.

한편, 이탈리아에서는 공영의료제도에서 크게 벗어나 있는 지자체일수록 코로나19의 희생자가 많았다는 분석이 나왔다. 이탈리아 내 코로나 확산의 발단지가 된 롬바르디아주는 일찍이 '정부 개입의 최소화'를 외치면서 20여 년 전부터 시장논리를 끌어들여 의료민영화를 선도해온 곳이다. 당연히 팬데믹 사태 앞에서 일사불란하고 체계적인 대응을 기대할 수 없는 상황이었다.

인구 1000명 당 병상 수가 OECD 국가 중 1~2위를 다투는 우리나라는 공공의료기관의 병상 수(1.2개)에서는 OECD 평균(3.0개)의 절반에도 못 미친다. 전체 병상 가운데 공공의료기관의 병상이 차지하는 비율도 10.2%로 OECD 국가(평균 70.8%) 내에서 최하위권을 차지한다. 당연히 공공병원의 수, 공공병원의 의료진과 장비 역시 태부족이다. 민간의료 시장의 자원은 넘쳐나는데 공적 기능을 해야 할 공공의료 자원은 한참 모자라다는 얘기다.

공공의료체계가 취약하면 응급의료나 감염병 사태 등에 제대로 대응할 수 없다는 사실을 우리는 이미 경험으로 확인했다. 또한 가난한 환자들이 차별받지 않고 신속하게 건강을 되찾게 하는 방안 가운데 하나도 공공의료체계를 대폭 강화하는 것이다.

11장

빈곤의 연원,
불안정한 일자리

지구상의 자본주의가 가장 찬란하게 빛났던 시기는 제2차 세계대전이 끝난 1945년부터 석유파동이 찾아온 1973년까지의 약 30년간이었다. 프랑스의 인구학자 푸라스티에Jean Fourastié, 1907~1990가 이 시기를 '영광의 30년'이라 부른 것도 괜한 과장이 아니다. 경제성장과 생산성이 최고조에 달했고, 노동자의 소득과 소비 수준은 급성장했으며, 노동조합은 강력했다. 자연히 정부의 세입도 가파르게 늘어나 유럽은 이를 기반으로 관대한 사회보장체계를 갖춘 복지국가를 건설했다. 1960년대까지 강건했던 미국의 노동조합 진영도 기업복지에 매달리는 대신 유럽처럼 국가복지의 길로 나아갔더라면 오늘날 공적 의료보험조차 없어 피눈물 흘리는 일은 없었을 것이다. 당시 미국 노조는 자신들이 누리는 호황이 영원할 것으로 착각했다. 그렇게 착각할 만큼 풍족했던 시기였다. 아무튼 이때는 취업을 원하는 사람이면 누구나 일자리를 구할 수 있는 완전고용이 어렵지 않은 정책 목표였다.

그러나 상황은 서서히 역전되었다. 1970년대 중반부터 과히 영광스럽지 못한 또 한 차례의 30년을 거치고 그로부터 다시 20년이 더 지난 오늘날 자본주의는 전세계 노동자들을 도탄에 빠뜨리고 있다. 그동안 선진산업국들의 경제성장은 정체되고 실업률과 빈곤율은 지속적으로 증가했다. 중산층 붕괴의 징후가 곳곳에서 나타나고 소득과 고용의 양극화가 진행되어왔다. 이제는 일자리가 없어서, 혹은 일을 하는데도 가난한 사람들이 늘어나고 있다. 불안정한 고용이 새로운 빈곤을 낳고 있는 것이다.

한국 사회에 다시 등장한 빈곤

위와 같은 역전 현상이 한국 사회에 찾아온 것은 서구보다 20여 년이 늦은 1990년대 후반이었다. 산업화의 후발주자였던 만큼, 경쟁력을 잃은 서구의 전통적인 굴뚝산업들을 대신 꿰차고 고성장의 열매를 만끽했던 세월이 있었기 때문이다. 한때 서구의 전유물처럼 여겨지던 철강·자동차·석유화학·전기·전자제품의 생산이 한국을 비롯한 후발공업국들의 공장으로 옮겨왔다. 덕분에 1990년대 전반까지 우리나라의 빈곤율은 빠르게 감소했고 소득도 불평등의 폭이 상당히 줄어들었다. 1994년 이전까지 우리나라의 상대빈곤율은 대체로 7%대였고, 소득불평등 정도를 나타내는 지니계수도 0.27 정도로 북유럽 나라들과 비슷한 수준이었다.

그러던 것이 1997년 말 외환위기를 기점으로 상황이 급격히 악화되었다. 상대빈곤율이 1999년 12.2%까지 치솟았으며, 잠시 떨어지는 듯하더니 2000년 이후 지금까지 꾸준히 높아져서 현재는 100명 가운데 17명 이상이 빈곤 상태에 처한 것으로 추정

된다. 20년 전과 비교해보면 가난한 사람의 비율이 1.7배 이상 높아진 것이다.

계층간 소득 격차도 크게 벌어졌다. 소득이 얼마나 불평등한지 나타내는 지표로 소득 5분위 배율이 많이 사용되는데, 이는 소득수준이 가장 높은 상위 20%의 평균소득이 가장 낮은 하위 20% 평균소득의 몇 배인가로 계산한다. 2011년까지 이 5분위 배율은 8.3배까지 계속 증가하다가 2017년 무렵에는 7배로 다소 내려왔다. 하지만 OECD 내에서는 열번째로 높은 수치다.

20세기 중반까지 우리나라에서는 사라진 것으로 믿었던 빈곤이 21세기로의 전환기에 홀연히 나타나더니 이제는 강고하게 뿌리를 내렸다. 예전 같으면 높은 경제성장으로 가난을 물리칠 수도 있겠지만 우리나라가 저성장의 단계로 들어선 지는 이미 오래되었다. 게다가 2008년, 2012년의 금융위기처럼 세계경제시장에서의 돌발 변수들이 일국의 경제 상황을 좌지우지하는가 하면, 감염병 유행처럼 통제할 수 없는 요인들도 도사리고 있어서 우리 정부가 의지대로 성장률을 끌어올리기란 거의 불가능하다.

이제는 경제성장이 저조할 수밖에 없다는 것, 그리고 실업과 빈곤이 늘 우리 곁에 상주한다는 걸 전제한 위에서 우리 사회가 할 수 있고, 또 마땅히 해야 할 대책들을 마련해야 한다.

실업과 나쁜 일자리

직업 활동을 하는 취업자와 실업자를 합쳐서 경제활동인구라 하고, 이 경제활동인구에서 차지하는 실업자 비율을 계산한 것이 실업률이다. 실업률은 경제활동을 할 수 있는 사람들 중에서 일을 못하고 있는 사람의 비율이다. 외환위기 이후로 우리나라의 실업자 수가 급증한 것은 모두가 아는 사실이다. 그런데 정부가 발표하는 공식 실업률은 이상하게도 완전고용에 가까웠던 1990년대 초반 수준인 4%대를 가리키고 있다. 현재 실업률이 4.3%, 청년실업률이 10.7%다.(2020년 6월 기준) 100명 중 4~5명이 실업자라는 건데, 아무래도 우리가 피부로 느끼는 심각성의 정도와는 괴리가 너무 크다. 실업자 통계의 이런 비현실성은 실업자에 대한 국제노동기구ILO의 개념 정의를 따르다보니 어쩔 수 없이 생겨난 허점이다.

ILO의 기준에 의하면 실업자는 지난 1주일 동안 일을 하지 않으면서 지난 4주간 구직활동을 열심히 한 사람이다. 그렇다면 1주일에 총 2시간 아르바이트를 한 사람은 어떻게 되나? 이 기준에 의하면 그는 실업자가 아닌 취업자로 분류된다. 1주일에 1시간 이상 일했기 때문이다. 또 1년에 서너 차례 있는 공무원 시험 준비를 하는 취업준비생은? 만약 그가 4주 동안 계속 응시원서를 내고 면접을 보는 등의 구직활동을 하지 않았다면, 그 역시 실업자가 아니라 단지 비경제활동인구에 속하게 된다.

그러니까 예컨대 일주일에 사흘, 3시간씩 편의점 아르바이트를 하는 젊은이나 두 달에 한 번꼴로 입사 시험을 보는 취업준비생은 실업자가 아니라는 얘기다.

이렇다 보니 정부의 실업자 통계를 믿을 수 없다는 말들이 횡행했다. 그러자 통계청은 2018년부터 '확장실업률'(고용보조지표)이라는 지표를 추가로 내놓고 있다. 위에서 말한 시간제 근무 종사자, 애초에 원서 접수를 안 한 취업준비생 등을 모두 실업자에 포함시킨 수치다. 이렇게 확장실업률 개념으로 집계하면 일반 실업자 비율은 13.9%, 청년 실업자 비율은 26.8%에 달한다.(2020년 6월 기준) 그러니 우리 사회가 실질적으로 겪고 있는 실업 및 실직의 고통은 공식 통계 수치보다 두세 배 심하다고 할 수 있다.

실업자의 정의를 내리는 일이 쉽지 않은 것에서 볼 수 있듯이, 실제로 실업자의 현실은 복잡하다. 실업자라고 해서 24시간 일손을 놓고 빈둥거리는 사람들만을 가리키는 건 아니다. 불완전하고 불안정한 조건으로 고용돼서 형편없이 적은 임금을 받으며 일하는 사람들도 제대로 된 일자리를 갈급하게 구하는 반#실업자다. 실제로 많은 사람들이 완전실업과 반#실업의 상태를 끊임없이 넘나들고 있다. 정규직 일자리를 구하다 지쳐 자포자기의 심정으로 한두 달을 엎드려 있다가도, 끝내 궁핍에 떠밀려 시급 8500원짜리 일일망정 붙들고 씨름하는 게 요즘 가난한 서민들의 처지다.

1997년 외환위기 이전과 비교했을 때, 오늘날 빈곤층 구성의 가장 두드러진 특징은 근로능력이 있는 사람들의 비중이 크게 높아졌다는 것이다. 정부 정책의 기준으로는 18세~65세 사이를 근로가 가능한 연령이라고 본다. 그래서 이 나이대에 있는 사람들을 근로가능연령 인구라고 한다. 정상적인 사회라면 이 나이대의 사람은 일을 할 수 없는 심각한 사유, 즉 장애 등을 갖고 있지 않는 한, 노동시장에서 일을 하고 일정한 소득(근로소득)을 올릴 거라고 가정할 수 있다. 그래서 1999년 이전의 생활보호법에서는 이 나이대의 사람들 가운데 장애인을 제외하고는 정부가 일절 생계지원을 하지 않았다. 생활이 어려우면 나가서 일을 하라는 뜻이었다. 이 당시의 빈곤층은 일을 할 수 없는 노인이나 장애인, 허드렛일을 할 수밖에 없는 한부모 가정 등이 주를 이루었다.

이런 정책 관행이 바뀐 것은 1997년 외환위기를 기점으로 해서다. 나이가 젊고 근로능력이 있어도 일거리를 구할 수 없어 생계를 위협받는 사람들이 대규모로 생겨났기 때문이다. 그리하여 2000년부터는 근로능력이 있는 가난한 실업자에게도 정부가 우선 생계비를 제공하고 차츰 취업이나 창업을 하도록 지원하기 시작했다.

이처럼 근로가능한 연령대의 인구 중에서 빈곤에 처한 사람들을 '근로빈곤층'이라고 한다. 이들이 가난에서 벗어나지 못하는 이유는 두 가지 중 하나다. 일자리를 못 구해 실업 상태에 있거나, 현재 일을 하고는 있지만 그 대가로 받는 임금이 너무 형편없이 적기 때문이다. 현재 근로연령대 인구 중에서 소득이 빈곤선(중위소득의 50%) 이하인 빈곤층은 약 10% 남짓 된다. 이것은 OECD 국가 내에서도 높은 편에 속한다.

실제로 한 연구는 외환위기 이후 10년간 우리나라의 빈곤율이 지속적으로 상승한 주된 이유가 바로 이들 근로빈곤층의 급격한 증가 때문이라고 지적한다. 빈곤층 가운데 가구주가 취업을 하고 있는 세대의 비율은 41.2%다. 가구주가 일을 해서 돈을 벌고 있는데도 가족들이 가난할 수밖에 없는 경우가 전체 빈곤층의 40%가 넘는다는 얘기다.

이를 가구주의 취업 상태에 따라 나눠보면 상용직(정규직)으로 일하는 가구주의 가족이 빈곤에 처한 비율은 2.3%인 반면, 가구주 직업이 일용직이면 19.3%, 임시직이면 20.6%의 세대가 빈곤선 이하의 삶을 살아가는 것으로 조사되었다. 가구주의 직업이 불안정하고 임금수준이 낮을수록 식솔들이 빈곤에 처할 가능성이 높다는 것인데, 상식적으로 당연한 현상이다.

너무 늙거나 장애가 있어서 일을 할 수 없기 때문에 빈곤에 빠지는 것도 문제지만, 일을 하고 있는데도 혹은 일할 기회가 없어서 가난한 이들이 늘었다는 것은 우리 사회의 빈곤 메커니즘이 더욱 복잡하고 심각해졌음을 의미한다.

오늘날 빈곤 문제가 날로 깊어지는 것은 일자리의 양이 부족한 것뿐 아니라 그 질이 떨어지는 것도 큰 원인이다. 빈곤의 문제를 풀기 위해서는 더 많은 일자리를 공급하는 것과 더불어, 고용의 질을 끌어올리고 격차를 해소하는 일이 절실하게 요구된다.

줄어드는 좋은 일자리, 늘어나는 나쁜 일자리

물론 여기서 나쁜 일자리란 직업의 종류를 가지고 하는 말이 아니라, 노동의 조건과 환경이 열악하다는 뜻이다. 우선 저임금이고 고용상태가 불안정하며 사회보험에 가입돼 있지 않은 직장이다. 자연히 좋은 일자리는 조건이 그 반대인 일터다. 좋은 일자리라고 해서 고액 연봉과 스톡옵션에 전용차량까지 나오는 그런 호화로운 직장을 말하는 게 아니다. 우리말 표현보다 온건한 영어의 'decent work(괜찮은 일자리)'도 국제노동기구에서는 10가지의 세밀한 기준을 가지고 정의하지만, 핵심은 소득수준·근로시간·안정성·사회보장의 정도 등이다. 좋은 일자리의 조건에 4대 사회보험*과 같은 사회보장 프로그램이 포함되어야 하는 것은 질병이나 재해가 닥쳤을 때, 그리고 노동이 불가능해졌을 때 부딪치는 위험을 헤쳐나가려면 어떻게든 집단적인 안전장치가 필요하기 때문이다.

오늘날 우리나라에서 경제활동을 하는 인구 가운데 실업자를 뺀 취업자 수는 2740만 명이다.(2020년 6월 기준) 이 가운데 누군가에게 고용돼 임금을 받는 임금근로자가 2055만 명으로

4대 사회보험
사회보험은 정부가 보험의 형태로 운영하는 사회보장제도의 하나로 국민을 질병, 상해, 실업, 노령 등의 위기에서 보호하고자 하는 것이다. 한국에는 국민건강보험, 국민연금, 고용보험, 산업재해 보험이 있으며, 보험의 재정은 개인과 고용주와 국가가 나누어 부담하는 것이 원칙이다. 전 국민을 대상으로 하는 강제보험이지만, 4대 사회보험을 적용하지 않는 일자리도 아직 많다.

전체 취업자의 3/4, 약 75%다. 나머지 25%는 자영업자와 임금을 안 받고 일하는 자영업자 가족(무급가족종사자)들이다.

약 2000만 명의 임금근로자 가운데 64%가 정규직 근로자, 36%가 비정규직 근로자다. 그러니까 비정규직의 비율이 전체 근로자의 1/3이 넘는다. 비정규직은 고용의 형태에 따라서 다시 '한시적 근로자' '시간제 근로자' '비전형 근로자'(파견근로·용역근로·특수고용·일일근로 등) 등으로 세분된다.

한시적 근로자는 계약기간이 정해져 있는 기간제 노동자, 또는 계약기간이란 게 아예 없어서 고용주의 뜻에 따라 언제든 해고될 수 있는 노동자를 말한다. 계약을 반복적으로 갱신하면서 계속 일을 하는 유형도 포함되기는 하지만, 계약 갱신이 오롯이 노동자 의사에 따라 결정되는 게 아니니 불안함의 그늘을 온전히 벗어날 수는 없다. 시간제 근로자란 우리가 흔히 말하는 파트 타임part time 노동자다.

신자유주의적 자본주의는 어떻게든 노동자에게 들어가는 비용을 줄이고 기업이 고용주로서의 법적 책임을 안 지기 위해 새로운 형태의 노동자들을 양산했다. 기업들은 이윤 창출에 직결된 업무를 제외한 나머지 활동들—예컨대 청소·경비·회계·인사관리 등—을 모두 외주업체에 하청 주는 방식으로 전환해버렸다. 그래서 파견근로나 용역근로 같은 간접고용이 늘어났는데, 원청업체가 필요한 인력을 직접 고용하지 않고 하청업체 노동자에게 대신 일을 시키는 것이다. 심지어 어떤 대기업들은 자

앱 통해 일하는 '플랫폼 경제' 확산… 노동자 처우문제 과제로

앱을 통해 건당으로 고용되는 플랫폼 노동자가 늘어나면서, 이들의 노동을 어떻게 보호해야 할지가 중요한 문제로 떠올랐다. (『세계일보』, 2020년 1월 1일자)

신들이 고용한 정규직과 똑같은 업무를 파견노동자에게 시키고 직접 지휘·명령도 하면서 정작 임금은 절반밖에 안 주는 꼼수를 쓰기도 한다. 과거 불법파견 논란이 일었던 현대자동차와 삼성전자서비스에서 있었던 일이다.

이런 비전형 근로자의 유형 가운데는 노동자인지 자영업자인지가 불명확한 특수고용 노동자도 있다. 택배 기사, 퀵서비스 기사, 골프장 캐디, 학습지 교사 등은 분명 계약된 사업주에게 종속돼 있음에도 불구하고 근로의 시간이나 방식 등을 본인이 결정할 수 있다는 이유로, 마치 독립된 계약업자처럼 취급되면서 실질적인 노동력 착취와 인권 침해가 일어나는 직종이다.

특수고용직 가운데 스마트폰 등 디지털 정보시스템을 통해서 일거리를 받는 사람들을 플랫폼platform 노동자라고 한다. 소화물 배송(택배), 음식 배달, 대리운전 서비스 노동자처럼 비非상

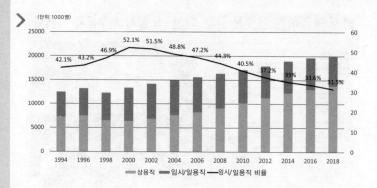

(단위: 1000명)

시적으로 디지털 앱의 매개로 일을 받아 건당 단가로 계산해서 보수를 받는 사람들이다. 특수고용 노동자들은 법적으로 노동자성을 인정받지 못해 현재는 사회보험의 사각지대에 놓여 있다.

정규직/비정규직의 구분이 고용 형태에 따른 분류였다면, 고용계약기간의 길이에 따라서는 상용常備직과 임시·일용직으로 나눈다. 계약기간이 1년 이상이면 상용직, 1개월 이상 1년 미만이면 임시직, 1개월 미만이면 일용직이다. 당연히 임시·일용직 노동자에게는 상여금이나 각종 수당, 퇴직금 등이 주어지지 않는다.

전체 임금근로자 가운데 상시적으로 고용돼 있지 않은 임시·일용직 근로자의 비율은 현재 약 30% 수준이다. 장기적 추세로 보면 2002년의 국제금융위기를 전후해서 최고치에 이르렀다가 조금씩 감소하는 경향을 보이고 있다. 하지만 현재의 이 수치도 2019년에 발표된 OECD의 평균 11.8%에 비하면 두 배가 넘는 높은 비율인데다, 전염병 대유행과 같은 예측불허의 변수로 인해 앞으로 어떻게 될지 알 수 없는 노릇이다.

한국 노동자의 삶이 얼마나 불안정한지를 보여주는 우울한 지표들은 이밖에도 널려 있다. 한 직장에 얼마나 오래 근무하는지, 직장을 얼마나 자주 옮기는지 등은 고용의 안정성을 보여주는 중요한 잣대가 된다. 한국인이 한 직장에서 계속 근무하는 평균 근속기간은 5년 10개월이고, 입사자와 퇴사자의 비율을 합친 노동이동률(입직률+이직률)은 60.4%다.

OECD 30개국과 비교해보면 평균 근속기간은 호주·미국 다음으로 짧고, 노동이동률은 전체 나라들 가운데 제일 높다. OECD 회원국 노동자들의 근속연수 평균이 9년 7개월인 것과 비교해보면 우리가 한 직장에 머무는 기간은 참으로 짧다. 그리고 한 시점에서 전체 근로자의 60%가 어떤 직장에 갓 들어왔거나 갓 떠나간 사람이라는 것도 놀라운 수치다. 한곳에 오래 머물지 않으니 자연히 옮겨 다니는 일이 잦다.

노동자를 해고하는 절차가 얼마나 복잡한지 아닌지, 또 부당해고를 규제하는 법규가 얼마나 엄격한지 아닌지를 보면 그 나라 노동시장의 환경을 알 수 있다. 또 고용주가 근무시간을 멋대로 연장하는 데 대한 규제 여부, 고임금과 저임금 간의 격차 등도 노동시장 환경의 중요한 지표다. 이런 지표들을 종합하면 우리나라는 해고도 쉽게 할 수 있고 저임금의 일자리도 쉽게 만드는 '유연한' 나라에 속한다.

고용의 유연성이 높다는 뜻은 자본가 입장에서는 마치 밀가루 반죽을 떼어내거나 붙이듯이, 생산인력의 일부가 필요 없어지면 수제비 떼듯이 손쉽게 해고했다가 많이 필요한 시점이 오면 금세 데려다 쓰는 '유연함'을 발휘할 수 있다는 것이다. 만약 노동조합의 힘이 강력하다면 이런 유연성이 떨어질 것은 당연하다. 노동자 입장에서 보면 언제든지 여차하면 해고당하고 또 나쁜 일자리는 금방 구할 수도 있는 나라라는 얘기다.

　어쩌다 일자리를 잃게 되면 소득이 끊긴 위기를 구제해주는 것이 실업급여다. 따라서 이 실업급여의 액수가 전에 벌던 근로소득의 몇 퍼센트에 해당하는지가 소득의 안정성을 나타내는 주요한 지표다. 실직 후 1년 동안 실업급여가 사라진 근로소득을 대체해준 정도, 즉 '순소득 대체율'이 우리나라는 31%다. 실직 전에 월 100만 원을 벌었다면 정부가 실업급여로 월 31만 원을 준다는 뜻이다. OECD 평균 53%에 비해 한참 낮은 수치다. 실직 후 5년간 평균을 내보면 우리나라의 순소득 대체율은 10%로 역시 OECD 평균(28%)의 거의 1/3 수준이다.

　이처럼 우리나라의 비정규직 노동자는 OECD 국가들과 비교했을 때 노동시장의 안정성은 매우 낮은 반면, 그 유연성은 높아서 늘 불완전하고 불안정한 노동을 할 수밖에 없는 처지에 놓여 있다.

고용의 양극화와 소득의 양극화

비정규직 일자리는 대체로 임금 수준이 낮고 사회보험 혜택이 없으며 노동관련법의 보호를 못 받는 경우가 많다. 물론 '비정규직 근로자=저임금 근로자'의 등식이 그대로 성립하는 것은 아니다. 비정규직의 하나인 특수고용직에는 박봉의 판매원이나 택배 기사도 있지만, 프리랜서 아나운서나 편당 수천만 원씩 받는 인기 방송작가도 있을 수 있다. 하지만 후자의 경우는 예외라고 해도 좋을 만큼 그 수가 적다.

통계에 따라 약간씩 차이가 있지만, 대체로 우리나라의 비정규직 임금은 정규직 임금을 100이라 했을 때 50~55% 수준이다. 2019년 여름 기준으로, 정규직 노동자의 한 달 평균임금이 317만 원일 때 비정규직 노동자의 평균은 173만 원이었다. 173만 원은 시간당 최저임금을 적용해 주 40시간 근무를 했을 때의 월급에 해당하는 액수이니 비정규직들은 평균적으로 최저임금을 받고 있다는 얘기다.

한 사회 근로소득자들의 중간에 해당하는 임금 수준인 중위임금의 2/3가 안 되는 급여를 상대적으로 낮은 임금, 즉 저임금이라고 한다. 이 경우 우리나라 전체 근로자 가운데 저임금 근로자의 비율은 19%다.(2018년 6월 기준) 최저임금 인상으로 과거에 비해서는 낮아졌지만 OECD 평균(15.4%)보다는 여전히 높다.

근로소득의 양극화를 불러오는 임금 격차는 사업체의 규모에 따라서도 달리 나타난다. 300인 이상이 일하는 큰 사업체의 평균임금을 100이라 할 때, 종사자가 50~300인 사이인 업체의 평균임금은 68.6, 50인 미만인 사업체의 평균은 49.8이다.

그러니 전체 종사자 중 저임금 근로자의 비율은 작은 사업체일수록 높게 나타나서 50인 미만인 업체에서는 전체 근로자의 1/3 이상이 중위임금의 2/3가 안 되는 낮은 보수를 받고 있다.

정규직에 대한 비정규직 임금의 수준은 2000년대 초반만 해도 60%를 넘었는데 현재는 50%대로 낮아졌다. 우리나라 임금소득의 불평등도는 1997년 외환위기 전까지 꾸준히 개선되다가 외환위기 이후부터 계속 악화돼왔다. 이처럼 고용이 불안정한 근로자층의 임금수준이 상대적으로 계속 낮아지고 전체 근로자에서 차지하는 이들 불안정층의 비중이 자꾸 높아지니 자연히 근로소득의 불평등이 심해질 수밖에 없다.

우리나라 임금근로자 중 최상위 10% 그룹의 소득을 최하위 10% 그룹의 소득으로 나누어보면 4.5배가 나온다. [도표 7]은 우리가 어깨를 나란히 하고 싶어하는 선진국들의 임금10분위 배율이다. 옆나라 일본이 3배가 안 되는데 우리나라는 거의 5배에 육박한다. 그나마 최근 몇 년 사이에 5배 아래로 내려선 것은 최저임금이 올랐기 때문이라는 분석이다.

이 같은 근로소득의 격차는 고용 형태에서뿐 아니라, 대기업과 중소기업, 첨단산업과 전통산업, 수출산업과 내수산업 등 기

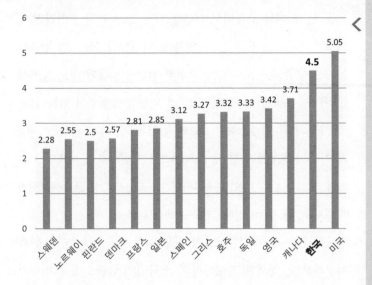

업의 규모나 업종에 따라서도 확연하게 나타난다. 각 기업간 생산성과 영업수익 차이가 근로자들의 임금수준 격차로 이어지는 것이다.

자영업자의 길도 험난하다

임금근로자가 아닌 취업자, 그러니까 조그맣게라도 자기 사업을 하는 자영업자의 형편은 어떨까? 같은 자영업이라도 업종과 규모에 따라 차이가 날 수밖에 없지만, 종업원을 두지 않고 혼자 장사를 하는 영세자영업자의 경우는 소득이 임금근로자에 비해 상대적으로 낮은 것으로 나타난다. 자영업자는 종업원을 한 명 이상 고용해서 사업을 하는 '고용주'와 종업원 없이 사업주 혼자서 일을 하는 '자영자'로 나뉘는데, 이 두 가지 유형은 소득수준이나 노동조건, 사회적 위험에 노출된 정도 등에서 큰 차이를 보인다. 최근 한 연구에 의하면 종업원이 있는 고용주 가구의 월 평균소득은 362만 원인 반면, 혼자 일하는 자영자 가구의 경우에는 한 달 소득이 231만 원으로 무려 131만 원이나 차이가 난다.(이아영 외,『자영업가구 빈곤 실태 및 사회보장정책 현황 분석』, 한국보건사회연구원, 2019년 2월)

이를 같은 시기, 임금근로자 가구의 월 평균소득 257만 원과 비교해보자. 영세한 자영업자의 소득이 임금근로자에 비해서 오히려 26만 원이 더 적다. 그런데 이러한 차이는 자영업자 내에서의 소득 격차에 비하면 차라리 소소한 편이다. 하기는 십수 명의 종업원을 둔 갈빗집 식당주인이나 개인사업체를 운영하는 의사 혹은 변호사 등을 우리는 모두 자영업자라고 부르지만, 이들의 영업이익 규모를 어찌 동네 분식집이나 구멍가게 주인에 견줄 것인가.

더구나 무한경쟁 시대에 서비스업도 자꾸 전문화·대형화 되어가는 추세이니 소규모 생계형 자영업자들의 생존은 점점 힘들어진다. 그래서 '골목상권을 지키자'며 대형마트 영업시간 제한 등의 조치가 일부 시행되고는 있지만 그 효과는 매우 제한적인 듯하다.

그러니 그들은 스스로를 고용하고 있는 상태, 즉 취업의 상태가 얼마나 지속될지 알 수 없는 가운데 늘 실직의 위험을 안고 있다. 그나마 일을 하는 동안에는 장시간 노동도 불사할 만큼 땀을 흘리지만 노후 소득에 대해 준비된 것은 없다.

불경기가 계속되면서 맨 밑바닥에서 약간 위쪽에 속해 있던 자영업자들의 일부가 몰락해서 최하층으로 떨어지는 현상도 보인다. 사업소득을 5개 층위로 나누어 분석한 2019년 통계청 조사는 전년도에 비해 저소득 1분위(하위 0~20%)의 소득분이 증가하고 저소득 2분위(하위 20~40%)의 소득분이 감소했다고 발표하면서, 이는 중하층에 속해 있던 영세자영업자들의 소득이 감소해서 최하층으로 전락한 결과라고 설명한다.

자영업자 가운데 가구 소득이 우리나라 중위소득의 절반이 안 되는 빈곤층은 고용주에서는 2.4%, 자영업자에서는 10.8%를 차지한다. 자영업을 하는 100가구 가운데 2~11가구가 빈곤층이라는 얘기다. 이들이야말로 근로 능력도 있고 실제로 일을 하고 있는데도 가난한 근로빈곤층의 전형 가운데 하나다. 이들은 주로 소매·숙박·음식업 분야의 생계형 영세자영업자들이다.

위의 통계상 차이에서도 확인했듯이 우리나라의 자영업 분야에는 고학력을 가진 고생산성 계층이 소득을 극대화하기 위해 사업을 하는 집단과, 정규직 임금근로자가 될 수도 없고 달리 대안도 없어 하는 수 없이 자영업에 종사하는 저생산성 계층이 혼재되어 있다. 자영업 종사자의 학력이 낮을수록 사업의 규모가 영세하고 빈곤율도 높다는 사실이 이를 뒷받침한다.

또한 젊은층에서는 자영업으로 창업하는 비율이 점차 줄고 있는데 고령층의 창업 비율은 여전히 높아서 자영업 부문이 고령화되는 현상도 나타난다. 고령층은 나이 제한 때문에 취업이 어렵고 또 은퇴한 이후에 일거리를 찾아야 하기 때문인 것으로 보인다. 그런데 자영업의 이런 고령화 경향은 그들이 빈곤에 처하게 될 위험을 더욱 높이는 우려스러운 현상이 아닐 수 없다.

한국의 자영업자 비율은 다른 선진국들에 비해 유난히 높다. 우리는 경제활동을 하는 전체 취업자의 25.1%, 약 1/4이 자영업자다. 반면 일본은 10.3%, 미국이 6.3%, 독일과 프랑스가 각각 9.9%와 11.7% 수준이다. 우리나라 자영업자 비율은 2000년 무렵부터 계속 감소하는 추세에 있지만 OECD 평균 15.3%와 비교해도 여전히 높은 수준이다. 자영업이 지탱되려면 내수시장이 탄탄해야 하는데, 수출의존도가 국내총생산GDP의 70%에 달하는 우리나라는 수출의존도가 우리와 비슷한 독일과 비교할 때 자영업 비중이 2배가 넘는다. 이처럼 경제 규모에 비해 자영업의 밀도가 높다보니 자연히 과당 경쟁이 일어나고 폐업률도 높을 수밖에 없다.

무엇보다 우리나라 자영업의 문제는 부가가치가 낮은 생계형 서비스업에 몰려 있다는 점이다. 업종별로 보면 비교적 전문 지식과 숙련된 기술이 필요하지 않은 도소매업, 숙박 및 음식점업, 부동산 및 임대업의 비중이 절대적으로 높다. 이들 업종을 모두 합치면 전체의 61% 정도다. 또한 이들 업종은 종업원이 없는 1인 사업자의 비율이 50~70%에 이른다. 그야말로 규모가 영세한 생계형 자영업자들이 몰려 있는 영역이다. 아래의 인터뷰는 약 10년 전 한 일간지에 실린 자영업자 관련 기사의 일부다.

• 전재성(노래방 업주) : 광고회사를 다니다 10년 전에 그만두고 마포에서 노래방을 시작했습니다. 처음에는 노래방 사업이 잘 됐습니다. 그런데 경쟁이 치열해지고 시장이 포화상태가 되면서 점점 어려워졌어요. 지금은 수익성이 악화되고 임대료도 못 내, 명도 소송까지 당했습니다. 조그만 집을 대출받아 운영했는데 거의 바닥났습니다. (…) 경쟁이 치열해지니까 가격이 무너지고 있어요. 자영업자는 개인, 가족 중심이기 때문에 마케팅이나 서비스를 혁신하기 힘들어요. (…) 가장 크게 들어가는 게 임대료입니다. 임대료 연관 비용이 모두 하향세인데 왜 그대로일까요? 일자리까지 나누자고 하는데 수십억 원짜리 건물 가지신 분들이 이럴 수 있나요?

• 이옥수(미용실 업주) : 미용업을 23년째 하고 있습니다. 예전에는 직원 둘 데리고 셋이서 했는데 요즘은 어려워져서 혼자 합니다. 경기 하락 추세 탓이기도 하지만 미용도구가 많이 발달했기 때문이죠. 염색도 요즘은 다 집에서 하잖아요. (…) 하루에 보통 파마는 거의 없고 남자 커트는 대중없지만 다 합해서 10~20명 정도 옵니다. (…) 선진국 세제가 어떤지는 모르겠지만 1000만

원 버는 사람과 100만 원 버는 사람들은 세금부터 달라야 한다고 생각합니다. 있는 사람은 종부세고 뭐고 다 면제해주면서 우리는 왜 안 해줍니까? 임대차보호법도 영세업자들 기준으로 해서 만든 게 아니라, 있는 자들 시선에서 만든 잘못된 법입니다. 카드 수수료나 대출을 받아도 영세업자들에게는 이자율 차등 적용을 해야 한다고 생각합니다. 외환위기가 아직 끝나지 않고 그 연장선상에 있는 것 같아요.(『경향신문』, 2009년 5월 19일자, 「불안한 노동, 흔들리는 삶(6): 영세자영업자—창업만 10번째」)

놀라운 것은 영세자영업자들의 현실이 10년 전과 오늘 사이에 별반 다를 게 없다는 사실이다. 10년 전 이들의 증언을 그대로 인용하는 이유다. 이들의 가게가 아직 남아 있는지 모르겠지만.

아니, 자영업과 관련해 사건이 없었던 것은 아니다. 2017년에 들어선 문재인 정부가 시급 1만 원을 목표로 최저임금을 올리자 소상공인연합회 등이 '최저임금 인상 반대'를 외치며 나섰다. 최저임금 논란은 '시급 인상이 자영업자 다 죽인다'는 식의 보수 언론의 선동에도 불구하고, 영세자영업자를 위한 향후 해결 과제가 무엇인지를 드러내는 계기가 되었다. 4대 사회보험과 기초생활보장 제도에 의한 보호, 상가임대차보호법의 개정, 카드 수수료의 인하, 프랜차이즈 대기업의 갑질 근절, 골목상권 보호 등이 그것이다.

특히 사회보험과 기초생활보장제의 적용이 절실하다. 유사시에 안전망 역할을 한다는 사회보험의 혜택은 이들을 비껴가기 일쑤다. 건강보험·국민연금·고용보험 등에 가입할 수는 있지만 임금근로자처럼 고용주가 의무적으로 내주는 몫이 없어 본인 부담률이 높고, 일단 먹고살기 힘든 형편이니 스스로 가입을 기피하는 경우가 많다. 실제로 고용보험이나 산재보험에 가입한 사람은 전체 자영업자의 1%도 채 안 되는 실정이다. 이들에게는 사고를 당하거나 폐업으로 일자리를 잃었을 때, 그리고 노후에 일을 못 하게 됐을 때 이렇다 할 안전장치가 없는 것이다.

정리해보자. 한국 사회는 기존의 일자리가 소멸하는 대신, 새로 만들어지는 일자리는 비정규직 형태로 생겨나고 있어 고용의 불안정성이 계속 높아지고 있다. 평생직장의 개념은 사라진 지 오래고, 직장 이동은 빨라지고 있다. 취업할 때 정규직으로 진입할 확률은 점차 줄어드는 반면, 비정규직으로 이행할 가능성만 갈수록 높아져서 결국 일자리 질이 전반적으로 저하되고 있다. 또한 노동의 이동은 비정규직에서 다른 비정규직으로, 혹은 실업과 취업 사이에 반복적인 이동이 일어남으로써 활발해지고 있다.

이 같은 고용불안과 일자리 질의 악화는 서민들을 가난과 상대적 박탈의 상태로 몰아가고 있다. 빈곤 가구가 늘어나고 사회계층간 불평등이 심화되는 배경에는 무엇보다 고용의 문제가 가장 큰 원인이 되고 있다.

12장

빈곤을 부추기는

고용불안은

왜 생기는 걸까

서민들 삶의 질이 자꾸 낮아지고 일을 하면서도 빈곤화의 위험에 처하게 되는 것은 무엇보다 '좋은 일자리'를 구할 수 없기 때문이다. 도대체 일자리의 질이 떨어지는 현상은 왜 일어나는 걸까? 다른 나라들에서도 같은 문제가 나타나고 있을까? 사실 다른 OECD 국가들에서도 실업과 고용불안은 진작부터 사회문제가 되어왔다. 서유럽 국가들은 이미 1970년대 말부터 실업문제로 골치를 앓기 시작했고 2000년대 들어서도 고용과 소득의 양극화는 점차 심해지고 있다. 그러나 그렇다고 해서 그런 후기산업국가에서 나타나는 문제의 양상과 심각성이 모두 똑같은 것은 아니다. 우리나라는 비정규직 노동자 비율, 저임금 노동자 비율, 계층간 근로소득 격차 등에서 불명예스럽게도 상위권을 달리고 있는 반면, 이른바 선진국들의 고용 관련 실태는 우리보다 훨씬 양호하다. 우리와 비슷한 문제들을 겪지만 상대적으로 그 규모와 정도가 덜한 편이다.

그렇다면 한국 고용 문제의 발생 배경에 관해서 우리는 크게 두 가지 영역의 요인들을 생각해볼 수 있다. 다른 후기산업국가들과 공통으로 겪고 있는 세계경제질서의 영향이 있는가 하면, 유독 한국 상황을 어렵게 하는 내부적 특성이 있을 수 있다. 말하자면, 세계경제의 보편성과 한국경제의 특수성이다.

한국경제의 특징

한 나라의 고용 규모와 질을 결정하는 요인은 여러 가지다. 산업 및 기업의 구조, 경제성장률, 노동시장 구조, 노동 관련 법제, 사회보장체제 등 실로 경제와 사회 전반의 주요한 특성들이 일자리의 성격을 규정한다. 따라서 오늘날 한국에서 고용이 위축되고 질이 저하되는 배경에는 이러한 한국의 경제와 노동보호제도의 특징이 복합적으로 작용하고 있다.

우선 산업과 기업 구조면에서 한국경제의 가장 두드러진 특징은 수출산업의 절대우위와 중소기업의 절대열위로 요약된다. 그리고 양자 사이에는 대체로 수출로 호황을 누리는 대기업, 내수에 목매고 고전을 면치 못하는 중소기업이라는 등식이 성립한다. 물론 세계를 주름잡는 작지만 강한 기업, 이른바 강소기업 혹은 히든 챔피언hidden champion이 없는 것은 아니다. 그렇지만 이따금 매스컴의 화젯거리가 될 정도로 희소하다.

우리나라는 국내총생산GDP에서 수출이 차지하는 비율이 2011년 무렵에는 44%를 넘어서다가 요즘에는 35%대를 유지하고 있다. 한 나라의 경제가 얼마만큼 수출에 의존하고 있는가를 나타내는 이 수출의존도는 다른 OECD 국가들과 비교하면 높은 편에 속한다. 미국이 8%, 일본이 14%, 영국이 16%대다.

반면 국내 수요라는 뜻의 내수內需는 주로 일반 가계에서 소비하는 민간소비 및 관련 투자의 크기를 말하는데, 우리나라의

GDP 대비 내수 비율은 낮은 수준에 머물고 있다. 내수 비중이 1990년대는 70% 정도였다가 근자에는 50%대로 떨어졌다.

요컨대 수출에 의존하는 정도는 높고 국내의 민간소비시장은 활성화되지 못했다는 게 한국경제의 주요한 특징 가운데 하나다. 내수시장이 중요한 것은 소비가 활발하게 일어나야 그 수요에 대응하고자 생산부문의 투자가 늘어나고, 투자가 증가하면 자연히 일자리가 많이 생기고 노동자들의 소득도 늘어나는 이른바 경제의 선순환이 가능하기 때문이다.

우리나라가 수출로 먹고사는 나라가 된 것은 1970년대부터 30여 년간 빠른 경제성장을 하면서 수출이 전체 성장의 견인차 역할을 했기 때문이다. [도표 8]에서 보듯이 한국경제는 2013년까지 국내총생산이 증가하는 속도보다 수출의 증가 속도가 두 배 이상 빠르게 달려왔다. 한마디로 수출주도 성장이었다.

수출 많이 하고 외화 많이 벌어들이면 좋은 거 아니냐고 할지 모르지만 어디까지나 수출이 잘 될 때 얘기다. 세계경제 환경이 악화되고 무역량 자체가 줄어들면 수출의존도가 높은 나라는 치명적인 타격을 입는다. 이때 내수시장마저 취약하게 되면 경제 상황은 더욱 나빠진다. 지난 10년 사이에 우리 서민들의 삶이 부쩍 힘들게 느껴지는 것은, [도표 8]의 오른쪽 부분에서 보듯이 경제성장률은 과거와 비교할 수 없을 정도로 낮게 떨어졌는데 수출의 증가 속도는 그보다 더 빠르게 감소하고 있다는 사실과 관련이 있다.

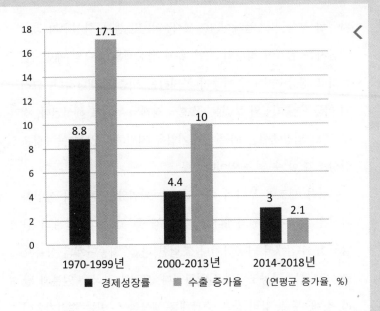

이처럼 한국이 '불안한 수출강국'이 된 데는 산업화에 필요한 자본을 모아서 배분하고 값싼 노동력을 동원해 임금을 결정하는 일에까지 정부가 철저히 개입했던, 이른바 국가 주도의 경제 발전 전략이 주효했기 때문이다. 1970년대에 들어서 박정희 정부는 석유화학·기계·철강·전기전자·조선 같은 중화학공업을 육성하기 위한 특별법을 만들고 해외차관을 들여와 지원하는 등, 자본에서부터 세제에 이르기까지 온갖 지원책을 펼쳤다.

이렇게 해서 권력자의 낙점을 받은 기업주들은 오늘날 재벌이라 불리는 거대한 기업집단을 건설하며 승승장구할 수 있었다. 실제로 한국의 5대 수출품인 반도체, 석유제품, 자동차 및 자동차 부품, 디스플레이(전자표시장치) 및 센서, 합성수지 등의 생산자는 일찍이 정부의 지원 속에 성장해온 유수의 재벌기업들이고 경상수지에서 이들이 차지하는 비중은 대단하다. 그러니 이들 수출기업의 부진은 곧 한국경제의 위기로 해석된다. 정부 관료 입장에서는 이들 재벌기업을 지원하지 않는다는 것은 상상조차 할 수 없는 일이다.

이처럼 제조업 분야의 대기업들을 키워왔던 한국의 산업화 과정은 해외에서 원자재나 부품·소재 등—보통 '중간재'라 한다—을 수입해서 가공하거나 조립한 다음, 최종단계의 상품으로 수출하는 가공조립형 산업화였다. 그런데 한국은 일본과 달리, 소재·부품, 장비 같은 중간재를 생산할 수 있는 숙련기술이 축적되지 않은 탓에 주로 대규모 설비에 투자해서 마지막 단계의 상품을 만드는 데 치중했다. 중간재의 수입과 최종재의 수출로 이루어지는 산업화이다보니 자연히 수출의존도가 높을 수밖에 없었다.

대기업의 수출용 제품에 들어가는 핵심 부품이나 소재를 국내에서 자체 조달하지 못하고 일본이나 미국에서 비싼 값으로 사오기 때문에 부가가치의 비율이 떨어지는 것은 당연했다. 반도체나 디스플레이 수출을 아무리 많이 한들, 벌어온 돈의 상당 부분이 다시 해외로 빠져나가니 노동자들에게 돌아갈 몫도 줄어들게 된다.

중간재 형태로 투입되는 자원 중에서 국내에서 자체 조달하는 비율(=국산화율)이 반도체는 27%, 디스플레이는 45%, 기계가 61%, 자동차가 66%에 불과하다. 모두가 우리나라의 주요 수출품들인데 그런 실정이다. 2019년 여름, 일본의 한국에 대한 보복성 수출규제 조치가 있은 후, 일부 품목에서 우리의 국산화율이 꽤 높아졌다고는 하지만, 중간재의 종류가 많은 데다 기술력 격차를 줄이는 일이 하루아침에 되는 것도 아니어서 구조적 문제가 해결되었다고 보기는 어렵다.

이런 약점을 만회하기 위해 대기업들은 규모의 경제로 이익을 취하고자 대규모 생산설비를 짓고 공정의 자동화에 열을 올린다. 활용할 수 있는 숙련기술이 부족하니 아예 숙련기술자를 쓰지 않는 방식, 되도록이면 사람의 노동력을 사용하지 않는 방식으로 생산 시스템을 만들어왔다. 또한 세계시장의 수요 변화에 따라 생산인력이 많이 필요 없을 때는 밀가루 반죽처럼 떼어내 버렸다가, 급히 필요해지면 다시 가져다 쓰는 노동 유연화 전략을 구사한다. 생산 공정을 기계화·자동화하기, 직접 고용을 안 하고 비정규직 노동자 사용하기, 웬만한 것은 하청업체에게 외주 주기 등이 그것이다.

실제로 정보통신기술이나 로봇을 기반으로 한 생산 자동화 수준은 우리나라가 가히 세계 1등이다. 노동자 1만 명당 로봇의 도입 대수는 한국이 631대로, 독일(309대)이나 일본(303대)의 두 배가 넘는 세계 최고 수준이다. 하지만 이것이 결코 자랑일 수 없는 것은 다름 아닌 사람의 일자리를 갉아먹은 기록이기 때문이다.

한 나라의 경제는 어떤 산업이 생산한 재화를 다른 산업이 자기의 생산과정에 가져다 쓰고, 그로 인해 생산과 고용, 부가가치 등이 새롭게 유발되는 파급효과를 일으키면서 돌아간다. 큰 공장이 엄청난 매출을 올려 돈을 많이 벌게 되면 그 공장에 재료를 납품하는 작은 공장들도 자연히 수익이 증가해서 직원을 더 뽑게 되고, 그 공장들 주변의 식당과 술집도 덩달아 장사가 잘되는 연쇄적 효과가 나타나는 것과 비슷한 이치다. 부자 기업의 수원지가 차고 넘치면 그 물이 영세한 기업의 항아리에도 흘러든다는 이른바 낙수효과trickle-down effect를 연상해도 좋다.

그런데 우리나라 대기업군의 행태를 보면 산업간의 파급효과, 혹은 낙수효과 등을 크게 기대하기가 어렵다. 수출로 외화를 벌어들이는 대기업들이 국내에서 고용을 늘리는 게 아니라 오히려 줄이기 위해 기계화 및 자동화에 앞장서고, 노동 비용 절감을 위해서 비정규직을 확대하는 데 골몰하고 있으니 '고용 없는 성장', 대기업만 흥하는 '나 홀로 성장'이 일어나고 있는 것이다.

국내 소비와 해외 수출 등 수요가 10억 원 증가했을 때 그로 인해 새로 늘어나는 취업자 수(=취업유발계수)를 따져보면 반도체 업종의 경우·3.6명, 석유화학은 1.9명에 불과하다. 철저히 자동화된 시스템으로 생산되는 반도체는 해외시장의 수요가 증가하더라도 국내에서 일자리를 많이 만들지 못한다. 실제로 몇

해 전, 삼성전자는 반도체 부문에 13조 원이라는 어마어마한 규모의 투자를 했지만 그 후 1년간 늘어난 고용인원은 달랑 650명이었다.

이처럼 고용 없는 성장이 고착화되어가는 것은 첫째, 기술발전 때문에 생산 시스템이 사람을 필요로 하지 않는 방향으로 전환돼가고 있기 때문이고, 둘째로는 글로벌 경쟁력을 갖기 위해서 고용에 들어가는 비용은 무조건 최소화해야 한다는 전략을 대기업들이 신봉하기 때문이다.

그리하여 '수출의 증가 ⇒ 고용의 확대 ⇒ 소비의 촉진'으로 이어지던 고리는 끊어지고, 대기업들이 흑자 경영에 호경기를 누리는 시기에도 서민들의 일자리는 별반 늘지 않는다. 결국 수출 위주의 가공조립형 산업화는 '강한 대기업 : 약한 중소기업'이라는 이중구조를 만들어냈다.

앞서 300인 이상이 근무하는 대기업의 평균임금과 비교하면 50인 미만이 일하는 영세기업의 평균 임금은 그 절반에도 못 미친다고 하였거니와, 이는 기업의 크기에 따라서 생산성 및 수익 규모의 격차가 크게 벌어져 있음을 나타낸다. 중소기업 노동자들의 임금이 그토록 낮은 것은 사장들의 인간성이 유독 나쁘고 인색해서라기보다 생산성이 떨어져 돈을 넉넉히 벌어들이지 못하기 때문인 것이다.

기업 규모에 따른 부익부 빈익빈 현상에는 대기업들의 불공정 행위도 한몫한다. 자동차나 선박 같은 업종은 국내 하청업체에 대한 의존도가 높아서 위의 제조업 평균보다는 부가가치를 많이 유발하는 편인데, 대신 이들 대기업은 수출경쟁력을 높이기 위해 하도급업체에 불리한 계약을 강요한다. 단가 후려치기 등의 방법을 이용해 중소기업을 계속 쥐어짜는 것이다.

 2020년 6월, 대구시 달성공단에 있는 자동차 부품업체 '한국게이츠'가 공장 폐쇄를 결정했다. 147명의 직원이 일하는 이 회사는 현대자동차에 핵심 부품을 납품해오던 30년 흑자 기업이었다. 2018~2019년 두 해에 걸쳐 130억 원의 영업이익이 났는데, 이 중 110억 원이 주주들에게 배당되고 설비 투자에는 2억 원이 들어갔던 터였다. 하지만 한국게이츠의 대주주인 미국계 사모펀드(블랙스톤)는 이에 만족하지 않고 더 많은 수익을 뽑기 위해 인건비가 한층 더 저렴한 중국으로 공장을 옮기기로 했다. 물론 현대자동차하고는 중국산 부품을 변함없이 납품하기로 약속이 돼 있었다. 이로써 비단 147명 노동자만이 아니라 '한국게이츠'와 거래를 해오던 대구 시내 2차 협력업체 51곳의 6000여 명 노동자들도 타격을 입게 되었다. 만약 현대자동차가 '계속 한국산 제품을 쓰겠다'고 의지를 보였다면 상황이 달라졌을 거라고 한다. 그러나 현대차는 자기네와는 상관없는 문제라고 선을 그었다. 한국게이츠 직원들과 대구시장이 '재고해 달라'며 매달려봤지만 소용없었다. 새로 일자리를 만들어도 시원치 않을 판에 괜찮은 일자리 6200개가 사라질 판이었다. 이런 결정에 영향을 줄 수 있던 유수의 대기업은 냉담하게 팔짱만 끼고 있었다. 대기업의 역할을 논할 때마다 등장하는 '상생'이니 '동반성장'이니 하는 단어가 무색할 따름이다.

이 사례는 글로벌 자본주의 시대에 단기 수익만을 노리는 외국투자자본의 행태를 단적으로 보여준다. 미국이나 독일 같았으면 자유무역협정FTA이 허용하는 범위 안에서나마 정부가 일정한 제재를 가했을 법한 사안이다. 그러나 우리 정부는 노동운동계의 거듭된 탄원과 면담 요청에도 불구하고 끝까지 묵묵부답이었던 모양이다.

이처럼 중소기업과의 연결고리가 끊어진 대기업의 나 홀로 성장, 노동 수요를 줄이기 위한 기술집약적 투자, 슈퍼 갑甲●의 지위를 이용한 불공정한 하도급 거래, 아무 때고 끊어 버릴 수 있는 값싼 노동력 확보 전략, 이런 것들이 오늘날 우리 사회의 고용불안을 가중시키고 실업과 나쁜 일자리를 양산하는 요인이다. 우리나라 전체 기업의 90%를 차지하는 중소기업들은 이같이 불리한 구조 속에서 불경기의 한파와 싸우고 있다. 생산성의 격차가 점점 벌어질수록 중소기업에서 일하는 노동자들의 임금과 생활수준이 떨어지는 것은 당연한 이치이다.

오늘날 한국에서 고용불안이 심각해지는 배경에는 영세한 중소기업들의 상황 악화가 큰 부분을 차지한다. 영세 중소기업의 일자리는 일감 부족과 저임금, 열악한 근무조건의 '나쁜 일자리'이기 십상이다. 그러니 채산성 악화에 따른 폐업으로 실업자를 낳기도 하지만 열악한 처우를 견디다 못해 자발적으로 회사

갑
통상 쌍방 계약서에서 먼저 등장하는 계약자를 '갑'으로 지칭하고 뒤에 나오는 계약자를 '을'이라고 지칭한다. 관례적으로 더 우위인 쪽이 갑(예를 들어 대기업)이 되고, 을(예를 들어 중소기업)은 지위가 낮다. 때문에 갑과 을 사이에 불공정하고 불공평한 거래가 이루어지곤 한다.

12장 빈곤을 부추기는
고용불안은 왜 생기는 걸까

를 떠나는 불안정 취업자를 양산하기도 한다. 전체 임금근로자의 3/4이 종사자 100인 미만의 중소기업 노동자임을 감안하면 이 같은 중소기업의 위기가 근로빈곤층의 확대로 이어진다는 걸 짐작할 수 있다.

개발독재의 유산과 부채

고용의 질이 떨어지고 있는 작금의 문제는 지난 수십 년간의 산업화 과정에서 형성된 노동시장의 특성과 밀접한 관련이 있다. 대기업을 앞세워 경제성장에만 몰두했던 박정희 정권은 상대적 약자인 노동자를 위해 보호장치를 마련하는 데 극도로 인색했다. 산업국가 제도의 기본이랄 수 있는 노동조합이 자유롭게 결성되기 시작한 것은 박정희가 서거한 때로부터도 근 8년이 지난 1987년 민주화의 봄 이후였다. 그전까지 노동조합을 입에 올리는 사람은 자본주의체제를 부정하거나 북한에 동조하는 불순세력으로 취급되었다. 노사관계의 출발점인 노조의 결성이 이토록 힘들었으니 선진국에서와 같은 노동자의 정치활동이란 상상조차 할 수 없는 일이었다.

반면, 애국의 첨병으로 칭송받던 재벌기업들은 막강한 권력을 지닌 조직으로 성장했다. 그들은 정권에 도전하지 않는 한, 시장경제의 규칙을 다소 어기더라도 결코 처벌받지 않았다. 노동자에 대한 그들의 편법 혹은 탈법 행위는 수출산업의 국가경쟁력을 높이기 위해 불가피한 필요악으로 간주되었다.

세계일류기업을 자처하는 삼성그룹이 한때는 사내에 노동조합이 없음을 부끄러워하지 않고, 현대자동차가 대법원 판결에 불복하는 대담한 기업이 된 데는 이처럼 노동시장에서의 탈법과 노동권의 억압을 용인해온 지난날의 역사에 원인이 있다. 이들은 정치권을 움직여 노동자를 보호하는 법의 제정을 막고 자신들의 불법을 눈감게 했다. 노동부가 노동자에게 불리한 해석을 내리고 한사코 자본가를 편드는 희한한 행태는 '다이나믹 코리아'에서만 발견되는 진풍경이다.

똑같은 세계경기의 불황 속에서도 서유럽 국가들의 빈곤율이 상대적으로 낮고 근로빈곤의 양상이 덜 심각한 것은 '나쁜 일자리'의 창궐을 막는 법과 제도가 있기 때문이다. 신자유주의 바람 때문에 예전 같지는 않다고 해도, 적정한 수준의 최저임금제를 강력히 실시하고 무차별적 해고를 견제하며 불안정 취업층을 사회보장제도로 보호하는 그들 나라가 한국과 천양지차의 결과를 낳는 것은 너무도 당연하다. 적어도 그 나라의 대기업들에게는 불공정 거래를 일삼거나 법과 제도를 무시하는 안하무인의 관습이 허용되지 않는다.

그런 이유에서 박정희 시대의 과오는 그것의 공로만큼이나 우리들의 현재 삶을 강하게 규정하고 있다. 개발독재 시대의 미덕에 관해서는 의견이 갈리지만, 관 주도의 공업화 전략이 절대빈곤의 장막을 걷어낸 것이 사실이고 소홀히 평가될 일도 아닌 것은 분명하다. 그런데 그 같은 경제발전의 과정은 뒤집어보면, 모든 중요한 결정이 투명하고 합법적인 절차를 통하지 않고 항상 정치적 뒷거래에 의해 좌우되는, 연줄 문화가 뿌리 내리는 과정이었다. 국민들은 크고 작은 문제에 부딪칠 때마다 법과 제도가 정한 절차를 따라 합리적인 해결을 모색하기보다, 초법적 권한을 가진 사람을 찾아 줄을 대는 편이 더 확실함을 오랜 경험으로 체득해왔다.

이것은 그냥 부끄럽고 말 일도 아니고, 한강의 기적을 이루는 과정에서 불가피했던 부작용으로 치부될 일도 아니다. 뇌물을 주고받는 부패의 관행은 우리 경제의 거래비용을 높이고 따라서 효율성을 떨어뜨린다. 정치권력과 재벌기업의 짬짜미는 자본과 노동의 상생적 파트너 관계를 파괴하고 노동권의 정상적인 성장을 방해한다. 노동자 몫으로 돌아가야 할 회사의 수익이 정권의 비호를 받기 위한 로비 자금으로 사용되기도 한다. 재벌기업은 세계시장에서 치열한 경쟁을 벌이는 한편, 정치권을 위한 비자금도 마련해야 하니 결국은 노동자와 하청기업들을 더 쥐어짜게 된다.

그리하여 한국의 자본주의는 시장경제의 원리와 규칙으로만 작동되는 게 아니라 정치적 메커니즘에 의해서 뒤틀린다. 거대자본은 여느 산업사회의 상식과도 같은 노동조합과 노동 보호 법제를 가볍게 무시하고 이들의 탈법은 묵인되기까지 한다. 글로벌 스탠다드를 외치는 한국의 재벌기업들이 여전히 천민자본의 속성을 못 버렸다고 손가락질받는 이유이다.

부패공화국이라는 오명의 시원始原이 개발독재 시대에 닿아 있다고 하면 아마도 손사래를 치며 부인할 사람도 있을 것이다. 하지만 눈부신 성장의 공을 그 시대로 돌리는 것이 맞다면 그와 꼭 같은 무게로, 자유로운 계약과 협상이라는 자본주의의 규칙을 훼손하고 탈법의 관행을 만연케 한 잘못에 대해서도 응당 책임을 물어야 한다. 독재의 역사는 그저 지나간 정치적 현상으로 그치지 않고 오늘날 한국 경제를 병들게 하는 기형적 인자를 남겼다. 이익을 위해서 어떤 초법적 행위도 불사하는 대기업들의 행태는 영세한 중소기업과 그곳에서 일하는 노동자들을 빈곤으로 내몰고 있다. 그리고 노동자를 공생의 동반자로 보지 않고 한낱 소모품으로 여기는 대자본의 태도와 기업문화는 늘 그들 편에만 섰던 정치권력이 방조하고 조장한 결과물이다. 그러니 개발독재 정권은 과거의 가난을 몰아내는 데 기여했지만 오늘날 새로운 가난이 생겨나는 원인을 제공한 것도 엄연히 사실이다.

세계경제의 여파로 인한 고용불안

한국에는 자유경쟁 체제에서 서민과 노동자와 중소기업은 필연적으로 불리할 수밖에 없다는 인식, 그리고 그런 인식에 기초한 강력하고 실효성 있는 거시정책이라는 게 있어본 적이 없다.

1980년대 이전까지 국민소득이 늘고 절대빈곤의 그늘이 사라진 것은 특별히 서민에게 초점을 맞춘 정책 덕분이라기보다, 대기업과 중소기업, 수출과 내수의 동반성장이 가능했던 경제환경 때문이었다.

그런데 이러한 긍정적 조건은 한국이 국내시장의 문을 세계를 향해 갑자기 열어젖히면서 사라지기 시작했다. 1980년대 들어 군부정권은 이전 시대의 중화학공업 육성을 위한 특별법들을 폐지하고서 대신 보다 간접적인 지원체제로 전환하는 한편, 수입을 자유화하고 시중은행을 민영화하는 등의 조치를 취했다. 이것이 규제완화를 골자로 한 대내적 자유화였다면, 이후에 들어선 김영삼 정권은 우리 시장의 문을 외국자본에게 개방하는 대외적 자유화에 박차를 가했다.

대책 없는 자본시장의 개방은 우리 경제가 신자유주의적 세계경제 질서에 깊숙이 편입되어 들어감을 뜻했다. 요컨대 자유롭게 세계를 떠도는 해외자본이 국내에 투자해서 이득을 얻는 한편, 단기간의 고수익만을 노리는 그들 자본이 한국경제의 발전에 역행하는 행태를 보이더라도 속수무책으로 당하게 된다는 의미이다. 2003년 미국계 사모펀드 론스타가 부실화된 한국의 외환은행을 인수했다가 되팔고 떠나는 과정에서 불법, 헐값 매각 논란이 일었던 사건이 그 단적인 예다. 당시의 우리나라 경제 관료들은 론스타에 외환은행 인수 자격이 없음에도 불구하고 이를 묵인한 채 매각을 강행한 결과, 그들에게 천문학적 규모의 차익을 안겼을 뿐 아니라 2012년에는 그들로부터 국제투자분쟁해결센터ICSID에 제소를 당하는 상황에까지 이르렀다

흔히 '지구화'라고도 번역되는 '세계화globalization'는 고용과 복지의 관점에서 보자면 다음과 같은 특징을 지닌다. 첫째, 20세기 중·후반부터 노동의 국제분업 질서가 새로운 방향으로 변화됐다. 지구 북반구에 있는 선진공업국들의 제조업이 서서히 퇴조하면서 국제경쟁력이 약해진 이들 산업의 일자리는 환태평양권의 신흥공업국으로 이동하기 시작했다. 한국을 비롯한 아시아의 잠룡들은 한때 미국과 유럽이 누리던 중화학공업 생산기지로서의 지위를 넘겨받았다. 하지만 저렴한 노동력을 찾아 이동하는 산업 이전의 경향은 계속 가속화되었고 마침내 중국을 비롯한 후발 공업국들이 맹렬히 추격하기 시작했다. 한국 내 많은 생산공장들이 중국과 동남아시아 등지로 옮겨가기 시작한 것은 이미 오래된 일이다.

둘째, 아무런 제약 없이 국경을 넘나드는 초국적 자본의 활동이 급증하면서 많은 문제가 발생했다. 세계화 현상의 가장 뚜렷한 속성 하나는 자본에게 무한한 자유를 허용했다는 것이다. 글로벌 경제의 경향적 특성을 신자유주의라고 부르는 것도 '자본은 시장에서 완전한 자유를 누려야 하며 일체의 국가(정부) 개입은 백해무익하다'는 고전적 자유주의 이념을 바탕으로 하기 때문이다. 신자유주의는 시장을 최고의 가치로 신봉하는 일종의 시장지상주의市場至上主義로서 자본에 대한 규제 철폐 및 완

화, 공기업의 민영화, 부자 감세 등을 골자로 한다. 이 같은 신자유주의 이념은 국가개입주의 정책이 한계를 드러낸 1980년대부터 공세를 펴기 시작해서 마침내 금융 자유화를 골간으로 하는 글로벌 체제로 세계경제를 재편하기에 이르렀다. 이러한 정치적 자유와 함께 정보통신 기술의 발달은 자본의 이동에 날개를 달아주었다. 컴퓨터로 몇 차례 클릭만 하면 수천만 달러의 자본을 오대양 육대주 너머의 새로운 투자회사로 옮길 수 있게 됐다.

그러나 이들 초국적 자본의 관심은 오직 단기간에 높은 수익을 얻는 데만 맞춰져 있을 뿐 장기적 투자로 좋은 일자리를 만드는 데는 관심이 없다. 수익률이 낮아지는 순간 이들은 더 높은 배당금을 주는 투자처로 곧장 이동해버린다. 투자금의 향배에 촉각을 세워야 하는 글로벌 기업의 경영자들은 어떻게든 고수익을 내는 데 혈안이 되고, 이를 위한 가장 확실한 방법으로 노동자의 몫을 줄이기 위해 물불을 가리지 않는다.

대기업들은 최대한 노동비용을 줄이려고 인원을 감축하고 이에 저항하는 노동조합을 무력화시킨다. 임금이 적게 나가는 비정규직의 비중을 늘리고, 경제환경의 변화에 따라 불필요한 인력은 언제든 해고할 수 있는 상시적 구조조정 체제를 만든다. 기본급을 낮추고 각종 수당의 비중을 늘려서 노동자가 이런 수당들을 받기 위해 스스로 장시간 일하도록 유도한다. 임금이 싸고 노동자를 보호하는 법과 제도가 허술한, 그래서 노동 관런 비용이 적게 드는 나라가 있으면 공장을 그곳으로 이전해버린다. 하도급을 주는 하청기업에 대해서는 단가 후려치기 등으로 더 많은 이익을 쥐어짠다.

이처럼 주주들의 이익을 위해 노동자에게 돌아갈 몫을 깎는 주주자본주의* 체제는 금융자본을 살찌우는 대신, 좋은 일자리들을 사라지게 하고 고용의 질을 악화시켰다. 이런 과정에서 중산층은 서서히 해체되고 고용과 소득의 양극화가 일어났다. 우리나라 전체 국민소득에서 노동자에게 돌아가는 몫의 비율, 즉 노동소득분배율은 지난 20여 년 사이에 9~14%가 하락한 것으로 나타난다.

그렇다면 서민을 빈곤으로 내모는 우리 경제의 현실은 앞으로 어떻게 될까?

과거 경제성장을 이끌었던 가공조립형 산업화 모델이 수명을 다해가는 것은 분명해 보인다. 제조업 중심의 수출주도형 성장 모델이 위기 신호를 보내기 시작한 지는 꽤 오래됐다. 제조업(2차 산업) 비중이 줄고 서비스업(3차 산업) 비중이 늘어나는 소위 탈공업화가 본격화된 것은 김영삼 정부가 시장개방에 나선 1992년 전후였다. 당연히 줄어드는 제조업 일자리의 공백을 채우기 위해 산업구조의 재편을 서둘렀어야 할 때였다. 또한 수출 의존도를 낮추기 위해 내수를 키우고 강화하기 위한 정책이 일찍이 필요했다. 결국 오늘날 우리 경제의 위기는 이 같은 경제 구조 혁신의 과제를 역대 정부들이 안 했거나 못 한 결과이다.

주주자본주의
주주의 이익을 최우선으로 하는 자본주의 형태. 배당이나 주가인상 등으로 주가 최대의 이익을 얻는 것을 경영 목표로 삼으며 주주들이 직접 경영에 개입한다. 기업 경영의 투명성 확보와 투자 활성화 등에는 유리하지만, 단기적 성과에 치중해 기업의 성장과 발전을 저해하고 기업의 사회적 책임을 도외시하는 등 문제가 있다.

세계 무역시장의 교역량이 둔화되는 추세 속에서 우리나라의 수출증가율은 계속 하락하고 있다. 그러니 수출이 경세성장에 기여하는 정도도 과거에 비해 크게 낮아질 것이다. 현재의 교역 환경으로 보건대 수출의 저성장 기조는 지속될 전망이다. 게다가 감염병 대유행과 같은 외적 변수도 미래 시장의 불확실성을 더욱 키우고 있다.

수출 환경은 어차피 우리 마음대로 되는 게 아니니, 가계소득 진작과 소비의 활성화를 통해서 수출의 기여도 하락을 메꾸고 보전하는 쪽으로 구조를 전환할 필요가 있다. 내수를 활성화하기 위해서는 소비의 주체인 가계의 소득을 높여주어야 하므로 최저임금 수준 인상도 자연스러운 정책 수순이다.

다만 문제는 생산성이 낮은 저부가가치 사업장의 출구가 열려 있지 않았다는 점이다. 지금까지 저임금 노동자에게 의존해서 연명해온 영세기업과 영세자영업자들이 입을 타격에 대한 사전준비가 없었다. 산업구조 재편을 통해서 저부가가치 사업장의 노동력을 부가가치(생산성)가 높은 산업으로 재배치하는 커다란 혁신의 과제가 함께 추진되지 않은 것이 문제였다. 산업의 생태계를 바꾸는 거시적 정책 과제를 망각한 채, 최저임금 인상이라는 (손쉬워 보이는) 미시적 정책을 앞세운 나머지 동티가 나고 말았다.

정부의 정책이 '사람'을 핵심 가치로 담고 있지 않으면 공허한 미사여구의 나열로 흐르기 쉽다. 2020년 정부가 발표한 '디지털 그린뉴딜' 정책은 "추격형 경제에서 선도형 경제로 대한민국을 대전환하는 새로운 100년의 설계"라는데, 2025년까지 160조 원을 투자해서 190만 개의 일자리를 만들겠다고 한다. 그런데 여기에는 '데이터 댐' '지능형 정부' '스마트 의료 인프라' 같은 기술신자유주의자들의 화려한 용어는 넘쳐나는데 정작 일하는 사람에 대한 계획은 빠져 있다.

재미 언론학자 강인규는 "뉴딜의 핵심이 되어야 할 기존의 일자리 안정 대책, 저소득층 복지 확대, 새 일자리 창출의 구체적 방안 등이 빠져" 있음을 우려하면서 "미국에서 구글, 유튜브, 아마존, 페이스북, 트위터 등 첨단 정보통신기업들이 비약적으로 성장하던 시기에 상위 1%를 제외한 나머지 99%의 부는 추락했으며 결코 디지털 기업들이 일자리를 쏟아내는 게 아니"라고 지적한다.(『오마이뉴스』, 2020년 7월 23일자, 「문재인 정부, 네이버보다 빌 게이츠를 믿어라」)

이번 발표문의 내용도 역대 정권이 새로운 경제 얘기를 꺼낼 때마다 직업관료들이 그렸던 과거의 청사진들과 대동소이하다는 점에서 자못 걱정이 된다. 예전에 그렸던 멋진 그림들은 어째서 실현되지 못했는지, 그 원인을 정확히 짚어서 이번만큼은 구체적인 실천 방도를 찾아야 하는데 말이다.

12장 빈곤을 부추기는
고용불안은 왜 생기는 걸까

13장

가난한 청년들은
만남이 두렵다

예전에는 '청년'과 '빈곤'이라는 두 단어가 매우 어울리지 않는 짝이라고 여겼던 것 같다. 옛날이라고 없는 집에 태어나 궁핍을 이고 사는 젊은이가 왜 없었을까마는 그 경우에 가난은 잠시 나타나는 일시적 현상으로 치부되었다. 젊다는 것은 곧 건강하고 힘이 넘친다는 것을 의미했으므로 또한 가난을 벗어날 수 있는 능력 및 잠재력의 동의어이기도 했다. 그래서 어떤 역경에 대해서든 사람들은 '앞길이 구만리 같으니 다 괜찮다'고 했다. 세상의 젊은이는 모두 젊은이일 뿐, 그 안에서 무슨 계층이니 계급 따위가 나뉠 리 만무하다고 믿었던 시절이다.

그런데 언제부터인가 빈곤은 우리나라 청년의 일부 집단에서 보편적으로 나타나는 현상으로 다가왔다. 청년들의 빈곤이 이제는 개인의 문제가 아니라 사회문제가 되었다.

가난의 가장 원초적 모습이 굶주림일진대, 놀랍게도 1인당 국민소득 3만 달러 시대에도 끼니를 거르는 청년들이 있다. 2019년 국가인권위원회가 19세~34세의 젊은이를 대상으로 실시한 설문조사(『빈곤청년 인권상황 실태조사』)에서 '돈 때문에 식사를 거르거나 줄인 적이 있다'고 대답한 사람은 전체 응답자의 45.9%였다. 청년 10명 가운데 5명 정도가 돈이 없어 밥을 제대로 못 먹고 있단 얘기다. 다음은 주간지 『시사인』(2017년 12월 6

일자)에 실린 한 대학생의 인터뷰 기사다.

강원도의 한 대학에서 디자인을 공부하는 황혜수 씨(가명·20)는 돈이 부족할 때 가장 먼저 포기하는 것이 '밥'이었다. 매일 아침은 거르거나 우유 한 컵으로 때웠고, 점심때 친구들과 학식(학교 식당)이나 배달 음식을 먹게 되는 '큰 지출'이 생기면 저녁은 굶었다. (…) 밥값 걱정은 몸뿐 아니라 마음도 아프게 했다. 수중에 돈이 떨어져 3000원짜리 학식도 사먹을까 말까 고민하는 월말, 친구들이 "야, 오늘은 학식 말고 밖에서 맛있는 거 먹자"고 하면 황 씨는 숨이 턱 막혔다. 우르르 나가는 무리에서 빠져나가기 힘들어 함께 가면서도 황 씨는 내내 머릿속에서 돈 계산을 했다. 맛있는 음식도 맛있지가 않았다. 그런 자신이 궁상맞은 사람처럼 느껴져 또 한 번 스트레스를 받았다.

대학생은 더 이상 특권층이 아니다. 학교 식당에서 밥을 먹을 때마다 가난한 친구를 옆에서 기다리게 했다가 자신이 다 먹고 비운 식판을 친구가 배식대로 가져가서 밥과 반찬을 리필 받아 먹도록 도왔다는 어떤 대학생 이야기. 이를 계기로 자투리 시간에 학교 식당에서 아르바이트 봉사를 해서 받은 식권을 기부받아서 밥 못 먹는 친구들에게 나누어주는 대학생 봉사단체('십시일밥')가 전국에 생겼는데, 과연 자존심 강한 대학생들이 신청할까 했더니 전국적으로 1900명이 신청해서 먹고 있다는 이야기.

누구는 가슴 훈훈한 미담이라며 전하는 이 이야기들이 그저 아름답게만 느껴지지 않는 것은 젊은이들의 애달픈 절박함이 먼저 다가오기 때문이다.

  부모가 진 빚을 대신 갚으며 안간힘을 쓰는 어떤 젊은이도 결국 끼니를 줄였다.

  아빠가 쓰러진 이후엔 알바를 뛸 수밖에 없었다. 2014년 말부터는 패밀리레스토랑을 그만두고 대형마트 보안요원으로 일했다. 특별한 기술이 없어도 다른 일보다 월급이 많아서 선택한 일이다. 몸은 고되어도 한 달에 140만 원 정도 벌었다. 주말에는 햄버거 가게에서 일했다. 친구네 어머니 식당에서 알바가 필요할 땐 월차를 내고 일했다. 월 200만 원 가까이 벌었지만 대부분 빌린 돈을 갚는 데 썼다. (…) 밥을 굶기로 한 것은 그맘때다. 버는 돈이 뻔한 상황에서 아낄 수 있는 건 먹는 걸 줄이는 것뿐이었다. (…) 친구들 모임은 물론 회식도 못 갔다. 직원들끼리 2차를 가면 회비를 내야 하는 게 겁났다. 버스 타면 10~20분 걸리는 회사를 늘 걸어 다녔다. 지각해서 욕먹는 것보다 차비 나가는 게 더 무서웠다. 배고픔도 육체적 고단함도 참을 수 있었지만 밀려오는 서러움은 견딜 수 없었다. 숨어서 몰래 우는 버릇이 생긴 것도 그때다. 출근길 거리에서 노숙자를 보면 겁이 났다. 미래의 내 모습 같았다.(『서울신문』, 2018년 10월 23일자, 「밥 굶고 알바 3개 뛰는데…빚은 그대로」)

가난한 청년들은 사람 만나기를 두려워한다. 생각지 않은 가욋돈이 나가기 때문이다. 위의 국가인권위원회 조사에서 전체 응답자의 66.9%, 즉 2/3가 '돈 때문에 사람 만나는 것이 꺼려진 적이 있다'고 대답했다. '지난 10년간 생활수준이 더 나빠졌거나 별 차이가 없다'고 응답한 사람 역시 전체의 2/3를 상회했다(67.3%). 정신건강 상태를 보기 위한 우울감 척도 조사에서는 평균 9.76점으로, 우울증 판정 기준인 10점에 거의 육박하고 있었다. 이를 다시 가구소득에 따라 나누어보면, 소득이 낮은 가정의 청년들(10.06점)이 소득이 높은 가정의 젊은이(8.67점)에 비해서 우울감이 훨씬 높은 것으로 나타났다.

청년들의 빈곤 역시 다차원적이다

청년빈곤율, 즉 자기 소득이 중위소득의 50%가 채 안 되는 청년들의 비율은 9%쯤으로 그 자체가 높은 편은 아니다. 이 수치는 노인빈곤율 46%에 비하면 비교가 안 될 정도로 낮은 수준이다. 그것은 한국이 노인빈곤율 세계 1위를 달리는 나라이니 그렇다 치더라도, OECD 국가들의 청년빈곤율 평균 13%와 비교해도 낮은 수치이긴 하다.

그런데 우리나라 청년들은 서구에 비해서 부모와 함께 사는 비율이 높은 편으로(19세~34세 젊은이의 경우 56.7%), 부모와 동거하는 청년과 동거하지 않고 혼자 사는 청년의 빈곤율을 따로 계산해보면, 혼자 사는 경우의 빈곤율(36.5%)이 같이 사는 경우의 빈곤율(6.7%)보다 월등히 높은 것으로 나타난다. 그도 그럴 것이 부모와 같이 살 경우 주거비를 비롯해서 기본적인 생계비 부담이 확 줄어드니 너무도 당연한 결과다.

그런 점에서라도 빈곤 현상을 비단 소득만이 아닌, 여러 차원의 요소들까지 종합해서 파악하는 접근법이 더 합리적일 수 있다. 소득수준 외에 주거 시설, 건강 상태와 의료비 부담, 고용 상태, 사회문화적 자본, 사회보험의 안정성 등을 지표로 삼아 분석한 한 연구보고서(김문길 외,『청년빈곤의 다차원적 특성 분석과 정책대응 방안』, 한국보건사회연구원)에 의하면, 우리나라 청년은 대부분의 영역에서 중장년이나 노인층에 비해 높은 빈곤율을 보이고 있다. 특히 실업자 여부, 근로시간의 형태 등 고용 관련 지표에서 빈곤율이 가장 높게 나타났으며 소득 및 자산, 사회보험의 안정성 면에서 모든 지표들이 높은 빈곤율을 가리키고 있었다. 한마디로 청년층은 다른 연령층에 비해 특히 더 취약하고 불안정한 상황에 내몰려 있는 것이다.

이처럼 여러 가지 차원에서 청년들은 우리 사회의 구성원으로서 누려야 할 최소한의 자원과 기회를 박탈당하고 있다. 그중에서도 일자리 문제는 온갖 결핍의 원인이자 해결책으로 인식된다. 취직을 해서 돈을 벌면 모든 게 해결될 것 같은데 '그놈의 취직이 문제다.'

구직단념자를 만드는 왜곡된 노동시장

생산 과정에서 투입된 것에 비해 얼마만큼의 산출이 나왔는 가를 따지는 것이 '생산성'이다. 한국경제는 이 생산성의 증가 속도가 과거에 비해 크게 떨어졌다. 생산성 증가율은 1980년대에 2.2%로 정점을 찍었다가 그 후로 계속 감소하는 추세를 보이더니 최근에는 1% 정도로 내려앉았다. 이처럼 생산성 증가세가 둔화됐다는 것은 청년들의 눈높이에 맞는 괜찮은 일자리가 충분히 생겨나지 않음을 뜻한다. 그동안 수출로 잘 나가던 대기업들조차 새로운 수익사업을 만들어내지 못하고 기존 사업을 방어하는 데 급급한 나머지 고용에 대한 투자를 극도로 꺼리고 있다.

괜찮은 일자리가 잘 생겨나지 않으니 청년 실업자는 넘쳐나고 취업의 문은 비좁다. 있던 일자리마저 비정규직화되며 불안정해지니까 청년들 손에 닿는 것은 질 나쁜 일자리뿐이다.

우리의 청년실업률은 10.7%, 현실을 감안해 보정한 확장실업률로 계산하면 26.8%다.(2020년 6월 기준) 청년 10명 가운데 2~3명이 실업자라는 건데 이 역시 우리가 피부로 느끼는 것과는 거리가 있어 보인다. 사실 실업 상태라는 것이 칼로 무 자르듯이 경계가 나뉘는 것이 아니어서 현실에서의 양상은 좀 더 복잡할 수 있다.(이에 관해서는 잠시 후 '니트'에서 다루기로 한다.)

[도표 9]는 임금근로자 가운데 비정규직의 비율을 각 연령층

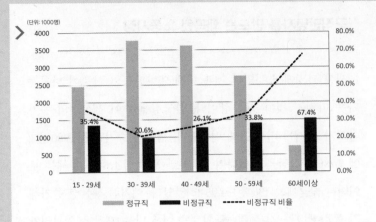

(단위: 1000명)

별로 분석한 것이다.

전체 근로자 가운데 비정규직이 차지하는 비율이 가장 큰 연
령층은 노인층, 중고령층 다음으로 15세~29세의 청년층이다.
학교를 졸업하고 그나마 찾아들어간 직장이 불안정한 비정규
직 자리라면 이후에 전개될 그의 직업 경력은 그다지 순조롭지
못할 것이다.

그래서 많은 젊은이들이 '근로조건에 만족하지 못해서' 다니
던 직장을 그만둔다. 앞서의 국가인권위원회 보고서에 의하면
2019년에 첫 직장을 퇴사한 청년들 가운데 '보수나 근로시간
등 근로조건이 만족스럽지 않다'는 이유로 그만둔 사람의 비율
이 49.7%였다. 이 비율을 과거 10여 년에 걸쳐 비교해보면 이런
사유의 퇴사자가 2008년에는 43.3%, 2013년에는 45.1% 등으로
계속 증가해온 것을 볼 수 있다. 이는 청년들의 첫 직장 근로조
건이 지속적으로 악화돼왔음을 시사한다.

노동시장의 사정이 이러하니 마침내 '직장도 없고 교육이나 훈련도 받지 않는Not in Education, Employment, or Training' 젊은이들이 생겨난다. 이른바 니트NEET라는 집단이다. 처음 영국에서 만들어졌다는 이 단어는 정규 교육을 마친 후에는 직업을 갖는 것이 '정상'인 고성장 시대의 기준에 입각해서 그 기준에서 벗어난 것을 '비정상'으로 규정하고 있다.

다시 한번 정의해보면 '정규 교육기관이나 입시 및 취업 훈련기관을 다니지 않고 직업도 없으며 가사나 육아를 하지도 않는 독신 상태의 15세~29세 청년층'이다. 이들은 다시 '취업을 지속적으로 시도하느냐'에 따라 구직 니트와 비구직 니트로 구분되는데 보통 전자는 실업자로, 후자는 비경제활동인구로 분류된다.

이 가운데 특히 구직 의사가 없어 보이는 비구직 니트에 대해서는 사회 전체가 깊은 우려와 따가운 눈총을 보내기 마련이다. '현재는 실업 상태에 있더라도 취업하기 위해 뭘 배운다거나 일자리를 구하러 열심히 돌아다니는 것이 올바른 태도'라고 여기는 기존 가치관에 비추어보면, 그런 기대를 저버리고 있는 비구직 니트는 기성세대의 눈에 비정상으로 비칠 만하다.

아무것도 하지 않는 젊은 실업자의 문제는 간혹 일본의 은둔형 외톨이('히키코모리') 같은 병리적 이미지와 겹치면서 개인 차원의 일탈 현상으로 해석되기 일쑤다. 그들의 문제를 성취 의욕과 의지의 부족, 역경을 인내하지 못하는 나약한 세대의 특성,

혹은 정서·심리적 질환으로 간주하는 경향이 있다. 하지만 왜 그들이 구직을 포기하게 되었나를 자세히 들여다보면 결코 그들 개인만을 탓할 수 없다는 결론에 이르게 된다.

강성훈(25) 씨는 취업을 비합리적으로 판단한 경우다. 그는 2007년 지방에 있는 한 대학교의 컴퓨터학과에 들어갈 때만 해도 명확한 계획이 있었다. 일본의 정보기술IT 회사에 취업하는 것이었다. 그러나 기대는 오래가지 못했다. 군 복무를 마친 뒤 복학을 앞두고 먼저 취업한 선배와 동기들을 봤다. 그들은 일본의 IT 회사에서 한 달 20만 엔, 당시 한국 돈으로 200만 원 남짓을 받았다. 아르바이트 수준이었다. 한국 IT 회사에 취업한 지인들의 상황도 별반 다르지 않았다. 비정규직 딱지를 단 그들은 매일 생계에 허덕였다. 그런 열악한 일자리를 구하려고 학점·영어점수·자격증에 쏟아야 하는 시간과 돈이 아까웠다. 그런 스펙을 갖춰도 '지잡대'(지방의 잡스러운 대학이라는 뜻) 꼬리표가 가려질 것 같지도 않았다. 그는 결국 대학을 그만뒀다. 그리고 올해 초까지 1년 6개월 정도를 공장에서 일하며 돈을 모았다. 지금은 일본으로 워킹홀리데이(해외에 여행 중인 젊은이가 방문국에서 일할 수 있도록 허가해주는 제도)를 떠날 준비를 하고 있다. "한국에서 취업하려면 인생을 통째로 투자해야 한다. 들어갈 때 스펙에 엄청난 돈을 써야 하고 일하면서는 장시간 노동을 해야 한다. 그러면서도 보상은 쥐꼬리다. 사회가 그렇게 깔아놓은 레일 위에서 남들과 경쟁하고 싶은 마음이 전혀 없다." (…)

권혁기(27) 씨에겐 집 거실에 나오는 시간이 정해져 있다. 부모가 출근한 아침 8시부터 저녁 7시까지다. 올 초 그가 일을 그만두면서 시작된 부모의 잔소리가 듣기 싫어서다. 부모가 "아무 일이라도 찾아보라"며 이따금 툭 던지는 벼룩시장·교차로 따위 정보지를 볼 때면 당장이라도 찢어버리고 싶은 마음이 든다. 그가 전혀 일을 안 했던 것도 아니다. 대학을 휴학한 뒤 대형마트에서 1년 정도 주차관리 아르바이를 했다. 결근과 조퇴 한번 없이 성실하게 일했지만 "인력을 줄여야 한다"는 말 한마디에 해고됐다. 얼마 뒤엔 한 시청에서 다시 아르바이트를 시작했다. 그러나 그를 고용한 용역업체는 석 달 만에 이유도 제대로 알려주지 않고 계약을 해지했다. 지난해엔 공장에서 생산직으로 일을 시작했다. 야근과 주말 근무를 해도 월급은 150만 원 남짓이었다. 창문 하나 없는 기숙사 방에서 동료 몇 명과 함께 지내는 것도 참기 어려웠다. 이번엔 스스로 그만뒀다. 세 번의 노동 경험은 그에겐 충격이었다. 이유 없이 버려지는 느낌이 무서웠다. 그러나 가족은 위로해주기는커녕 옥박만 질렀다. 괴로움을 털어놓을 친구도 거의 없다. 그는 "돈은 적게 받더라도 오래 일할 수 있는 평범한 직장을 잡고 싶다. 그러나 어디서부터 시작해야 할지 모르겠다. 탈출구가 없다"고 했다.(『한겨레21』, 2013년 10월 31일, 「희생양도 개○○도 아니다」)

왜곡된 노동시장은 이들로 하여금 일을 포기하게 만든다. 그리고 취업에서 유리한 고지에 서기 위해 자기계발에만 몰두하던 청년들은 실패의 책임을 오롯이 자신에게 돌린다. 이들은 "아무리 애써도 표준화된 욕망에 도달할 수 없기에 일을 원하지 않는 방향으로 심리적 방어기제를 작동시킨다. 하지만 노동시장에 참여하지 않고서는 경제적 독립은커녕 온전한 개인으로 인정받기 어려운 사면초가의 상황"에 놓여 있다.(이충한,『비노동 사회를 사는 청년 니트』, 2018)

따라서 이들에게 현재의 실업 상태는 자신이 기꺼운 마음으로 선택한 것도 아니고 또 앞으로 영원히 유지하고 지속하게 될 상황도 아니다. 자신을 다그치면서 분투·노력하다가 실망과 좌절의 연속 끝에 잠시 '아무것도 하지 않음無爲'을 자기방어의 수단으로 꺼내 들었을 뿐, 언젠가 다시 취업 경쟁의 바다로 나아가야 함을 알고 있다.

그런 점에서 '니트는 주체가 아니라 상태'라는 이충한의 지적은 참으로 적확하다. 그에 의하면 니트는 니트족族이라는 표현에서 보듯이 마치 동일한 사회학적 특징을 지닌 한 무리의 사람들이라는 인상을 주지만, 실은 일시적인 상태로 보는 것이 마땅하다. 오늘날 젊은이들은 어느 한곳에 머물러 있는 게 아니라 불완전 취업, 반半실업, 완전 실업 등등의 상태를 수시로 이동하며 넘나들고 있는 것이다.

그들은 왜 차별에 찬성하게 되었을까?

대기업이나 공기업의 괜찮은 일자리가 아닌, 평범한 직장으로는 비싼 등록금과 그동안 스펙 쌓기를 위해 들인 비용을 회수할 수 없다. 그리고 좋은 일자리로 향하는 좁은 문은 소수의 행운아들에게만 허락된다. 오늘날 노동시장은 취업을 희망하는 청년들에게 일자리를 내줄 생각도, 그럴 능력도 없어 보인다. 그런데도 젊은이들은 무한한 노력과 자기계발로 그 비좁은 문을 통과하려 한다. 노동시장의 왜곡된 구조와 무능을 탓하는 사람은 없다. 학력과 스펙을 인정받기 위한 끊임없는 자기계발 노력만이 요구된다. 자기계발을 위한 노력은 그 자체로서 선善이다. 그래서 취업에 성공하지 못하는 것은 노동시장 구조의 실패가 아니라 내가 충분히 노력하지 않았고 아직 능력이 모자라기 때문이라고 자책한다.

몇 해 전, 서울시가 서울지하철의 무기계약직 노동자 1200여 명을 정규직으로 전환한 적이 있다. 당시 서울지하철 노조의 한 간부는 젊은 조합원들의 예상치 못한 반발에 매우 곤혹스러워했다. 처음부터 정규직으로 입사한 젊은 노조원들의 반대 이유는 "조건 없이 모두를 정규직화해주는 것은 어렵게 공채시험을 통과해서 들어온 기존 정규직을 역차별하는 처사"라는 것이었다. 정규직 전환 조치로 인해 기존의 정규직들이 경제적으로 무슨 손해를 보는 것도 아니라고 했다. 서울교통공사의 인건비

지출이 늘어나서 재정수지가 악화되는 문제는 있지만 그것이 기존 정규직의 임금에 직접 영향을 주는 것은 아니란다. 그보다는 "구내식당에서 밥하는 아줌마가 어렵게 시험 보고 들어온 나와 똑같이 정규직원으로 대우받는 게 싫다"는 심리적 거부감이 크다고 했다. 요컨대, 나와 그들 사이에는 차별이 존재해야 한다는 생각, 차별의 벽을 허무는 것을 용납할 수 없다는 생각이 이들에게 있는 것이다.

2020년 초여름, 인천공항공사가 비정규직 신분의 보안검색요원과 소방대 등 2100여 명을 정규직으로 전환할 때도 비슷한 반발이 일었다. 이번에는 기존의 정규직 노조뿐 아니라 공기업 취업을 희망하는 취업준비생들까지 정규직화를 중단하라는 청원을 청와대에 올렸다. 정규직 노조의 반대 논리는 '그들을 정규직으로 채용하는 과정이 형평성에 어긋난다'는 것이었는데, 한편으로는 총액임금제로 운영되는 인천공항공사의 재정 구조상 신규 정규직화로 인해 인건비가 늘어나면 긴축재정으로 장차 자신들의 몫이 줄어들 수 있다는 불안감도 작용한 모양이다. 아무튼 최고 수준의 스펙을 쌓아서 힘든 경쟁을 뚫고 들어온 자신들과 비교해서 보안검색 요원들은 너무 쉽게 정규직이 되는 게 그들로서는 불만이었다. 반면, 취업준비생들은 공채시험을 거쳐 자신에게 돌아와야 할 정규직 자리가 "별다른 노력도 하지 않은 아르바이트 직원들" 차지가 되는 것에 화가 났다. 공사 측이 보안검색 요원들은 아르바이트직이 아니라 소정의 전문교육을 수료한 이들이고 직군이 달라서 일반 사무직에 응시하는 취준생들의 일자리를 빼앗은 게 아니라고 설명했지만 막무가내였다. 취준생들은 "알바 로또 취업은 채용의 공정성을 훼손한다"고 목청을 높였다.

기존 정규직 노조원과 취준생의 차이는 '신의 직장'에 들어가는 좁은 문을 이미 통과한 자와 아직 문밖에서 서성이는 자의 차이다. 그리고 뜻밖의 누군가가 그 문을 통과하자, 문 안과 밖에서 그들은 하나가 되어 외친다. "저 자를 문 안에 들이는 것은 공정성과 형평성에 어긋난다"고.

그들은 문을 통과하기 위한 기존의 규칙(공개채용 시험)이 정말 공정한 것인지는 따지지 않는다. 그 규칙이 자리에 합당한 능력을 측정하기 위한 도구로서 적정한 것인지 의심하지 않는다. 다만, 구내식당에서 밥하는 아줌마, 시설을 관리하는 아저씨는 통과의 규칙, 예컨대 영어능력 시험을 거치지 않았으므로 노력하지 않은 것이고 따라서 정규직원이 되어서는 안 된다고 믿는다. 왜 똑같은 일을 하면서 비정규직은 정규직의 절반만큼 보상받아야 하고 언제든 버려질 수 있는 소모품 취급을 받아야 하는지 그들은 묻지 않는다. 그것은 자본이 자기 몫을 더 늘리기 위해 고안한 노동의 착취 기술임을 꿈에서도 상상하지 않는다. 그들에게 그저 정규직은 노력한 자, 비정규직은 게으른 자일 뿐이다.

『우리는 차별에 찬성합니다』라는 책에서 사회학자 오찬호가 분석하는 것처럼, 미래에 대한 극도의 불안 속에서 학력과 스펙의 가치를 인정받으려 안달하고 스펙을 갖추지 못한 이들을 노력하지 않는 존재로 치부하는 이들은 어느새 차별의 벽을 쌓고 상대를 밀어내는 괴물의 모습을 하고 있다. 이해할 수 있으나 동의하기는 어려운, 요즘 청년들의 안타까운 실루엣이다.

14장

가난한 사람들은

누구에게

투표하나

눈앞에 산적한 빈곤과 불평등의 난맥을 어찌하면 바로잡을 수 있을까?

생각이 여기에 다다르면 우리는 흔히 '정치'를 떠올린다. 다수 민중의 행불행이 달린 사회문제는 언제나 국가의 정책과 제도에 의해서 가장 효과적으로 해결될 수 있고, 그 정책과 제도를 결정하는 것이 바로 정치라고 믿기 때문이다.

그래서 사람들이 그야말로 민주국가의 주인이 되는 유일한 순간인 선거에서의 투표행위는 이런 사회문제 해결의 출발점일 수 있다. 흔히 세상에는 부자보다는 부유하지 않은 서민들이, 대자본을 가진 사장님보다는 그 밑에서 일하는 노동자들이 수적으로는 훨씬 많으니까 만일 이 다수의 보통사람들이 한마음으로 투표를 하면 부의 양극화나 노동자의 빈곤화 같은 현상은 점차 사라질 텐데, 하는 상상을 우리는 간혹 한다.

하지만 이런 상상은 이론적으로만 성립할 뿐 실제로는 일어나지 않는다. 처지와 이해관계가 같은 동질적 집단일 거라고 생각했던 '보통사람들' 안에 보수정당에 투표하는 노동자, 부자정당을 지지하는 무주택자들이 많기 때문이다. 누구나 자신이 속한 사회 계급(혹은 계층)을 대변하는 후보나 정당에게 투표할 것이라는 가설이 깨지자, 정치학자들은 이 기이한 현상에 주목하기 시작했다. 자신의 계급적 이익을 대변하지 않는 정당에 투표하는 행위, 이른바 '계급배반투표'가 이슈가 되었다.

미국의 계급 배반 투표 이야기

미국에서도 계급배반투표의 문제는 꽤 논란이 되었다. 의견이 분분한 가운데 누구도 부인하지 않는 사실 한 가지가 있다. 저소득층 유권자는 중·상류층에 비해서 적극적으로 투표하지 않는다는 것이다. 저소득층의 투표율은 언제나 상대적으로 낮다. 이유에 관해서는 몇 가지 추론이 가능하다.

우선, 먹고사는 일에 바빠 투표소에 갈 시간이 없다. 생계에 쫓긴다는 것은 비단 물리적 의미의 시간 부족만을 뜻하지는 않는다. 오히려 마음의 여유, 즉 정치의 변화에 일조하겠다는 의지의 부족이 더 크게 작용한 것일 수 있다. 따라서 두번째 이유는 우리가 흔히 '정치에 대한 무관심'이라고 표현하는 낮은 참여의지의 문제이다. 달리 말하면, 우리나라에서도 자주 발견되는, '투표를 한다고 뭐가 달라질까' 하는 비관론 내지 정치 불신이다. 한 가지 이유를 더 찾자면, 저학력자에게 불리한 투표 방식의 문제를 꼽는 사람도 있다. 미국의 투표용지는 가지 수도 많고 그 내용도 길고 복잡해서 학력이 낮은 사람들은 제대로 투표하기가 힘들다고 한다. 가난한 사람들의 투표율이 낮은 주된 원인은 아니겠지만 저소득층의 평균학력이 상대적으로 낮은 점을 감안하면 전혀 근거 없는 주장도 아닌 듯하다. 일단 저조

리버럴

시장경제를 최우선시하고 자유방임적 정책을 추구하는 경제적 자유주의(liberalism)와의 혼동을 피하기 위해 여기서는 '리버럴로 표기했다. 대개 미국 민주당의 정책 방향을 가리키며 개인주의와 시장주의를 긍정하는 한편 사회적 약자 보호나 복지도 강조한다.

표 3 | 미국의 이데올로기 비교

각 항목에 대한 견해	보수주의 conservatives	리버럴liberals •	진보주의radicals
연방정부의 존재	국방·외교 분야 제외하고 부정적	비교적 긍정적	(금권에 좌우되지 않는 한) 긍정적
사회문제의 원인	개인적·문화적 요인 강조	보수주의보다는 환경적 요인 강조	금전적 이해 때문에 생긴 환경적 요인
자본주의	긍정적	긍정적이지만 규제를 선호	(노동자에게 힘이 없는 한) 부정적
인간의 본성	부유층에 대해서는 비교적 낙관적, 빈곤층에 대해서는 덜 낙관적	빈곤층에 대해서는 비교적 낙관적, 부자에 대해서는 덜 낙관적	재력가에 대해서는 비관적, 여타 대중에 대해서는 낙관적
사회안전망	비교적 성긴 안전망 선호	비교적 촘촘한 안전망 선호	촘촘한 안전망 선호
낙태 등 도덕적 이슈에 대한 태도	다양하나 대체로 정부에 의한 통제를 선호	낙태 규제는 반대, 약물 규제는 찬성	사회문제에 대한 정부의 규제 반대
핵심 가치	자유(단, 정부의 특정 인센티브 제공이나 규제는 선호)	자유(그러나 사회정의도 중요)	사회정의
정부/비정부 프로그램	비정부 프로젝트 선호	양자의 혼합을 선호	정부 프로그램 선호 (단, 정부의 의사결정에 노동자나 시민 참여를 권장)
경제적 취약계층이나 차별 받는 사람의 존재	그들의 존재를 부인하거나 차별을 최대한 덜 인정하는 경향	재분배와 강력한 시민권 선호	억압받는 소외집단을 강조하고 강력한 시정조치 추구

출처: B. Jansson, 2009, *The Reluctant Welfare State* (6th ed.), 15쪽 〈표1.2〉를 재편집

한 투표율의 문제는 뒤에서 다시 다루기로 한다.

여기서 잠시 미국의 계층별 투표 행태를 이해하기 위해서 정치이념의 지형을 살펴보기로 하자. [표 3]은 미국 이데올로기들

의 특징을 간략히 정리한 것이다.

미국의 공화당은 대체로 보수주의 이념에, 그리고 민주당은 리버럴리즘에 기반하고 있다. 민주당은 공화당에 비해 상대적으로 진보적이지만 유럽의 사회민주주의 정당들에 비하면 훨씬 우파적 성향을 지닌다. 철저히 양당 구도인 미국에는 대중의 시야 속에 들어와 선거 때 선택 대상으로 고려되는 진보주의 정당은 없다고 할 수 있다.

아무튼 가난한 농민들이 부자 정당인 공화당에 몰표를 던지는 것을 보고, 토마스 프랭크Thomas Frank라는 미국의 저널리스트 또한 큰 충격을 받았던 모양이다. 전통적으로 노동자·농민·중소기업·유색인종 등을 대변하는 정당인 민주당과, 부유층·자본가·보수적 백인층을 지지기반으로 하는 공화당의 양당 구조에서, 2000년 대선 때 극도로 가난한 농촌지역이 극우파 후보조지 W. 부시에게 80%가 넘는 표를 몰아준 현상은 실로 놀라운 일이었다. 이런 일은 2016년 대선 때도 있었다. 민주당의 표밭이던 쇠락한 중서부 공업지대(러스트벨트)의 저학력 노동자들이 공화당 후보인 억만장자 도널드 트럼프에게 표를 몰아준 것이다.

빈곤층이 보수화된 이유가 궁금했던 프랭크는 방대한 조사와 분석 끝에 문제는 정책이 아니라 문화와 신앙이라는 결론을 내렸다. 공화당과 보수주의 세력은 경제 문제를 정치와 분리시키면서 진짜 문제는 낙태와 동성애와 총기 규제를 찬성하고 도널드 트럼프는 그 자신이 부동산 재벌에 친기업적인 공화당 대통령 후보였지만, 가난한 백인들의 지지를 받으며 대통령에 당선될 수 있었다. 사람들이 계급에만 근거해서 투표를 하지 않는다는 걸 보여주는 현실의 사례다.

애국심을 우습게 아는 민주당과 리버럴리스트_{liberalist}에게 있다고 공격했다. 그들은 진정한 미국인은 경건하고 신앙심이 깊으며 사명감과 애국심이 충만하다는 문화적 프레임을 만들어 민주당 지지자들이 얼마나 무책임하고 표리부동한지를 부각시켰다. 폭스TV의 유명 방송진행자는 교원노조를 "미국을 사랑하지 않는 매국노 집단"이라고 매도했다. 미국 국민들은 공화당의 신자유주의 정책 때문에 도시의 산업과 노동조합이 황폐해지고 생활이 곤궁해졌는데도 그것이 정치와 정권의 문제라고 인식하지 않았다. 빈곤은 체제의 문제가 아니라 영적 문제라는, "우리를 괴롭히고 있는 것은 영혼의 위기"라는 공화당 의원의 주장이 오히려 먹혀들어갔다. 공화당은 자신들이 노동자를 위한 정당이라고 주장하면서 "노동조합과 민주당의 작업장 안전 법안 때문에 노동자들의 삶이 이루 말할 수 없이 피폐해졌다"고 비난했다. 리버럴리스트의 이미지는 언제나 단정치 못한 히피 같은 차

림새로 방송에 나와 자유세계의 정의를 위해 파병한 자기 모국을 비난하는, 잘난 척하는 족속으로 정형화되었다. 민주당이 오래된 자기 지지층을 제대로 못 챙기고 우왕좌왕하는 사이에, 극우보수파들은 길 잃은 민중들의 분노를 문화 영역으로 돌리면서 자신을 서민의 정당으로 새로 치장하는 데 성공한다. 1980년대부터 현재까지 세 차례에 걸친 공화당의 집권은 이처럼 의도적인 문화전쟁에서 승리한 결과였다.(이 내용은 토마스 프랭크의 『왜 가난한 사람들은 부자를 위해 투표하는가: 캔자스에서 도대체 무슨 일이 있었나』라는 책의 내용 요약이다. 원서 제목에는 '어떻게 보수파는 미국민의 마음을 얻었나'라는 부제가 달려 있다.)

보수화의 물결을 극우파의 전략으로 보는 프랭크와 다소 관점이 다르기는 하지만, 이와 일맥상통하는 결론을 제시하고 있는 연구가 있다. 사회심리학자 조너선 하이트Jonathan Haidt는 사회적 약자가 보수당에 투표하는 이유를 진보주의자들이 간과하고 있는 세 가지 도덕적 본능 때문이라고 해석한다. 그에 따르면 인간은 ①연약한 대상을 보살피려는 본능 ②공정함을 추구하는 본능 ③자기가 속한 그룹에 충성하려는 본능 ④권위를 존중하는 본능 ⑤순결과 신성함을 소중하게 여기는 본능 등을 가지고 있는데, 처음 두 가지는 거의 누구에게나 발달되어 있는 반면, 나머지 세 가지는 양상이 다르다고 한다. 즉 애국심을 중요시하고 권위 있는 사람을 존경하며 혈통이나 성의 순결성, 종교의례의 신성함을 강조하는 태도는 보수 성향의 사람에게서 더 발달되어 있다는 것이다. 이에 비해 진보 성향의 사람들은 자기가 속한 그룹만을 위하는 게 아니라 나와 다른 이들도 인정해주고, 권력자를 존경하기보다는 그들이 부정을 저지르지 않는지 감시하며, 순결이나 신성함을 추구하는 일이 오히려 약자들의 권리를 억누른다고 생각한다. 사회적 약자나 가난한 사람들이 공화당에 투표하는 이유를, 진보주의자들이 덜 중요하다고 여기는 세 가지 본능에 공화당이 호소하기 때문이라는 설명이다.

하이트가 제시한 가치관들이 그의 말대로 인간의 보편적 본능인지, 아니면 미국 문화의 전통적 가치인지는 논란의 여지가 있다. 하지만 어느 쪽이든 간에 극우보수파들의 문화 프레임이 대중들을 포섭하는 데 성공했다는 앞에서의 주장을 잘 뒷받침하고 있다. 미국의 서민들은 자신들의 경제가 왜 악화되었는지를 따지기보다 '강한 미국'과 '경건한 미국인'이라는 오래된 가치를 선택했다. 공화당 정부 아래에서 부자를 위한 감세 조치가 내려지고 실업자가 늘어나는데도, 경제위기는 불가항력적인 것이고 더 큰 문제는 미국을 망치는 불경스러운 진보파들의 작태라는 우파의 선전이 대중에게 설득력을 얻었다.

여기서 우리는 직관의 중요성을 이야기한 하이트의 주장 한 대목에 주목할 필요가 있다. 그는 사람이 어떤 것에 대해 판단할 때 이성보다는 태생적으로 가지고 있는 예의 다섯 가지 본능적 직감을 사용한다고 말한다. 그리고 이성은 직감이 먼저 판단한 것을 나중에 반추할 때만 이용된다고 한다. 서로 의견이 다른 상대방을 아무리 이성적인 언어로 설득하려 해도 끝내 실패하는 것은 이와 같은 이유에서라는 이야기다.

이후 우리나라 현상과의 비교를 위해서 앞서 미국에서 발견된 계급배반투표 현상의 단서들을 다시 정리해보기로 하자. 첫째, 경제 문제를 정치와 분리시켜 자신들의 경제적 실정失政을 오히려 상대 정당의 가치관 문제 때문인 것으로 덮어씌우는 전략이 효과를 발휘했다. 이것이 뜻하는 바는 유권자들은 정책에 주목해서 정책과 현실의 인과관계를 엄밀히 따지지 않는다는 의미다. 달리 말하면, 이성적이고 논리적인 사고보다 감성적이고 직관적인 판단에 더 익숙하다는 뜻도 된다.

그래서 둘째로, 보수 정당인 공화당이 스스로를 노동자를 위한 정당이라 자처하고 민주당의 친노동 정책을 비난하는데도 이 역시 유권자들에 먹혀들어간다. 이는 민주당이 진정 노동자 정당이라는 계급적 정체성을 사람들에게 각인시키지 못해왔다는 뜻이다. 되레 자신들이 친노동자 정당이라고 선전하는 공화당의 전략에 유권자들이 쉽게 넘어갈 만큼 그동안 민주당의 차별성은 뚜렷하지 않았던 것이다.

유권자가 반드시 자신이 속한 사회 계급의 이익을 대변하는 정당이나 후보에게 투표하리라고 예상하는 것, 다시 말해서 계급투표를 당연시하는 것은 사람이 철저히 이성적으로 판단할 것이라는 전제에 기반하고 있다. 그런데 과연 그럴까?

만약 그 전제가 참이라면 자기 계급에 반하는 투표를 한다는 것은 합리적 이성의 원리에 어긋나는 자해(自害)행위나 다름없다. 그렇다면 계급배반투표 현상은 사람들이 자기 파괴적인 행위를 하고 있거나, 아니면 이성에 의한 판단을 하고 있지 않다는 증거이거나 둘 중 하나일 것이다. 그런데 투표소를 찾아가는 수고를 마다하지 않고 권리 행사를 자랑스럽게 여기는 유권자들의 모습에서 자학적인 낌새를 찾아볼 수 없다면 전자의 가설은 기각되어야 마땅하다. 사람들은 지지 정당과 후보를 고를 때 상당 부분 직관과 감성에 의존하는 면이 있다는 뜻이다.

한국 저소득층의 낮은 투표율

대체로 부유한 계층이 가난한 계층보다 투표참여율이 높다. 소득과 직업에 따라 계층을 나누었을 때 이른바 '상층계급'이 '하층계급'보다 투표장에 많이 가는 현상은 세계 만국 공통이다. 단지, 두 집단간 투표율 격차의 정도가 나라마다 조금씩 다를 뿐이다.

우리나라도 예외는 아니다. 2018년 지방선거를 앞두고 실시한 한 설문조사 결과에 의하면, 월평균 가구소득이 250만 원 이상인 가구는 250만 원 미만인 가구에 비해서 "이번에 반드시 투표하겠다"고 응답한 사람의 비율이 높았다. 또 자신이 경제적으로 어떤 계층에 속한다고 생각하는지를 물어서 분류한 주관적

계층별로 투표 참여 의향이 다르게 나타났다.

자신이 최상위계층에 속한다고 대답한 사람들 가운데는 91.1%가 "이번에 반드시 투표하겠다"고 응답했다. 반면, 스스로를 최하위계층이라고 인식하는 사람들 중에 반드시 투표하겠다는 사람은 34.3%에 불과했다. 거의 3배에 가까운 격차다. 또 자기 소유의 집에 거주하는 가구는 62.6%가, 그렇지 않은 가구는 46.7%가 반드시 투표하겠다고 응답했다. 물론 이러한 차이가 실제 투표참여율의 차이로 정확히 이어지지는 않겠지만 어느 정도는 결과의 차이를 반영하고 있을 것이다.

살림이 빠듯한 사람들은 투표를 위해 생계활동을 걸렀을 때 생기는 경제적 손실, 즉 투표의 기회비용이 너무 커서 투표소에 가기를 주저할 수 있다. 또 다른 이유는 투표의 필요성과 효용을 못 느끼는 정치 불신의 감정이다. 사실 정치에 대한 불신은 한국인에게 보편적인 현상이다. "투표해봤자 달라지는 게 없다"거나 "말만 번지르르하게 하는 정치인들, 다 그 놈이 그 놈이다"라는 식의 분노 섞인 푸념은 어느 계층에서든 흔히 들을 수 있다. 그렇기는 해도 정치로 삶이 변화될 것이라 기대하는 바는 계층에 따라 다를 수 있다. 말하자면 별반 아쉬울 게 없는 상위계층 사람들은 정치가 자신들에게 물질적 풍요를 가져다줄 것으로 기대하는 정도가 낮을 것이다. 부를 확대재생산하려는 본인들의 활동을 위축시키거나 방해하는 정책의 등장을 경계할지언정 말이다. 반면, 하위계층은 선거 때마다 현재의 형편과 처지가 나아지기를 기대하면서 표를 던지지만 대개 그들이 체감할 수 있는 변화는 찾아오지 않는다.

지역자활센터에서 일하고 있는 한 참여자의 증언은 가난한 사람들의 기대가 실망과 배신감으로 돌아올 때 극도의 냉소주의가 자랄 수 있음을 보여준다. 그는 영구임대아파트 입주를 네 번이나 신청했다가 떨어진 후로 국회의원이든 공무원이든 믿지 않는다. "가난한 이들을 위한 복지정책이요? 정치인들이 우리를 진심으로 생각하기나 할까요?" 이른바 진보적 정권에 대한 실망감을 표현하는 이들도 있다. "김대중이 대통령 되면 우리처럼 가난한 사람들이 잘살게 될 줄 알고 지지하긴 했는데 다 헛일이더라. 누가 돼도 똑같다."(『한겨레』, 2012년 5월 16일자, 「정치의 가난, 가난의 정치─투표해서 뭐해? 없는 사람은 달라지는 것도 없는데」)

정권이 바뀌면서 실제로 복지정책이 조금씩 개선된 게 사실일지라도 자기 삶에서 별반 달라진 게 없다고 느끼는 그들에게 정부 제도가 과거보다 발전했다는 주장은 그저 허튼소리로 들릴 뿐이다. 오직 자신의 경험으로 판단하는 그들은 언필칭 서민을 위한다는 모든 정당들의 차이를 알 수 없을 뿐 아니라, '민주 대 반민주의 대결'이라며 '투표로 세상을 바꾸'고 거품을 무는 진보 세력도 도통 이해할 수 없는 존재들인 것이다.

가난한 사람들은 누구에게 투표하는가?

투표장에 가지 않는 사람들은 그렇다 치고, 투표를 하는 한국의 중·하위계층 사람들에게서 계급배반투표 현상이 나타나는지를 따져보자. '우리나라에서 소득 및 직업적 지위가 낮은 하위계층이 보수정당에 더 많이 투표하는 경향이 있는가'에 관한 지금까지의 결론은 '약간 그렇다'는 긍정과 '별로 그렇지 않다'는 부정이 교차하고 있다. 전자의 입장에 서는 사람은 예컨대, 제18대 대통령선거 결과 같은 증거를 내민다.

2012년 제18대 대통령 선거에서 소득이 가장 높은 계층은 진보정당 후보라 일컬어지는 문재인 후보(41.9%)보다 보수정당의 박근혜 후보(46.2%)를 더 많이 지지함으로써 계급 투표 성향을 나타냈지만 그 격차는 그리 크지 않았다. 한편, 저소득층 유권자들은 56.3%가 박근혜 후보를 지지한 반면, 문재인 후보에게는 34.6%의 표만을 주었다. 무려 21%의 차이다. 이것만 보면 저소득층의 계급배반투표 현상이 분명해 보인다.

그러나 최근의 연구들은 이것이 연령이라는 또 다른 주요 변수를 고려하지 않아서 생긴 착시라고 설명하면서 저소득층에게는 결코 계급배반적 정치 성향이 없다고 주장한다. 잘 알려진 바와 같이 우리나라 선거에서 표심을 좌우하는 강력한 변수는 지역주의와 세대 격차를 반영하는 연령이다. 나이가 많은 노령층일수록 보수주의적 성향이 강해서 반공과 시장에서의 자유를 강조하는 보수정당 지지자가 많다.

그래서 저소득 하위계층이 보수정당을 더 지지하는 것처럼 보이는 이유는 저소득층에는 상대적으로 노령층이 많이 포함되기 때문에 노인들의 보수성이 반영돼서 그런 것이지, 소득이 낮다는 속성 자체가 곧바로 보수 성향과 직결되는 것은 아니라는 주장이다. 실제로 저소득층(빈곤층) 내에 연령 차이가 없다고 가정하면 순전히 저소득(빈곤)으로 인해서 생기는 보수성의 효과가 사라진다는 통계 연구들이 있다. 심지어 계층의식으로 따지면 하위계층이 오히려 중도나 진보정당을 더 지지하는 경향을 보인다는 주장까지 있다.

이 같은 빈곤층의 정치 성향은 또 다른 관점에서도 이슈가 된다. '가난한 사람들은 진정 복지국가를 지지하는가?' 다수의 가난한 사람들이 빈곤으로부터 벗어나 중간층으로 도약할 수 있는 체제가 복지국가라면, 그 당사자들은 이에 관해 어떤 정치의식을 가지고 있는가가 중요해진다. 복지국가로 가기 위해서는 '정부가 빈부의 소득 격차를 줄이기 위해서 책임지고' 노력해야 하고 '사회복지의 확대를 위해서 세금을 더 거둬야' 하며 '경제를 살린다는 명목으로 감세를 하는 일은 없어야' 할 텐데, 이에 대해 어떤 입장을 가지고 있느냐가 관건이다.

한 연구는 이런 질문들을 가지고 사람들의 복지 태도를 조사한 결과, 저소득층에게서는 일관성 있는 태도가 발견되지 않는다고 말한다. 예를 들면, '소득 격차 해소를 위한 노력이 정부

책임'이라는 데 동의하면서도 '경제를 살리기 위해 감세를 해야 한다'는 데도 동의를 한다든지, '사회복지의 확대를 위한 증세'에는 반대하는 등의 모순된 응답을 하더라는 것이다. 그러면서 이러한 비일관성이 하위계층이 자신의 계급성과 합치되는 판단을 못 하고 있다는 증거임을 시사한다.(『프레시안』, 2012년 7월 23일자, 「가난한 사람은 왜 복지국가를 지지하지 않는가?」)

지금까지의 논의들은 사람은 자기의 계급적 정체성에 맞는 정치적 선택을 하는 것이 올바르고 합리적이라는 전제를 깔고 있다. 그런데 이 전제 위에서 연구자들이 관찰하고 분석한 결과는 서로 반대 방향으로 갈린다. 저소득 하위계층이 합리적 선택을 하는 것처럼 보이기도 하고, 반대로 불합리한 결정을 하는 것이 일상 같기도 하다. 가난한 사람에게는 정부가 지금보다 세금을 많이 거둬서 복지를 확대하는 게 유리한데도, (자기에게는 해당도 안 되는) 세금 인상 정책에 반대하는 것은 분명 합리적인 태도가 아니다.

그런데 위의 전제는 어떤 사람의 '계급적 처지'가 곧 '계급적 행동'을 결정한다는 가설 위에 서 있지만 과연 그러한지를 먼저 살펴볼 필요가 있다. 전부는 아닐지라도 부분적으로 계급적 처지에 어긋나는 행동이 발견된다는 것은 '계급적 처지 ⇒ 계급적 행동'이라는 도식이 성립하지 않는다는 얘기다. 이는 달리 말하면, 계급적 행동에 영향을 주는 요인들은 '계급적 처지' 말고 다른 뭔가가 있다는 뜻도 된다.

그 이유로 몇 가지를 추론해볼 수 있다. 첫째는 자신을 계급이라는 집합의 일원으로 인식하지 않는 경우이다. 자신은 분명 가난한 노동자이지만 자신과 같은 처지의 사람들을 하나의 동질적 집단으로 생각하지 않는다. 자신은 그냥 불운하고 고달픈 개인일 뿐이다. 이러한 계급의식의 결여는 계급을 전혀 아랑곳하지 않으며 굴러가는 현실정치의 모습과 관계가 있다. 그들은 자신과 같은 하층민들이 정치의 세계에서 중요한 존재로 대우받는 것을 본 적이 없다. 가령, 진짜 노동자를 대변하는 정당이 의회에서 자신들의 이해가 걸린 법을 통과시킨다든지 정부가 자신들을 의식해서 정책을 바꾼다든지 하는 경우를 경험해본 적이 없다. 이제까지 서민을 위한다는 구호는 모든 정당이 그냥 선거철에 외치는 립서비스였으니까. 진정 서민과 노동자를 담는 정치의 그릇이 없으니 그들이 자기 스스로를 하나의 집합적인 세력으로 인식하는 생각의 길이 처음부터 닦이지 않은 것이다. 결국 오늘날 한국에 계급정치가 부재하는 현상은 이념의 스펙트럼에서 오른편 반쪽만 존재해온 한국 근현대 정당정치가 낳은 결과이다. 앞에서 민주당을 진보정당이라 하긴 했지만, 실은 중도우파의 보수정당이라고 하는 편이 맞다. '진보'를 붙인 것은 극단의 오른쪽에 대한 상대적 개념일 뿐 그들의 기본 성향은 보수주의에 가깝다.

둘째 이유 역시 이와 연관된 것으로, 유권자들이 정당들의 계급적 정체성을 구분하지 못하기 때문일 수 있다. 일부 지식인의 눈에는 민주당이나 정의당이 가난한 서민들 편으로 보일지 몰라도 정작 빈곤층 당사자는 과거 국민의힘과의 차이를 발견하지 못한다. 이것은 실제로 정당간의 차별성이 명확한데도 유권자들이 못 알아보는 게 아니라 우리나라 정당의 계급적 기반 자체가 허약하기 때문이다. 이는 후발 민주화 사회의 특징과도 같은 것으로 서유럽 정당들이 전통적으로 대중 기반이 튼튼한 계급정당의 성격을 띠어온 반면, 민주화가 뒤늦게 진행된 나라에서는 이념과 노선은 모호하면서 선거 때 유연성을 발휘해서 최대한 이질적 사회계층을 끌어모으는 이른바 선거주의 정당electionist parties 이 발달하기 마련이다.

우리는 여기서 '계급적 처지'가 곧바로 '계급적 행동'을 낳는다는 도식이 얼마나 허술한 논리적 비약인지 깨닫게 된다. 두 단계 사이에는 참으로 복잡한 필요조건들이 놓여 있다. 먼저 당사자가 자신의 계급을 자각해야 하고 그에 상응하는 제대로 된 계급정당이 있어야 한다. 이성적 사고가 작동할 수 있는 조건이 마련되지 않은 상태에서 내려지는 정치적 판단은 몰이성적일 수밖에 없다. 늘 개탄의 대상이 되는 지역주의 선거만 몰이성적인 것이 아니다. 선거 때마다 정당과 후보의 정책을 보고 찍자는 계몽 캠페인이 넘쳐나지만 정작 유권자를 사로잡는 것은 이미지이다. '정치의 절반은 이미지를 만드는 것이고 나머지 절반은 사람들이 그 이미지를 믿게 만드는 것'이라는 정치철학자 한나 아렌트의 빈정거림은 부인할 수 없는 현실정치의 실상이다.

사실 표심 결정의 이유에 관해 당사자들의 이야기를 들어봐도 그것이 논리적 사고와 한참 동떨어져 있음을 알 수 있다. 예컨대, '이명박은 어릴 때 고생을 많이 해서 서민들의 처지를 잘 알 것'이라든지, '무일푼으로 자수성가해서 큰 재산을 일구었으니 나라 경제도 부흥시킬 것'이라는 식이다. 어린 시절에 불우했던 경험과 서민을 위하는 정치철학 사이에는 아무 상관관계가 없다는 것이, 그동안 재벌의 품에 안긴 하층 출신 정치인들의 행보로 누누이 입증되었고, 또 개인의 재테크 능력이 국가경제의 성장전략에 활용된 예를 우리는 본 적이 없다. 사람들은 '어떠어떠하니까'라며 자기 결정의 이유와 근거 같은 것을 대지만 실은 이미 자신이 선택한 후보에게 덧씌워진 이미지들을 되새김질하고 있는 것이다. 하지만 모든 것을 대중의 무지와 몽매 탓으로 돌리는 성급함은 자제하기로 하자. 문제는 좀 더 근원적인 데 있다는 흥미로운 주장이 있다.

정치적 마음을 이용할 줄 아는 보수 정치인들

좀 성가신 일이지만 다시 한번 다른 나라 사람의 이론을 가져오기로 한다. 미국의 인지과학자 조지 레이코프George Lakoff는 오늘날의 정치가 이성과 합리성으로 이해되지 않는 이유를 무의식적 사고의 영향을 받는 정치적 두뇌의 작용에서 찾고 있다.

그에 따르면, 인간의 뇌는 사고 활동의 98%를 스스로 의식하지 못하는 무의식의 영역에서 수행하며 이 같은 무의식적 사고가 정치에서 결정적으로 중요하게 작용한다. 이것은 이성과 논리가 작동하지 않는 영역으로, 감동적이고 도덕적 정서를 자극하는 서사敍事나 은유로 부단히 강화되는 영역이다. 그래서 미국인의 뇌 속에 안정적으로 자리 잡고 있는 '자수성가'의 서사나 기독교적 선악의 가치관에 호소하는 정치 전략은 수치를 들이대며 합리적 토론으로 일관하는 방식보다 유권자의 마음을 얻는 데 훨씬 효과적이다. 이를 잘 이용할 줄 아는 공화당은 유권자의 뇌에 보수주의 세계관에 맞는 회로(뇌신경회로)가 깔릴 때까지 동일한 주장을 반복하고 은유적 언어를 통해 유권자에게 다가간다.

한편 테러에 대한 공포, 경제적 실패로 인한 걱정, 과로 등의 스트레스는 부정적 감정 체계인 부신수질호르몬 체계를 활성화하고 주의집중 능력을 떨어뜨린다. 그런 스트레스로 인해 사람들은 삶의 수백 가지 영역에서 무슨 일이 벌어지고 있는지를 이해하는 데 필요한 주요 신경회로를 사용하지도, 그런 신경구조를 만들어내지도 못한다.

뇌의 물리적 작용과 인지체계의 관점에서 접근하고 있는 이 이론은 정치의 보수화가 합리성 대신 감성을 자극하는 전략에 의한 것이라는 점에서 앞서 하이트의 주장과 맥을 같이한다. 나아가, 생물학적 관점에서도 경제적 고통과 과로로 인한 스트레스가 정치의식의 보수화에 영향을 준다는 주장은 눈여겨볼 대목이다.

이제까지 살펴본 담론들은 미국뿐 아니라 한국 빈곤층의 보수화 현상을 설명하는 데도 일면 유용하다. 특히 문제의 원인을 가난한 사람들의 저급한 의식 내지 판단력 부족에서 찾기보다 정치서비스 공급자들의 오류를 드러내고 있다는 점에서 그러하다. 배움이 부족해 자기에게 이로운 정당도 몰라본다는 식의 힐난은 현실에서 한 치의 변화도 일구어내지 못한다.

가난한 사람들이 민주당이나 진보정당을 자신들의 정당으로 인식하지 않는 것은 그 정당들이 과거의 보수정당들과 다름을 보여주지 못했기 때문이다. 그런 점에서는 작금의 민주당 정부도 마찬가지다. 가난한 서민들의 판단기준은 어떤 정권이 들어서고 나서 자신의 살림살이가 얼마만큼 나아졌는지, 오직 그것일 수밖에 없다. 따라서 한 정권의 성패는 그들의 정책이 서민 대중들이 체감할 수 있는 긍정적 변화를 만들어냈는가, 아닌가의 결과로서 오로지 결정된다.

극우 세력과 맞닿아 있는 보수정당은 일단 논외로 하더라도 서민 정당을 자처하는 민주당 정부도 실은 얼마나 보통사람들의 애환에 둔감한지, 아연실색할 경우가 많다.

두 차례의 민주당 정권에서 주택정책을 총괄했다는 한 고위 인사는 결국 폭등하는 집값을 잡지 못하고 중도 하차하고 말았다. 정권 출범 후 3년 동안 서울의 아파트값 상승률이 52%에 달한다는 한 시민단체의 비난 성명이 나올 무렵이었다. 얼마 후 한 TV 방송국 뉴스의 인터뷰 순서에 그 고위 인사가 출연했다. 그의 발언 요지는 "시민단체의 수치는 과장됐고 최근 집값이 폭등한 나라는 우리뿐 아니라 다른 선진국들도 마찬가지"라는 거였다. 충격적인 부분은 마치 평론가 같은, 그의 유유자적한 태도였다. 다른 OECD 국가들과의 집값 상승률 비교표까지 준비해온 그가 강조하고 싶었던 것은 '우리나라 주택값만 폭등한 게 아니니 너무 심하게 문제 삼지 말라'는 것 같았다.

그렇다면 그 이야기를 들은 국민들은 어떤 생각을 해야 할까? "당장 다음 달에 집을 비워주고 거리에 나앉게 생겼지만 미국이나 독일의 집값은 우리보다 더 뛰었으니 그걸 위안 삼아 지금 나에게는 아무 문제가 없다"고 자기 최면이라도 걸어야 할까? 다른 나라의 집값이 하늘로 치솟았건 땅으로 꺼졌건, 그런 사실이 지금 망연자실해 있는 한국 무주택 서민들의 고통을 티끌만큼이라도 덜어주는가? 진화에 실패한 소방대원이 화재로 집을 잃은 사람에게 "당신 집만 불탄 게 아니고 다른 사람들 집도 모두 탔으니 너무 억울해하지 말라"고 하는 격이다.

정책은 결과로서 말해야 한다. 의도한 게 아닐 테니 그런 때는 차라리 유구무언의 태도가 맞다. 서민들의 마음을 헤아릴 줄도, 자기 역할의 막중함도 모르는 사람들이 서민을 위한다고 나서니 정치 불신만 깊어가는 게 아닌가 싶다.

누가 뭐래도 빈곤의 문제는 결국 정치의 문제이다. 빈곤이 정

14장 가난한 사람들은 누구에게 투표하나

치에서 비롯된다는 점에서, 그리고 궁극적으로는 정치를 통해서 풀릴 수 있다는 점에서 그러하다. 당연히 빈곤의 문제는 일차적으로 경제의 체제와 구조에서 비롯되는 경제영역의 문제이지만, 바로 그 경제는 정치의 영향을 받고 정치 세력들의 힘겨루기로 좌우된다. 정부는 각종 법령에 의한 규제와 재정 및 조세 지출을 통해서 경제활동을 하고 시장에 개입하는데, 이러한 정부 경제활동의 방향과 내용을 결정하는 것이 바로 정치이다.

그러니 빈곤과 불평등을 완화하는 길은 정치를 생략하거나 에둘러가는 방식으로는 열리지 않는다. 날로 가중되는 경제적 어려움이 대중들의 보수화를 부추기는 것이 사실이지만, 어쨌든 느리고 답답하더라도 지금보다 평등이 더 강조되는 정치의 활성화를 모색해야 한다. 이는 우리 사회의 당면한 과제가 여전히 민주주의임을 뜻한다. 민주주의는 이제껏 지구상 어디에서도 완성된 적이 없으며 "현재의 체제가 실패한 곳, 그 무능을 드러낸 곳에서 새롭게 정의"(고병권, 『민주주의란 무엇인가』)되는 것이기 때문이다. 서민 대중의 마음을 얻기 위해 이제까지의 시행착오를 극복해야 하는 것이 지금 기존 정당과 진보주의자들에게 주어진 책무라면, 평등의 정치가 살아나도록 올바로 판단하고 행동하는 일은 우리 보통 시민들의 몫일 것이다.

15장

빈곤 문제,
어떻게
할 것인가

이제는 우리 사회에서 빈곤을 없
앨 방법에 관해서 이야기할 차례다. 앞에서 우리는 빈곤의 다양
한 모습, 발생 원인과 구조, 가난과 가난한 이에 대한 사람들의
생각 등을 살펴보았다. 특히 빈곤과 불평등이 생겨나는 사회경
제적 구조를 이모저모 들여다봤다. 빈곤의 발생 배경과 원인을
파악했으니 이제는 그것들을 제거하거나 완화하는 방법을 찾
으면 된다.

찬란한 인간 문명의 원동력이었던 근대 과학은 어떤 현상의
이면에는 반드시 원인이 존재한다는 믿음에서 출발한다. 사회
현상 역시 그것을 낳는 원인(들)이 있으며, 따라서 사회문제라
는 현상도 그 원인(들)을 찾아서 제거하는 방식으로 해결할 수
있다고 본다. 어떤 질병이든 그것을 일으키는 바이러스나 세균
을 찾아내서 박멸하는 약을 개발하면 퇴치되는 것처럼.

빈곤이라는 문제의 원인을 제거하거나 완화하는 방법이 곧
빈곤 해결을 위한 정책과 제도다. 만약 어떤 사회에서 빈곤 문
제가 수그러들지 않고 계속 사람들을 괴롭히고 있다면 그 이유
는 둘 중 하나일 것이다. 원인을 근본적으로 없애는 효과적인
방법을 찾지 못했거나, 그게 아니라면 방법을 알면서도 제대로
실행에 옮기지 않았기 때문이다. 아직도 세상에 빈곤이 넘쳐나
는 이유는 둘 중 어느 쪽일까?

빈곤 정책은 왜 빈곤을 없애는 데 성공하지 못할까?

전세계에 빈민이 없는 나라가 없고 또 적어도 선진국이라 불리는 나라 가운데는 빈곤을 퇴치하기 위한 정책이 없는 곳이 없다. 그런데 빈곤을 없애기 위한 정책을 꾸준히 펼쳐온 선진국에서조차 가난은 전혀 잦아들 낌새를 안 보인다. 대표적으로 미국은 1964년, 존슨 대통령이 '빈곤과의 전쟁War on Poverty'을 선언한 이래 60년 가까운 동안 수조兆 달러의 예산을 투입했지만 여전히 전국민의 17%, 5600여 만 명이 빈곤선 아래 살고 있다. 그 이유를 생각해보자.

우선, 정책은 필연적으로 문제의 원인을 축소하고 단순화시키게 되어 있다. 빈곤 문제라는 현상의 원인들은 실제로 다양하고 복잡하다. 예를 들어, 가난한 사람이 실업 상태에 처하게 되는 원인을 따져보면 직업 기술 및 기능의 부족, 낮은 학력, 허약한 체력, 심신의 장애, 의사소통 능력의 부족, 알코올의존증 등등 이루 다 헤아릴 수 없을 만큼 다종다양하다. 가난한 실업자 개인들은 이런 원인들 한두 가지를 가벼운 정도로 혹은 심한 정도로 갖고 있다.

그런데 빈곤층 실업자의 취업을 지원하는 정부 프로그램은 애초에 이런 원인들을 말끔히 제거하는 방식으로 설계될 수가 없다. 정책 프로그램을 통해서는 해결될 수 없는 원인들이 있기 때문이다. 가령, 낮은 학력이나 허약한 체력이 문제라고 해서 참여자에게 검정고시 공부를 가르치거나 근력 강화 트레이닝을 시켜줄 수는 없는 노릇이다. 그러니 실업의 실제 원인들 가운데 프로그램으로 제거할 수 있는 것만을 골라서 그것에 대처하는 프로세스를 설계한다. 실제로 근로빈곤층을 위한 자활지원 사업은 실업의 원인으로 미약한 근로의욕과 취업에 필요한 기술의 부족, 두 가지만을 상정하고 그것에 집중한다. 실로 존재하는 원인들은 많지만 정부 정책이 접근할 수 있는 범위로 한정하는 순간, 원인은 단 몇 가지로 추려질 수밖에 없다. 그래서 어떤 정책이든 필연적으로 실제의 현상을 축소하고 단순화하기 마련이다.

빈곤을 정의하는 문제만 해도 그렇다. 빈곤은 다차원적 현상이지만, 정부가 가난한 사람을 선별하려면 '소득'이라는 손쉬운 기준이 필요해진다. 소득이 지원 대상을 객관적으로 골라내는 데 가장 편리한 수단이기 때문에 정부 정책에서는 '빈곤'이 부득이하게 '소득의 부족' 현상으로만 정의된다.

따라서 개인 소득의 부족분을 정부가 채워주는 소득보장(기초생활보장) 제도만으로 빈곤이 소멸될 수 없는 것은 당연하다. 빈곤의 원인들이 근본적으로 해결되지 않기 때문이다. 고용·주거·의료·교육 등등의 차원에서 평균적 수준의 삶을 가능하게 해주는 근원적 조치들이 최대한 병행되지 않으면 안 되는 이유다.

이상이 정부 정책 자체가 지닌 태생적 한계라면, 그 다음으로 정책이 실행되는 단계에서 빚어지는 실패도 있다. 정책을 실행하는 사람들의 잘못으로, 세부적인 과정이나 절차상에 오류가 생겨서 정책이 목적 달성을 못 하는 경우도 우리는 흔히 본다.

그럼에도 다양한 정책들이 필요하다

정책에 태생적 한계가 있다는 것은 어떤 단일한 정책도 완벽하지 않다는 뜻이다. 어떤 사회문제에 대해서든 한 가지로 모든 게 단박에 해결되는 절대우위의 정책이란 존재하지 않는다. 그래서 우리에게는 상대적으로 더 좋은 정책, 그리고 하나가 아닌 다양한 정책들이 필요해진다. 빈틈이 생기지 않도록 여러 차원의 정책들이 촘촘하게 짜여야 한다.

우리나라의 빈곤 문제를 완화하기 위해서는 우선 기존의 사회보장제도를 근본적으로 개혁해야 한다. 현제도의 문제점은 한마디로 적용 대상이 너무 적고 급여수준이 너무 낮다는 것이다. 기초생활보장제도의 경우 수급자 선정의 문턱을 낮추고 부양의무자 기준을 폐지해서 수급 대상을 확대해야 한다.

둘째, 오늘날 빈곤의 확산과 구조화는 고용의 불안정에서 비롯되는 부분이 가장 크므로 무엇보다 실업자와 불안정한 취업자에 대한 사회보험을 대폭 강화해야 한다. 현재는 취업자의 50.6%가 고용보험 대상에서, 그리고 27.3%가 국민연금 대상에서 빠져 있다. 이처럼 일을 못하게 됨으로써 오는 위기에 속수

무책으로 노출돼 있는 사회보험의 사각지대를 하루빨리 해소해야 한다.

모든 취업자를 대상으로 하는 전국민 고용보험제를 실시하고, 특히 특수고용노동자·플랫폼노동자·영세자영업자들이 포함될 수 있도록 보험료 산정과 수급 기준을 현재의 '임금'에서 '소득'으로 전환해야 한다. 근로장려세제 역시 현재는 재산이 어느 정도 있으면 대상에서 제외되는데 이 재산 기준을 높여서 수혜 대상을 확대해야 한다.

셋째, 실질적인 실업부조제도의 도입도 시급하다. 고용보험의 혜택을 받지 못하는 청년이나 경력단절 여성 등에게도 기초생활을 보장하는 제도가 필요하다. 그러나 현재 정부가 실시하고 있는 국민취업지원제도(중위소득 50% 이하인 구직자에게 구직촉진수당을 월 50만원씩 지급하는 제도)는 기준이 높아 선정되기가 어렵고 구직촉진수당이라는 급여의 수준 역시 너무 낮아서 보장성 면에서 진정한 '실업부조'로 보기 어렵다는 것이 중론이다.

넷째, 빈곤층의 취업능력 및 자립능력을 향상시킬 수 있는 각종 사회서비스, 즉 교육, 건강지원, 노인과 아동에 대한 돌봄서비스의 질을 높이고 내용을 강화하는 정책이 필요하다.

다섯째, 공공임대주택의 공급량을 최대한으로 늘려 지속적으로 공급하고, 공공의료체계와 국민건강보험의 보장성을 강화해야 한다.

이상의 정책들은 노동과 소득의 연계가 단절된 시대에, 즉 일하고 싶어도 일을 할 수 없는, 혹은 일하고 있는데도 여전히 가난한 작금의 세상에서 필연적으로 생겨나는 사회보장의 사각지대를 메우기 위한 조치들이다. 누구나 원하면 일을 할 수 있고 노동을 통해 번 소득으로 보험료를 내던 과거 20세기에 만들어진 사회보험제도는 일과 소득의 고리가 끊어진 오늘날 무수한 오작동을 일으키고 있다.

그래서 한편에서는 임금노동을 전제로 하지 않는 소득보장제도로서 '기본소득'이라는 아이디어가 제기된다. '국가가 전국민 모두(개인)에게 무조건 매달 일정액의 현금을 지급한다'는 요지의 기본소득제는 탈노동이 점증하는 시대에 참으로 매력적인 발상이 아닐 수 없다. 우리나라도 코로나19 감염병의 여파로 소득 활동이 불가능한 상황이 잦아지면서 기본소득 논의가 활발해졌다.

기본소득은 새롭게 제기되는 질문이다

기본소득제는 조건 없이 국민 누구에게나 주는 '무조건성'과 '보편성'을 특징으로 한다. 대상을 가리지 않고 지속적으로 주는 것이 원칙이므로 일부 지자체에서 시행했던 '재난기본소득'이나 '청년기본소득' 등은 본래 취지의 기본소득 개념이 아니다. 기본소득 주장이 우리에게 신선하게 다가오는 것은, 모든 사람은 지금 무엇을 하고 있는가와 상관없이 존재 자체로서 삶의 권리를 갖는다는 철학에서 출발하기 때문이다.

만일 기존의 사회보장체제를 유지하면서 거기에 기본소득제를 새로 도입해 함께 시행한다면 그 이상 좋은 게 없을 것이다. 역시 문제는 예산을 어떻게 마련할지와 그 막대한 예산을 그런 식으로 사용하는 게 효과적인가 하는 점이다.

기본소득 찬성론자들은 기존의 각종 조세감면제도를 폐지하고 부자들에게 과세하는 부유세 및 환경세 등을 신설해서 재정을 마련할 수 있다고 주장한다. 반면, 우려를 표하는 신중론자들은 기본소득의 막대한 재정을 마련하려면 필연적으로 기존의 사회보장 예산을 부분적으로 삭감해야 하며, 적은 액수의 돈을 모두에게 배분하는 방식은 사회취약 계층에게 집중되어야 할 지원을 흩어버리는 것이라고 주장한다.

만약 전국민에게 월 50만 원씩을 지급한다고 가정하면 전체 필요한 예산은 311조 원가량으로 2020년 중앙정부가 쓴 총지출의 60%에 해당하는 금액이다. 이것을 월 30만 원씩으로 낮춘다 해도 소요 예산은 약 186조 원이며, 2020년의 전체 사회복지 재정과 맞먹는 수준이다. 앞에서 빈곤 완화를 위해 추진해야 할 정책 과제를 언급했거니와, 거기에도 적잖은 추가 예산이 필요하다는 점을 감안하면 기본소득제라는 하나의 정책에 이토록 많은 재정을 투입해도 좋은가 하는 의문이 드는 게 사실이다. '한 달 30만 원 정도의 추가 소득으로 그동안 사회보장 사각지대에 있었던 사람들의 문제가 해결될 것인가'를 생각해봐도 예산 사용의 우선순위 문제는 여전히 쟁점으로 남는다.

그런 점에서 기본소득 논의는 우리가 지금 당장 채택할 수 있는 대안적 정책이라기보다 기존 사회보장체제에 대한 강력한 문제제기이며 혁신에의 요구라고 봐야 할 것 같다. 기본소득은 우리에게 질문하고 있다. 드넓은 사각지대로부터의 비명소리를 언제까지 방치할 것인가? 50년 동안 변한 게 없는 이 낡은 틀을 디지털 자본주의 시대에도 계속 부여안고 갈 것인가?

정책을 결정하는 국민의식

앞에서, 논리적으로 따지면 빈곤이 계속 온존되는 이유는 해결하는 방법을 모르거나, 방법은 알지만 실행하지 못하기 때문일 거라고 했다. 어느 쪽이 많은가 하면… 글쎄, 현실 세계에서는 후자의 경우가 전부라고 해야 할 것 같다. 왜냐하면 어떤 정책이든 그것이 사회문제 해결에 효과적일 거라고 확신하는 정책 전문가나 관료들은 있기 마련인데, 그것이 실행되고 아니고는 순전히 정치 세력, 그리고 그들에게 영향을 끼치는 사회여론에 달려 있기 때문이다.

사회보험제도의 혁신적 개편이든 기본소득제의 도입이든 간에, 그것이 제도로 채택되려면 당연히 반대 여론을 압도하는 다수의 동의와 지지가 있어야 한다. 그러니 빈곤 문제가 완화되기 위해서는 가난한 사람들의 어려운 처지에 공감할 줄 아는 시민들의 비율이 높아져야 한다.

미국 정부가 60년째 빈곤과의 전쟁을 계속해오고 있지만, 미국 사회의 한편에는 "정부의 복지제도가 빈민들의 의존성만 키워서 빈곤이 박멸되지 않는 것이니 복지정책을 철폐해야 한다"고 주장하는 찰스 머레이 같은 학자가 유명세를 떨치며 지지자들을 모으고 있다. 또 최저임금을 절대 인상하면 안 된다는 여론도 만만치 않다. 가난한 이들에게 싸늘한 눈길을 보내는 사람들이 번번이 빈곤 퇴치 정책의 확대에 딴죽을 걸고 반대했으리라는 것은 두말할 나위 없다.

그래서 가끔 이런 장면을 보면 복지국가로 향하는 우리의 앞길이 험난하리라는 생각이 든다.

서울 역세권의 어떤 아파트 단지에 내걸린 현수막이다. 아파트 단지 근처에 서울시가 추진하려는 청년임대주택의 건립을 결사반대한다는 내용이다. 아파트 동 입구마다에는 "5평짜리 빈민아파트가 들어서면 우리 아파트 가격이 폭락하고 슬럼화되어 우범지역이 될 것"이라는 안내문이 붙어 있

저소득층을 위한 복지정책에 반대하는 시민들이 다수라면, 빈곤 문제의 해결은 요원할 수밖에 없다. 그래서 결국 중요한 건 시민의식의 변화일지 모른다.

었다. "서울시가 임대료를 싸게 책정할 테니 우리들의 임대료 수입이 줄어들 것"이라는 또 다른 반대 이유도 있었다.

신혼부부의 주거 안정을 위한 임대주택도, 장애 학생을 위한 특수학교도, 국립의료원의 감염전문센터도 자신들의 집값이 떨어질 거라는 이유로 혐오시설 취급을 받으면서 번번이 저항에 부딪쳤다. 이런 주민들이 과연 우리나라가 복지국가로 가는 것을 찬성할지 모르겠다. 복지국가로 가는 길을 방해하고 있는 것은 어쩌면 승자독식의 가치관으로 단련돼온 우리 각자 안의 이기적 욕망이 아닌가 싶다.

빈곤과 불평등을 입에 올리지 말라는 사람들

어느 SNS 단체방에 한 친구가 인터넷에 떠도는 웹툰 한 편을 올린 적이 있다. 알고 보니 한 재미교포의 글을 만화화한 것이라고 한다. 줄거리인즉슨 이랬다. 한 재미교포가 미국에서 오래 살다가 잠시 한국으로 휴가를 나온다. 몇십 년 만에 한국을 찾은 그는 달라진 조국의 모습에 감동한다. 우뚝우뚝 솟은 고급 아파트들, 미국에서는 부자나 쓰는 비데가 곳곳에 설치돼 있고 골목마다 중형차들이 가득하고, 어디서나 빠른 인터넷을 이용할 수 있고, 24시간 열려 있는 편의점에, 편리한 대리운전 서비스, 전화 한 통이면 먹을 수 있는 음식들, 세계 최고 수준의 대중교통 시스템(뛰어난 교통카드, 버스 도착 알림판, 거미줄 같은 지하철). 그 교포는 십수 년 전 한국을 떠날 때는 상상도 못 했던 것들 앞에서 놀라고 또 놀란다. 그러다가 그는 조국의 놀라운 발전보다 진짜 놀라운 것은 얼마나 살기 힘든지 끊임없이 불평하는 한국인들의 모습이라고 말한다. "전세값 올라서 살 수가 없다" "애들 교육시키느라 등골 빠진다, 반값 등록금 실시해라" "여자라서 밤길이 무섭다", 이런 말들이 그 교포의 귀에는 괜히 복에 겨워서 속없이 하는 불평불만으로 들린다. 그는 "미국 대학 등록금은 더 비싼데" "미국은 병원비도 훨씬 비싸고 밥 한번 먹어도 팁과 세금으로 25%를 더 내는데" "내 주변의 IT 회사들도 수천 명씩 정리해고하고 난리인데"라고 중얼거린다. 마지막 장면에서 그는 미국보다 더 좋은 점이 많은 자랑스러운 조국에서 저렇게 죽는소리를 하는 한국민들의 마음에 부디 평안이 깃들기를 기도한다면서 미국으로 떠난다.

이 재미교포가 전하려는 메시지는 한국 사람들은 우리나라가 얼마나 살기 좋은지를 모르고 공연히 불평불만만 늘어놓는다는 거였다.

그런데 그의 주장에는 심각한 오류가 있다. 미국과 한국을 비교하면서 마치 아주 객관적인 관점에서 분석한 것 같지만 실은 극도로 주관적이다. 우선 이 재미교포의 계급적 처지를 유추해보면 웬만큼 먹고사는 사람임이 틀림없다. 오른 전세값에 허리가 휘고 자식 대학 등록금에 등골이 빠져본 사람이라면 이런 한가한 비교를 도저히 못 할 것이기 때문이다.

어제 실직해서 내일이 막막한 한국 사람에게 미국에서도 수천 명씩 해고당하고 있다는 사실은 그에게 어떤 차이를 가져다주는가? 지금 내 앞에 놓인 딸아이의 등록금 고지서 500만 원이, 미국 대학 등록금이 우리보다 훨씬 비싸다는 사실로 인해서 한 10원쯤 깎이기라도 한다는 말인가? 건강보험 적용이 안 되는 질병으로 고통받고 있는 사람에게 미국에 의료보험 없는 사람들이 2800만 명이나 된다는 얘기는 그냥 의미 없는 소음일 뿐이다.

'이 시대를 살아가려니 너무 아프다'는 서민들을, 높은 데서 굽어보며 점잖게 충고를 건네고 있는 셈이다. '미국을 보며 마음의 평안을 찾고 더 이상 아프다고 말하지 말라'라고. 이는 결국 '나는 사는 게 하나도 힘들지 않은데 너희들이 힘들다고 하는 소리가 듣기 싫으니 입 다물고 있으라'는 얘기다. 그래서 그의 주장은 참으로 폭력적이다.

공감의 부재. 다른 사람의 아픔에 공감하지 못하는 이들이 아픈 이들을 향해 도리어 손가락질하며 힐난하는 세태. 의외로 이 만화에 고개를 끄덕이며 동의하는 사람들이 많다는 사실이, 이것을 일면적 현상이 아닌 '세태'라고 부르게 만든다. 그래서 어떤 복지선진국의 다음과 같은 이야기를 들으면 우리 사회와의 다름이 도드라지게 다가온다.

불평등의 크기가 그리 심하지 않은 나라를 찾아가 정치인과 공무원들에게 그 비결을 묻는 시사프로의 한 장면이다. 당신들이 행복하게 살게 된 이유를 알려달라는 말에, 자국의 복지체계 자랑을 밤새 해도 모자랄 것 같은데 답변이 이렇다.

"그건 모르겠고요. 아직 이 사회에는 문제점이 많아요. 제가 할 일은 지금 힘들게 살아가는 사람들이 내일은 조금이라도 불평등에서 벗어날 수 있도록 하는 거지요. 복지의 사각지대를 발견하고 제도를 정비하려는 걸 방해하는 사람들의 그릇된 고정관념도 깨야 해요. 그게 제 의무예요.(『경향신문』, 2019년 8월 18일자, 「예전보다 나아졌다는 팩트 망상」)

왜 빈곤과 불평등이 문제인가?

어떤 사회의 구성원들이 공유하고 함께 해결하는 삶의 영역이 적을수록 사람들은 자기의 문제에만 몰두하게 되어 있다. 그것이 주택이든, 의료서비스든, 교육이든, 시장에서 각자가 능력껏 알아서 구입하고 해결해야 하는 사회라면, 내 코가 석 자이니 다른 사람들의 상황을 살펴볼 겨를이 없다. 더구나 요즘처럼 모든 부문에서 경쟁이 격화되어 삶 자체가 자꾸 불안정하고 위험해지는 사회에서는 다른 사람에게 관심과 배려를 보내는 일이 점점 어려워진다.

그래서 공감의 부재 현상은 장애아 특수학교 건립을 반대하는 중산층에게서만이 아니라 그들보다 삶이 더 팍팍한 빈곤층에게서도 나타난다. 가난한 대학생은 산동네 재개발에 저항하는 세입자들을 때리고 끌어내는 용역반 아르바이트를 하면서도 양심의 가책을 못 느낀다. 거리로 내몰려야 하는 세입자들 사정보다 자신의 등록금이 더 절박하기 때문이다. 수단과 방법을 가리지 않고 돈을 마련하지 못하면 그는 대학을 마칠 길이 없다.

사회 구성원 모두가 호모 에코노미쿠스(경제적 인간)로 행동함으로써 일체의 공동체적 해결을 거부하는 사회의 끝은 결국 '빗장 공동체gated community'의 사회가 될 것이다. 부유층이 자신들의 집단 사유지에 높은 울타리를 치고 사설 경비원을 고용해서 외부인의 접근을 막고 출입을 통제하는 그들만의 공동체가 빗장 공동체이다. 빈부의 격차가 더 커지고 계층간 불신의 수위가 높아질수록 이런 빗장 공동체는 늘어날 것이고, 그들을 둘러싼 울타리 벽은 더 높게, 빗장은 더 단단하게 채워질 것이다. 하지만 그곳 거주자들이 평생을 담 안에 갇혀 지내는 게 아니라면 담을 더 높이고 경비를 더 강화한다고 해서 그들이 더 안전해지거나 행복해지지는 않는다.

아마 그래서 18세기 어느 사상가도 그랬나 보다. "다수의 구성원이 가난하고 곤궁한 사회는 절대로 번영하거나 행복한 사회일 수 없다. 그뿐 아니라, 전체 국민에게 먹을 것과 입을 것, 살 곳을 제공하는 사람들(노동자들—인용자)이 자신의 노동으로 인한 생산의 몫을 받아서 웬만큼은 잘 먹고 잘 입고 좋은 집에서 살아야 한다. 그것이 바로 공평성이다."

이것은 평등이나 인권의 사상을 설파했던 철학자의 말이 아니다. 오늘날 시장자유주의자들이 자신들의 시조로 떠받들고 있는 애덤 스미스의 말이다. 그는 또 "아무리 이기적인 사람이라 하더라도 다른 사람의 복지에 관심을 갖고 타인이 행복해야 자신도 행복하다고 생각하는 원칙을 갖고 있다"고도 했다. 그가 가난하고 힘없는 사람들에게 냉랭했던 것처럼 오해하게 만든 것은 그의 사상적 제자를 자처하는 후세의 추앙자들이었다.

왜 세상의 빈곤과 불평등이 가난하지도 차별당하지도 않는 나와 무관하지 않은가에 관해서 이상의 설명이 흡족하지 않다면 현대 경제학자의 또 다른 이야기를 들어보자. 조지프 스티글리츠는 저서 『불평등의 대가』에서 불평등의 심화가 국민경제의 생산성과 경제 안정, 경제의 효율성과 성장에 얼마나 부정적인 영향을 미치는지 수많은 예를 들어 설명한다.

가령 미국에서의 불충분한 규제와 부실한 회계, 불성실하고 무능한 금융권은 기술산업 부문에 대한 과도한 투자와 일시적 주가 상승이라는 거품을 불러왔다. 은행은 가치 없는 깡통이라는 것을 알면서도 금융상품을 팔아댔고 최고경영자들은 성과 보수를 받기 위해 자신의 실적을 부풀리고 회계를 조작했다. 기업의 최고경영자와 은행과 정치인들은 이런 거품의 수혜자들이었다.

사실 그의 주장은 매우 상식에 가깝다. 어느 이해집단이 지나치게 큰 힘을 장악하고 있으면 그 집단은 사회 전반에 이익이 되는 정책 대신 자기 집단에 유리한 정책을 수월하게 따낸다. 가장 부유한 사람들이 정치적 힘을 이용해서 자신들이 장악하고 있는 기업에 과도한 이익을 몰아줄 경우, 긴급한 수요처에 투입되어야 할 정부 세입은 사회 전반의 복지 향상에 쓰이지 못하고 소수의 주머니로 들어간다. 따라서 불평등이 광범위하게 퍼져 있는 사회는 효율적으로 움직이지도, 장기적으로 안정성과 지속성을 확보하지도 못한다. 그는 불평등이 성장에 도움이 된다거나 불평등 문제에 손을 대면 경제가 타격을 입는다는 식의 주장이 얼마나 허황된지 신랄하게 비판한다.

더 나은 삶을 상상하자

지구상에 빈곤이 존재하는 것은 모든 인류가 사용할 수 있는 자원의 절대량이 부족해서가 아니다. 우리나라에서 빈곤이 확산되고 불평등이 깊어지는 것도 우리 사회가 가진 자원과 부의 절대 크기가 줄어들고 있어서는 아닐 것이다. 그렇다면 문제는 형평성을 악화시키는 우리 사회의 경제구조와 개혁을 게을리하는 정치와 정책에 있다.

사회의 구조적 문제는 설사 그 이유와 원인을 알아도 단박에 해결하기 어렵다. 계급 및 계층 간의 이해관계가 난마亂麻처럼 얽혀 있고, 특히 이익과 특권을 선점하고 있는 사람들의 저항이

만만치 않아서다.

그러나 어느 시대 어느 상황에서건 문제 해결의 출발은 그것을 문제로서 인식하는 데서부터다. 그리하여 어떤 문제에 대한 최선의 방책은 직시直視와 대면對面이다. 현실의 문제를 부인하거나 회피하지 않고 똑바로 쳐다보고 마주하는 것이다.

문제가 해결되기를 원치 않는 사람들은 '어려운 것'을 '불가능한 것'이라고 말한다. 어느 사회나 빈곤과 불평등은 존재하고 지금의 자본주의 체제 외에 다른 대안은 없다고 목청을 높인다. 그들은 불평등을 당연시하는 자기 입장을 정당화하기 위해서 과학 이론과 논리라는 이름으로 포장한다. 모든 문제를 일거에 해결하는 당장의 해법이 없으니 불가능하다는 말로 우리를 포기하게 하려 한다.

우리가 문제를 직시하고 대면한다는 것은 곧 부조리한 현실을 우리 눈으로 인식하고, 그것을 합리화하려는 자들의 거짓 논리에 더 이상 속아 넘어가지 않는 것이다. 왜 의자놀이에서 의자의 수는 항상 사람 수보다 적어야 하는지 질문하는 것이다. 그들의 권위와 명성에 주눅들지 않고 "당신들은 틀렸다"고 말해주는 것이다. 전세계에서 수백만 권이 팔렸다는 경제학 교과서의 저자 그레고리 맨큐 교수, 부자 증세와 최저임금 인상은 절대 안 된다며 손사래를 치는 그의 강의에 주먹감자를 날리며 집단퇴장했던 하버드 대학생들처럼.

그리고 더 나은 삶을 상상하는 것이다. 우리의 현실과 다른 나라들의 경험을 살피면서 더 나은 삶의 방안을 궁리하는 것이다. 루쉰의 말처럼, 본디 있다고도 또 없다고도 할 수 없는 희망은 마치 땅 위의 길처럼 걸어가는 사람이 많아지면 그것이 곧 길이 된다. 그리고 땅 위의 길은 생각의 길을 내는 것에서 시작된다.

15장 빈곤문제,
어떻게 할 것인가

찾아보기